HENRIK PFEIFER

Professionelles Posing

Der Ratgeber für Fotografen und Models
Grundlagen und neue Trends

Leicht erklärt – perfekt für Anfänger

humboldt

INHALT

EINLEITUNG

Dieses Buch richtet sich gleichermaßen an Models und Fotografen. Mit einer Vielzahl an unterschiedlichen Beispielen zeigt es in farbenfrohen Bildern, wie man mit einfachen Übungen und ein bisschen Körpereinsatz Posen entwickeln und finden kann.

Es hilft dir als Model, sicher zu einem Shooting zu gehen, da du nach der Lektüre dieses Buchs in der Lage sein wirst, eine schier unendliche Palette an Posen anbieten zu können. Genauso kann sich jeder Fotograf entspannt zurücklehnen, denn nachdem du dieses Buch gelesen hast, wirst du in der Lage sein, deinem Model die unendliche Palette der Posen zu zeigen und ihm helfen können, die Spielwiese der unbegrenzten Möglichkeiten zu entdecken.

Während ich diese ersten Sätze schreibe, komme ich mir vor wie ein Wunderheiler, der auf dem Jahrmarkt Pillen für ein unendliches Leben verkaufen will. Aber mir fällt keine andere Formulierung ein als „die unendliche Palette der unbegrenzten Möglichkeiten“. Und da dem partout so ist und dieses Buch nicht unendlich werden konnte, sehe ich es als eine Anleitung, diesen Schatz zu entdecken, mit offenen Augen durch das Schlaraffenland der Posen zu lustwandeln und sich inspirieren zu lassen.

So kann ich mich, wie schon in meinen ersten beiden Büchern, an dieser Stelle nur wiederholen und dir voller Enthusiasmus zurufen: Augen auf und los geht’s!

Henrik Pfeifer

ÜBER MICH

Seit zehn Jahren gebe ich Fotoworkshops in ganz Deutschland, Österreich und der Schweiz. Die Teilnehmer sind nicht nur blutige Anfänger, sondern immer wieder auch Profis, die aus einer ganz anderen fotografischen Ecke kommen und mehr über meine Arbeitsweise wissen wollen. Food-, Sport-, oder Reportagefotografen wollen ebenso wie der Hobbyfotograf erfahren: Wie machst du das mit den Posen? Deine Models haben immer so coole Posen. Das sieht immer so natürlich aus, als hätte dein Model gerade zufällig so dagestanden und du hättest einfach nur einen Schnappschuss davon gemacht.

So weit gefehlt ist diese Vermutung auch gar nicht. Denn letzten Endes ist und bleibt ein Foto immer ein Schnappschuss. Im richtigen Augenblick abzudrücken, den Bruchteil einer Sekunde für die Ewigkeit festzuhalten, das macht für mich die Magie der Fotografie aus. Fragt sich also nur: Wie inszeniere ich diesen kurzen Moment, wie finde ich ihn oder wie kann ich meinem Model dabei helfen oder sogar mein Model mir dabei helfen?

Neben den Erfahrungen aus 40 Jahren des Fotografierens (davon die letzten 17 Jahre beruflich) habe ich viel aus dem Schauspielunterricht während meiner Jugend mitbekommen und mitgenommen. Wir haben damals sehr viel Wahrnehmungsübungen und Körperarbeit gemacht. Auch wenn ich nicht der athletischste und sportlichste Mensch bin, habe ich gelernt, meinen Körper wahrzunehmen, seinem Bewegungsdrang zu folgen und diese Fähigkeiten mit in die Fotografie einfließen zu lassen. Der Trick ist, immer wieder das Kind in sich wach zu rütteln und seinem ureigenen Spieltrieb zu folgen. Und das ist gar nicht so schwer, wie man vielleicht denken mag. Alles, was du dafür tun musst, ist, dich darauf einzulassen.

DER UMGANG ZWISCHEN MODEL UND FOTOGRAF

Eine wichtige Voraussetzung für eine kreative und gelungene Zusammenarbeit ist eine allgemein positive Atmosphäre zwischen Fotograf und Model. Und bei größeren Produktionen natürlich zwischen dem gesamten Team.

Ein einzelner Störenfried in einer Gruppe kann ausreichen, allen den Tag und die Stimmung zu verderben. Daher sollten alle Beteiligten bemüht sein, für gute Laune zu sorgen und einen friedlichen Umgang miteinander hegen. Am wichtigsten ist natürlich das Vertrauen zwischen Model und Fotograf. Je freundlicher ich als Fotograf zu meinem Model bin und je wohler es sich fühlt, desto mehr wird es bereit sein, sich für meine Wünsche zu öffnen und auf mich einzugehen.

Im Team zu tollen Ergebnissen kommen

Absprachen sind wichtig. Egal ob das Model meine Partnerin/mein Partner oder ein gebuchtes professionelles Model über eine Agentur ist. Gleiches gilt umgekehrt. Je freundlicher und umgänglicher du als Model zu deinem Fotografen bist, umso mehr wird er auch auf deine Vorschläge und Ideen eingehen. Im Optimalfall werdet ihr gemeinsam kreativ sein und mit Teamwork zu den tollsten Ergebnissen kommen.

KLEINES BENIMM-EINMALEINS FÜR MODELS

Regeln sind da, um das Leben zu regeln. Und sie helfen dabei, entspannt miteinander kreativ zu sein.

Regel Nummer 1: Pünktlichkeit

Und das gilt nicht nur für das Model, sondern für alle Beteiligten. Lieber eine viertel Stunde zu früh als zu spät, denn nichts ist blöder, als wenn man auf jemanden warten muss. Und wer zur vereinbarten Uhrzeit anruft und sagt, dass er eine halbe Stunde später kommt, ist damit nicht aus dem Schneider. Der Anruf klärt zwar wenigstens darüber auf, warum du noch nicht eingetroffen bist, und die anderen müssen sich keine Sorgen machen oder rätseln, ob du überhaupt kommst, aber zu spät ist es trotzdem und alle müssen warten. Ein Handy sollte im „Notfall" genutzt werden, ansonsten gilt: Pünktlich sein!

Regel Nummer 2: Körperpflege

Es sollte sich von selbst verstehen, dass man frisch gewaschen und nicht in nach Schweiß oder anderen Ausdünstungen muffelnden, tagelang nicht gewaschenen Klamotten zu einem Shooting kommt. Leider habe ich das schon oft genug erlebt, sonst würde es hier nicht an zweiter Stelle stehen. Es kann immer sein, dass ein Fotograf dich auch mal spontan barfuß fotografieren möchte. Damit das nicht unangenehm wird, sollten neben gepflegten Händen auch gepflegte Füße mit zum Vorbereitungsprogramm vor einem Shooting gehören.

! **FÜR DIE WEIBLICHEN MODELS**

Wenn du dir nicht sicher bist, ob du deine Fußnägel lackieren sollst, spreche vor dem Shooting mit dem Fotografen darüber. Manche wünschen unlackierte Fußnägel, andere mögen Nagellack oder haben vor, dir von der Maske eine vorbereitete Farbe auftragen zu lassen.

Grundsätzlich sollte der Fotograf mit dir vor dem Shooting über das Make-up sprechen, damit du weißt, ob du geschminkt oder ungeschminkt zu einem Shooting erscheinen sollst. Grundsätzlich empfiehlt es sich immer, ein paar Basics dabei zu haben (Bürste, Haargummi, Haarspray, Wimperntusche und ein dezentes Abdeckpuder).

! **FÜR DIE MÄNNLICHEN MODELS**

Wenn du dir nicht sicher bist, ob du deinen Bart noch ein bisschen mehr stutzen solltest oder deinen Dreitagebart vor dem Shooting besser abnehmen solltest, spreche vor dem Shooting mit dem Fotografen darüber. Falls du eigentlich immer einen Dreitagebart trägst und der Fotograf dich für das Shooting gerne glatt rasiert haben möchte, ist es sinnvoll, wenn du dich bereits vor dem Shooting rasiert hast, damit die Haut genügend Zeit hatte, um sich wieder zu beruhigen, und eventuelle Rötungen bis zum Shooting wieder verschwunden sind. Grundsätzlich empfiehlt es sich aber immer, ein paar Basics dabei zu haben (Bürste, Haarlack und Rasierzeug).

Für Frauen und Männer gilt: Nutze den Tag vor einem Shooting doch einfach mal wieder, es dir richtig gut gehen zu lassen. Gehe in die Sauna oder schwimmen, zum Fitness, gehe spazieren und esse gesund. Und vor allem: Gehe früh ins Bett, damit du am nächsten Tag ausgeschlafen und fit bist. Je toller und schöner du dich selbst fühlst, umso selbstbewusster wirst du bei dem Shooting auftreten.

Regel Nummer 3: Absprachen

Absprachen sind wichtig. Frage den Fotografen vor dem Shooting, was genau er mit dir machen möchte, ob er einen Vertrag für dich vorbereitet hat und was darin steht. Nichts ist blöder als unerwartete Überraschungen, die dich vielleicht überfordern.

Am besten ist es, wenn der Fotograf dir schon vor dem Shooting einen Mustervertrag zukommen lässt, damit du dir ihn in Ruhe durchlesen kannst und nicht vor vollendeten Tatsachen stehst. Wenn du etwas darin nicht verstehst oder dir etwas unklar ist, frage nach und lass es dir erklären. Wenn du mit etwas nicht einverstanden bist, solltest du das sagen, denn dafür sind solche Absprachen ja da, damit es für beide Seiten beim Shooting keine bösen Überraschungen gibt.

Bist du dir im Vorfeld unsicher, ob ein Fotograf seriös ist, lasse dich zu dem Shooting von einem Freund oder einer Freundin begleiten. Es reicht, wenn deine Begleitung einmal kurz gesehen hat, wo genau du bist und wo er oder sie dich später wieder abholen kann. Dass eine Begleitung bei einem Shooting anwesend ist, mögen die meisten Fotografen nicht. Aber fragen kann man ja mal.

Regel Nummer 4: Alkohol und andere Genussmittel

Alkohol oder auch andere Genussmittel sollten nicht Grundlage eines Shootings sein, mal ganz abgesehen davon, dass man schon von ein wenig Alkohol schnell glasige Augen und eine rote Nase bekommen kann. Ein Fotograf, der dir zu Beginn eines Shootings Alkohol anbietet, um dich locker zu machen, wirkt auf Anhieb unseriös. Locker und entspannt solltest du ausschließlich aufgrund einer lockeren und entspannten Atmosphäre werden.

Wenn du dich zu Beginn eines Shootings verkrampft und ein wenig schüchtern fühlst, ist das absolut normal. Den meisten Menschen fällt es am Anfang schwer, aufeinander zuzugehen und sich füreinander zu öffnen. Deinem Fotografen kann es genauso gehen. Am besten ist es, das einfach zu sagen, und meistens ist das Darüberreden der erste Schritt, sich erheblich wohlerzufühlen.

Alkohol und auch andere Drogen sollten an dieser Stelle nicht ins Spiel kommen, da du während des Shootings zu 100 Prozent konzentriert und ansprechbar bleiben musst, um einen guten Job zu machen.

Regel Nummer 5: Sich öffnen und fallen lassen

Wenn ein Shooting gut vorbereitet ist, alle Absprachen klar sind und du dich sicher und wohlfühlst, steht einem kreativen Shooting nur noch wenig im Wege. Jetzt ist es an dir, dich in dem besprochenen Rahmen fallen zu lassen und dich zu öffnen. Wenn du deinem kindlichen Spieltrieb nun folgst und der Fotograf den gleichen Weg sieht und verfolgt, werdet ihr jetzt einen spannenden kreativen Moment haben.

In den weiteren Kapiteln wirst du mehr darüber erfahren, wie du diesen Spieltrieb in dir entfachen kannst, und dein Fotograf dir dabei helfen kann, dich inspirierend in ein Shooting einzubringen.

KLEINES BENIMM-EINMALEINS FÜR FOTOGRAFEN

Was für das Model gilt, gilt für den Fotografen ebenso. Sorge dafür, dass sich dein Gegenüber beim Shooting wichtig und wohlfühlt.

Regel Nummer 1: Pünktlichkeit

Um mich nicht endlos zu wiederholen, mache ich es an diesem Punkt kurz: Natürlich sollte nicht nur das Model pünktlich sein, sondern auch der Fotograf. Gerade wenn du ein womöglich unerfahrenes Model warten lässt, ist das für das Model ein weiterer Grund zur Verunsicherung. Es bringt dir nichts, auf dem Standpunkt zu stehen, dass ein gutes Model cool und gelassen sein und eine unkomplizierte, entspannte, kreative Art mit sich bringen sollte. Meistens ist es erst einmal nicht so.

Viele Models sind jung, unsicher und unerfahren und alles andere als gelassen und cool zu Beginn eines Shootings. Es sollte sich in deinem eigenen Interesse von selbst verstehen, alles dafür zu geben, dass sich das Model wohlfühlt. Und das fängt mit der Pünktlichkeit an.

Regel Nummer 2: Körper- und Studiopflege

Nicht ohne Grund habe ich an diesem Punkt von Körperpflege auf Studiopflege erweitert, da ich schon von einigen Models gehört habe, dass sie sich auf dem Weg zum Studio oder der Location erst einmal durch Berge von leeren Bier und Weinflaschen haben kämpfen müssen oder der Fotograf ähnlich intensiv wie sein „Studio“ roch. Das sind mit Sicherheit Ausnahmen, und ich will nicht die Zunft der ambitionierten Hobbyfotografen in den Schmutz ziehen. Aber es lohnt sich, einmal darüber nachzudenken, was für eine Wirkung du auf dein Model hast und was du selbst schon durch dein Auftreten bewirken kannst.

Wenn du möchtest, dass sich dein Model dir öffnet, ist es das Allerwichtigste, dass es sich wohlfühlt. Je mehr du deinem Model zeigst, dass auch dir dieses Shooting wichtig ist und du darum bemüht bist, dass es sich wohlfühlt, umso mehr wird es dir letzten Endes geben.

Regel Nummer 3: Vorbereitung und Absprachen

Um dem Model Sicherheit zu geben, sind eine gute Vorbereitung und Absprachen sehr wichtig. Es empfiehlt sich immer, einen kleinen Vertrag oder eine Einverständniserklärung vorbereitet zu haben, die du dem Model am besten schon vor dem Shooting zukommen lässt, damit es sich diese in Ruhe durchlesen kann und bei Uneinigkeit Inhalte geändert werden können. Für dich selbst ist es mehr als ärgerlich, wenn du Fotos gemacht hast und das Model dir hinterher den Vertrag nicht unterschreiben will und du die Fotos, so wie du sie eigentlich nutzen wolltest, gar nicht verwenden darfst.

Unabhängig vom Vertrag solltest du eine Idee haben, was genau du als Erstes fotografieren willst oder vielmehr womit das Model beginnen soll. Je konkreter du das formulieren oder zeigen kannst, umso besser. Es gibt nicht nur deinem Model Sicherheit, wenn du weißt, was du willst, sondern auch dir selbst, und das wird sich positiv auf dein Model auswirken. Je erfahrener du bist, umso mehr wirst du dich davon lösen und Situationen auch auf dich zukommen lassen können.

Regel Nummer 4: Alkohol und andere Genussmittel

Alkohol und andere Genussmittel sind nicht das Geheimrezept für tolle Fotos. Ich muss zugeben, dass ich selbst mit Mitte zwanzig der Meinung war, dass ein Gläschen Sekt zu Beginn eines Shootings dazu gehören würde, und zelebrierte das konsequent. Ich stellte mir einfach vor, dass es so bei den Superstars auch läuft, und kam mir dann sehr professionell vor, wenn ich mein Model mit Sekt empfing. Es mag sein, dass der ein oder andere Profi tatsächlich so arbeitet, aber realistisch ist es eher, dass dein Model vom ersten Gläschen Sekt schon glasige Augen und eine rote Nase bekommt. Je nachdem, wie gut dein Model den Alkohol verträgt, vermindert er dessen Konzentration, und es wird ein bisschen zu lustig oder müde.

Nein, das bringt euch nicht weiter. Außerdem kann dein Model den Eindruck von dir bekommen, dass du es zu etwas bringen möchtest, was es eigentlich nicht will.

Alkohol vor dem Shooting kann einen unseriösen Eindruck machen. Und wenn du deine eigene Unsicherheit damit in den Griff bekommen möchtest, kann ich nur eine gute Vorbereitung empfehlen. Denn wenn du gut vorbereitet bist, gibt es keinen Grund, unsicher zu sein. Vielleicht könnt ihr einfach nach einem erfolgreichen Shooting den krönenden Abschluss gemeinsam feiern, wenn der Champagner jetzt schon gekauft ist.

Regel Nummer 5: Sich öffnen und fallen lassen

Um kreativ sein und die Inspiration deines Models nutzen zu können, gilt genau wie für das Model auch für dich: Lass dich fallen und öffne dich. „Augen auf und los geht's" kommt an dieser Stelle zum Zuge. Lass dich ein auf das, was kommt. Meistens kommen die Dinge anders als erwartet.

Lass dich überraschen und entdecke die vielen Möglichkeiten, mit denen du überhaupt nicht gerechnet hast. Dabei musst du natürlich nicht aus den Augen verlieren, was du vorhattest, und sobald du merkst, dass es stockt oder dein Model Hilfe braucht, kannst du auf das Vorbereitete zurückgreifen oder schnell noch mal in den folgenden Kapiteln nachlesen, was du jetzt machen könntest.

WAS SIND EIGENTLICH POSEN?

Diese Frage ist sehr einfach beantwortet, denn es gibt keine Körperhaltung, die nicht eine Pose wäre. Wenn du dir das vor Augen hältst, wirst du sehr schnell merken, wie einfach der Weg zu den unbegrenzten Möglichkeiten der unendlichen Posen ist, denn du musst vor der Kamera eigentlich nichts anderes machen, als weiterzuleben.

Wenn du dir das nicht vorstellen kannst, beobachte einfach mal andere Menschen, während sie sich unterhalten und dem anderen gerade zuhören. Egal ob sie dabei sitzen oder stehen: Dir wird auffallen, wie aktiv Menschen sind, obwohl sie sich eigentlich gerade nur unterhalten. Ohne darüber nachzudenken, rutschen sie von der einen Pobacke auf die andere, wechseln vom linken auf das rechte Standbein, kratzen sich am Hinterkopf, zupfen hier und da am Hemd, gehen sich durch die Haare, streichen sich über den Arm, gucken mal eben nach links oder rechts oder drehen sich kurz um, strecken sich und dehnen sich und nehmen besonders im Sitzen oft die interessantesten Körperhaltungen oder Posen ein.

Wenn wir nicht darüber nachdenken, sind wir eigentlich ständig in Bewegung. Diese ureigene Eigenschaft wird lediglich durch Fernseher oder Computer außer Kraft gesetzt. Ein einzelner Mensch, der durch ein solches Medium abgelenkt wird, neigt dazu, über einen langen Zeitraum in einer Körperhaltung zu verharren und nichts mehr zu machen, außer sich alle paar Minuten seine Cola und eine Handvoll Chips zum Mund zu führen.

Folge deinem Bewegungsdrang

Wenn wir das also außer Acht lassen, sind wir, die Gattung Mensch, eigentlich ständig in Bewegung und ein sehr aktives und lebendiges Wesen. Und genau diese von der Natur aus angeborene Eigenschaft, die jeder in sich trägt, gilt es zu aktivieren und uns zunutze zu machen. Wir müssen nichts Weiteres tun, als unserem Bewegungsdrang zu folgen. Lasse der Schwerkraft ihren Lauf. Wo zieht es deinen Körper hin, wenn du einfach mal nur so dasitzt? Die meisten lehnen sich dann erst einmal bequem zurück. Vielleicht zieht es dich aber auch nach vorne und du stützt dich mit den Ellenbogen auf den Oberschenkeln ab? Wohin fällt dein Körper dann? Vielleicht geht es nach links oder rechts weiter? Während du diese Zeilen ließt, kannst du dich schon mal dabei beobachten.

Darüber hinaus sind Menschen in der Regel von Natur aus sehr neugierig. Wenn wir es jetzt noch schaffen, diese Neugierde mit unserem meist bereits in der Kindheit verkümmerten Spieltrieb wieder in Gang zu setzen, werden wir zum Supermodel.

Hallo, wo ist die Kamera?

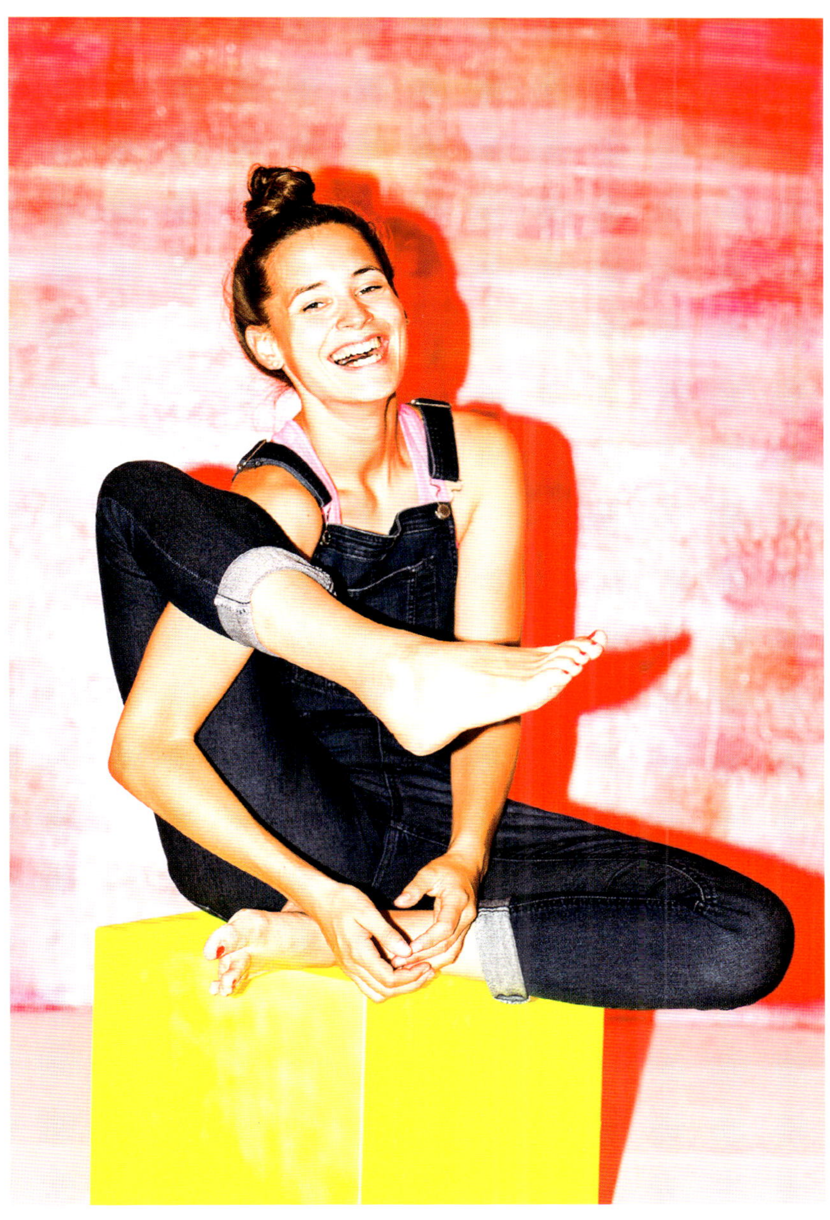

WIE AKTIVIERE ICH DAS KIND IN MIR?

Es gibt eine Vielzahl an Möglichkeiten, seine angeborenen Fähigkeiten wieder zu aktivieren. Die größte Schwierigkeit für die meisten Menschen ist, über ihren eigenen Schatten zu springen und einfach mal wieder etwas Unsinniges zu machen.

Die Frage, ob etwas überhaupt sinnvoll ist, bremst uns ständig aus. Wie oft habe ich das als Fotograf schon gehört, wenn ich jemanden gebeten habe, einfach nur mal die Zunge herauszustrecken: „Das mache ich nicht! Wofür soll das gut sein? So ein Foto brauche ich nicht von mir!“ Die Angst, sich zu blamieren, wenn man etwas tut, was man sonst nicht tut, ist bei vielen Menschen enorm groß. Schließlich haben wir solcherlei unsinnige Sachen in unserer Kindheit jahrelang von den Erwachsenen abtrainiert bekommen.

Es gibt so viele Dinge, die wir als Kind ganz selbstverständlich jeden Tag, jederzeit, ohne darüber nachzudenken, ständig und immer wieder gemacht haben: Grimassen schneiden, Zunge rausstrecken, sich auf der Stelle auf den Boden fallen lassen, mitten auf der Straße laut schreien, einfach so eine seltsame Körperhaltungen einnehmen, ohne sich dabei zu fragen, ob das gut aussieht, über etwas klettern, auf der Stelle hüpfen, auf einem Bein stehen und sich dabei kaputtlachen – schlicht und ergreifend sinnlose Dinge, die einfach Spaß gemacht haben, Unsinn aller Art.

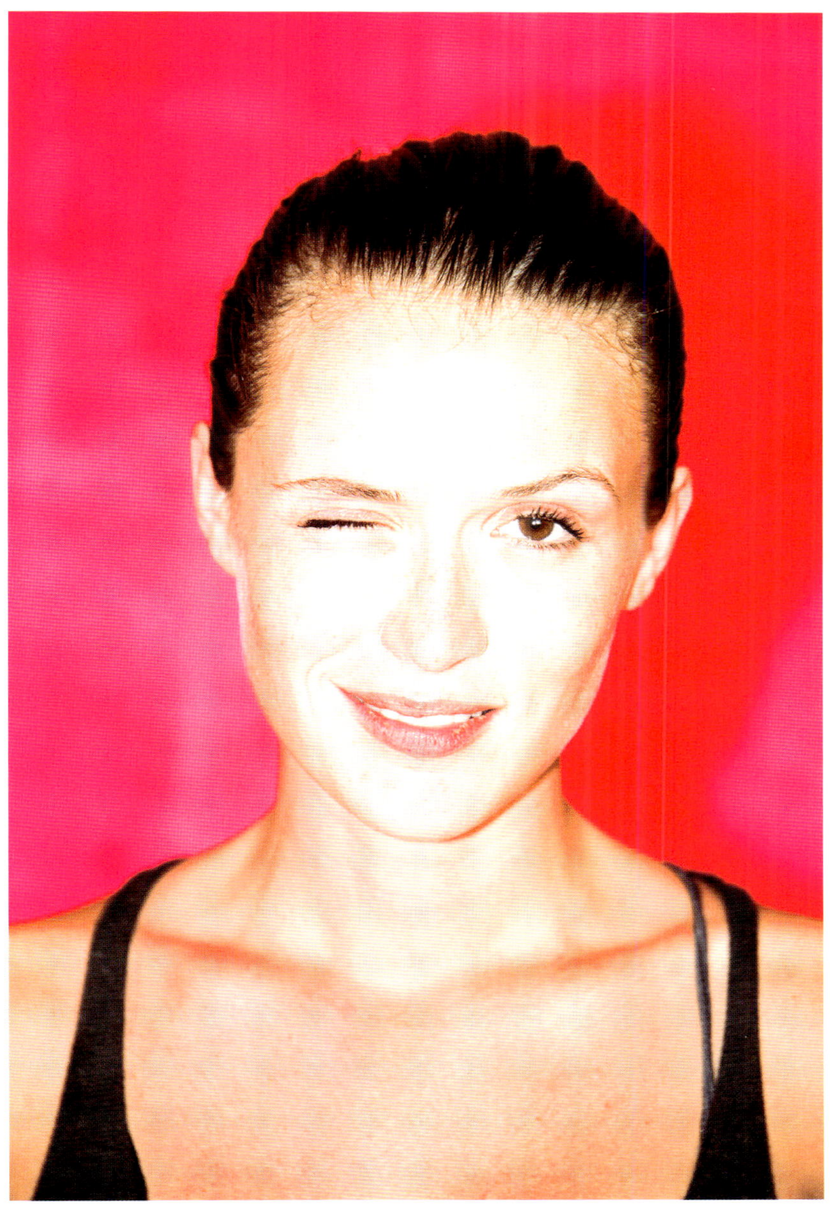

Das macht man nicht!

„Hör auf mit dem Unsinn! Tu dies nicht, tu das! Das macht man nicht! Das gehört sich nicht!“ Mit diesen Worten werden wir zu erwachsenen Menschen erzogen und verlernen Stück für Stück, unserem Instinkt zu folgen. Um unserem Bewegungsdrang zu folgen, müssen wir jedoch diesen kindlichen Spieltrieb in uns wieder reaktivieren. Wenn du diese Hürde überwinden kannst, hast du den größten Schritt geschafft. Dafür habe ich dir ein paar kleine Übungen zusammengestellt, die du erst einmal ganz alleine für dich, ohne das Risiko der Blamage, machen kannst.

Schritt 1: Schau dir in die Augen

Die erste Übung solltest du an einem Ort machen, an dem du dich unbeobachtet fühlst. Vielleicht vor dem Spiegel im Badezimmer. Schließe die Tür ruhig hinter dir ab, damit du sicher sein kannst, dass dich niemand überraschen kann.

Stelle dich vor den Spiegel und schaue dir in die Augen. Gehe so nah an den Spiegel heran, dass du deine Augen richtig gut betrachten kannst. Was für eine Farbe haben sie? Was für Formen und Muster findest du in deinem linken Auge? Wie unterscheidet es sich von deinem rechten Auge? Findest du Unterschiede?

Wenn du das eine Weile gemacht hast und das Gefühl hast, dass es da nichts mehr zu entdecken gibt, schließe deine Augen, atme ein paarmal langsam und tief durch die Nase ein und versuche dich mit jedem Ausatmen ein wenig mehr zu entspannen. Während du das tust, versuche dir mit geschlossenen Augen deine Augen noch einmal vorzustellen.

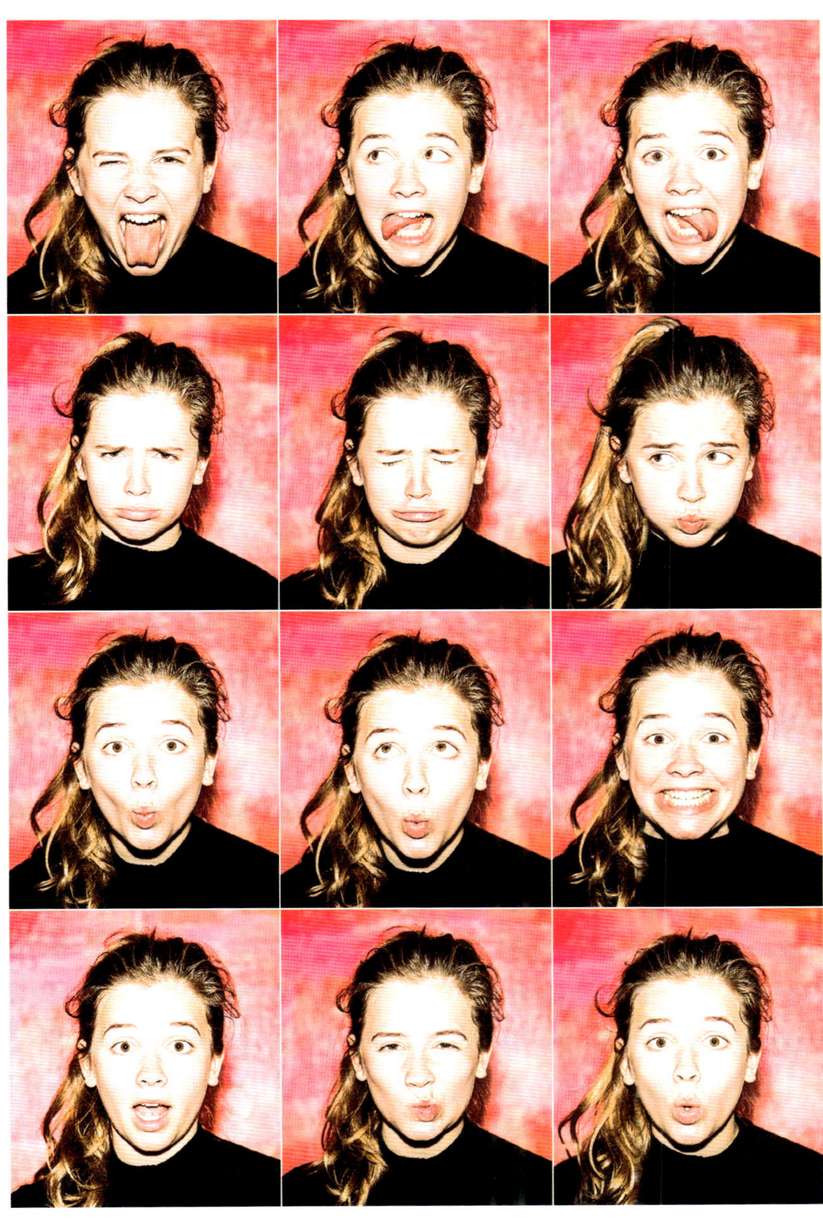

Schaffst du es, dich noch an die genauen Muster, Formen und Farben in deinen Augen zu erinnern? Wenn nicht, schaue einfach noch mal nach und schließe die Augen dann wieder. Lasse dir Zeit dafür, so viel wie du brauchst. Es gibt keine Zeitvorgabe. Du darfst das so lange machen, wie du Lust dazu hast. Wenn du deine Augen verinnerlicht hast, mache sie wieder auf und strecke dir als Erstes einmal selbst zur Begrüßung die Zunge heraus – und am besten noch mit einem gehörigen „Bäähhh“ dazu. Es ist absolut erwünscht, dass du dich dabei über dich selbst kaputt lachst.

Wenn du diesen Moment nicht komisch findest, versuche dich selbst durch Grimassen zum Lachen zu bringen. Probiere aus, was du alles mit deinem Gesicht machen kannst. Schafft es deine Zunge zur Nasenspitze? Kannst du mit den Ohren wackeln oder die Nase rümpfen? Wie dick kannst du deine Wangen aufpusten, und wie sieht es aus, wenn du dann einen dicken „Puuups“ mit deinen Lippen machst? Kannst du jetzt über dich lachen?

Schritt 2: Mach dich locker

Hierfür wäre es toll, wenn du ein bisschen mehr Platz um dich herum zur Verfügung hättest. Wenn möglich, mache auch diese Übung wieder vor einem Spiegel, damit du ein Gefühl für dich bekommst. Stelle dich gerade hin, die Füße eine Handbreit auseinander, und schließe die Augen. Beuge die Knie leicht, sodass du weich in den Kniegelenken bist. Atme langsam durch die Nase ein und durch den Mund aus und konzentriere dich auf deinen Atem. Spüre, wie die Luft durch die Nase in deinen Körper hineinströmt und sich deine Lungen füllen und größer werden. Beobachte, wie mit dem Ausatmen deine Glieder schwerer werden und die Luft zwischen deinen Lippen aus dir herausströmt. Wiederhole das einige Male, bis du das Gefühl hast, schwer und feste dazustehen.

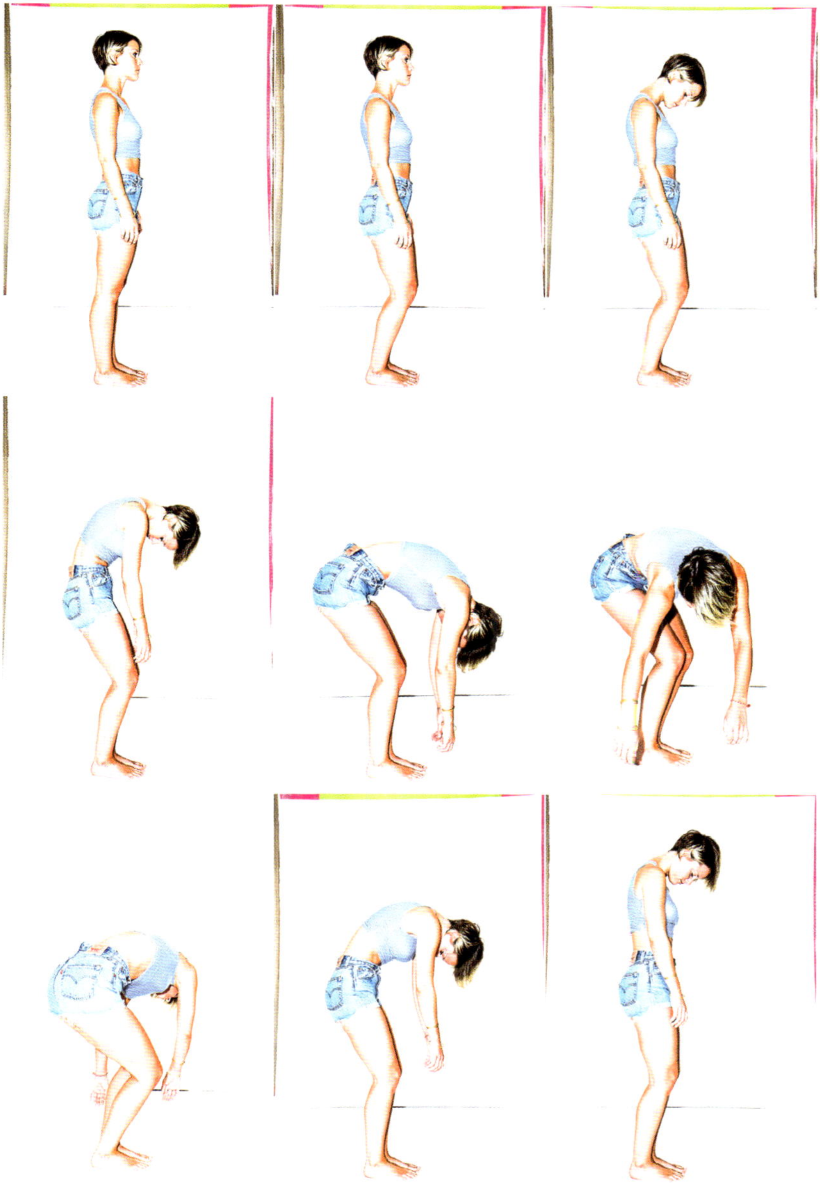

Neige das Kinn zur Brust und lasse den Kopf nun langsam nach unten fallen. Nehme die sehr viel Zeit dafür. Es darf ruhig ein bis zwei Minuten dauern, bis du mit dem Kopf auf Höhe deiner Knie angekommen bist. Wirbel für Wirbel dehnt sich deine Wirbelsäule beim Absenken des Kopfes. Versuche dabei, jeden Wirbel einzeln zu spüren. Wenn du unten angekommen bist, schüttele deine Arme aus und lass deinen Kopf taumeln. Dann richtest du im gleichen Tempo, wie du nach unten gekommen bist, die Wirbelsäule wieder Wirbel für Wirbel auf, bis du wieder gerade stehst (s. Fotos auf der vorigen Seite). Bleibe dabei locker in den Knien und vergesse das Atmen nicht.

Nun fängst du an, in den gebeugten Knien zu wippen und immer weicher in den Knien zu werden. Achte darauf, im Oberkörper gerade zu bleiben, und vergesse das Atmen nicht. Wippen und dabei durch die Nase einatmen und durch den Mund wieder ausatmen. Das ist erst einmal alles, worauf du dich konzentrieren musst. Du wirst spüren, wie dein Körper immer lockerer wird. Nun fange an, deine Gliedmaße um dich schlackern zu lassen, und schüttele deine Arme und auch deinen Kopf dabei vorsichtig immer mehr und mehr aus. Wenn du Lust hast, kannst du von hier übergangslos mit Schritt 3 weitermachen.

Schritt 3: Tanze mit Freude

Mache dir Musik an, zu der du gerne tanzt. Wenn du bisher noch nie getanzt hast, versuche es mit Musik, von der du dir vorstellen kannst, dass du darauf tanzen könntest. Wenn du jetzt nicht sowieso schon angefangen hast, im Rhythmus der Musik zu grooven, versuche im Rhythmus der Musik zu wippen. Kommst du dir albern und ungeschickt dabei vor? Kein Problem. Die Tür hinter dir ist zu. Niemand beobachtet dich dabei. Schließe einfach deine Augen und lasse deinem Körper diesen Spaß. Je mehr du dabei aus dir herausgehst, umso besser.

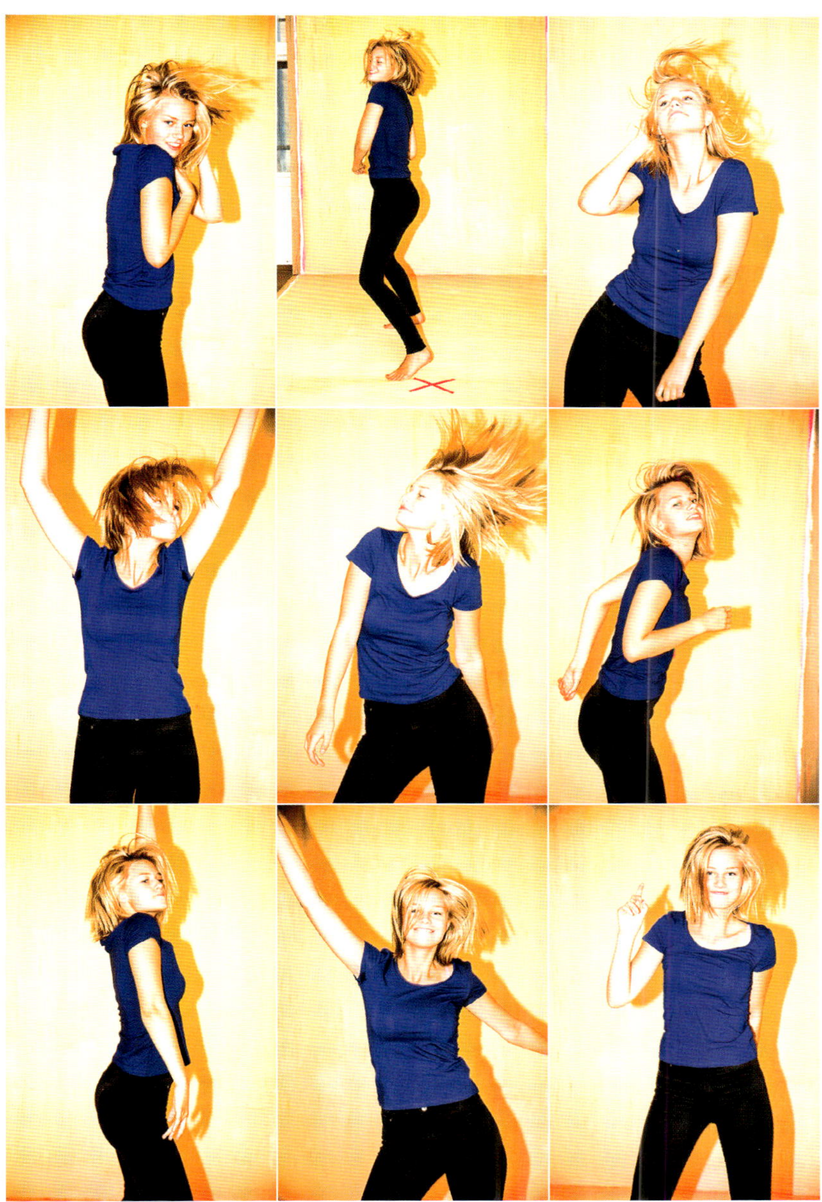

Wenn du einen Spiegel zu Verfügung hast, schaue dir selbst dabei im Spiegel zu und fange an Unsinniges beim Tanzen zu machen. Tanze zum Beispiel auf einem Bein und mache dabei Grimassen oder beginne, mit überzogenen Gesten viel Raum für dich einzunehmen. Wenn du so richtig ins Schwitzen und außer Atem gekommen bist, hast du deine Aufgabe gut erledigt.

Bist du nun bereit für Schritt 4 und deinen großen Auftritt?

Schritt 4: Let's dance

Wiederhole Schritt 3 vor Publikum. Ja, ich meine es ernst. Frage deine beste Freundin oder deinen besten Freund, ob sie dir mal ein paar Minuten ihrer Zeit opfern und dir beim Tanzen zuschauen würden. Wichtig dabei ist, dass ihr nicht gemeinsam tanzt, sondern du es wirklich als Darbietung vor Publikum tust. Dein Zuschauer soll einfach nur dasitzen und dir zuschauen, während du dir Musik auflegst, anfängst zu tanzen und dabei immer wilder und verrückter wirst. Mache dich quasi zum Affen, nur habe dabei eins im Hinterkopf: Du machst dich überhaupt nicht zum Affen. Alles, was du gerade tust, ist deinem ureigenen Bedürfnis nach Bewegung nachzugehen. Folge deinem Spieltrieb und reaktiviere das Kind in dir. Tanze dich frei und hab Spaß dabei. Lache, schreie und jubele laut. Ich möchte wetten, dass deine Freunde mit dir lachen werden und ihr gemeinsam einen unvergesslichen Moment erleben werdet.

Das Erlernte beim Shooting umsetzen

Jetzt fragst du dich sicher, wie du das gerade Erlebte auf ein Fotoshooting anwenden kannst? Um allen weiteren Fragen vorzugreifen: Nein, du musst dich nicht vor den Fotografen stellen und anfangen, Grimassen zu schneiden oder wild zu tanzen, obwohl das mit Sicherheit ein lustiges Shooting werden würde. Wichtig ist die Erfahrung, die du und dein Körper gemacht haben.

Zum einen hast du erlebt, dass dein Körper dazu in der Lage ist, einfach so Bewegungen und Posen zu finden, ohne dass du darüber nachdenken musstest. Beim Tanzen hast du dich die ganze Zeit einfach so bewegt und Positionen eingenommen, auf die du sehr wahrscheinlich nicht gekommen wärst, wenn du dir vorab darüber Gedanken gemacht hättest, was du als Nächstes machen willst.

Außerdem gratuliere ich dir zum Sprung über deinen eigenen Schatten. Denn ich bin mir sicher, dass du dich, selbst wenn du dich vielleicht nur ein kleines bisschen getraut hast, ein Stück weiter aus dem Fenster gelehnt hast, als du es dir vorher jemals zugetraut hättest.

Letzten Endes ist das Posen vor der Kamera auch nur ein Tanz. Vielleicht nicht immer einer mit Musik, und es geht nicht immer darum, wild und ungebremst zu sein, aber selbst wenn du einfach nur dastehst und in die Kamera schaust, geht es um Nuancen, um kleine, minimale Bewegungen und Veränderungen, die Lebendigkeit in ein Shooting bringen.

WIE FINDE UND ENTWICKLE ICH POSEN?

In diesem Kapitel zeige ich dir, wie du selbst zu Posen kommen kannst. Das kann hilfreich sein, wenn dein Fotograf dir keine Anweisungen gibt und du hilflos herumstehst und nicht weißt, was du machen sollst.

Du wirst dich selbst wohlerfühlen, wenn du dann etwas anbieten kannst. Das kannst du üben, indem du Posen, die du in einer Zeitschrift oder einem Buch gesehen hast, einfach nachmachst und zu Hause vor dem Spiegel übst. Aber für dich wird es viel spannender sein, selber Posen zu entwickeln und zu wissen, wie du das machen kannst.

Das Schwierigste überhaupt ist, mitten im Raum einfach nur dazustehen. Leider beginnt ein Shooting sehr oft genau damit. Du stehst da, hast nichts, woran du dich festhalten oder womit du etwas machen könntest, und sollst dich jetzt auch noch gut dabei fühlen.

Kein Problem. Das Stehen hat viele Facetten, sodass du entspannt in die Trickkiste greifen und selbst hier, durch minimale Veränderungen, unterschiedliche Posen finden kannst.

Stelle dich auf die vom Fotografen vorgegebene Position und verteile dein Gewicht gleichmäßig auf beide Beine, sodass du sicher und fest stehst. Die Arme lässt du locker neben dir herunterhängen. Jetzt befindest du dich sozusagen in der Nullposition.

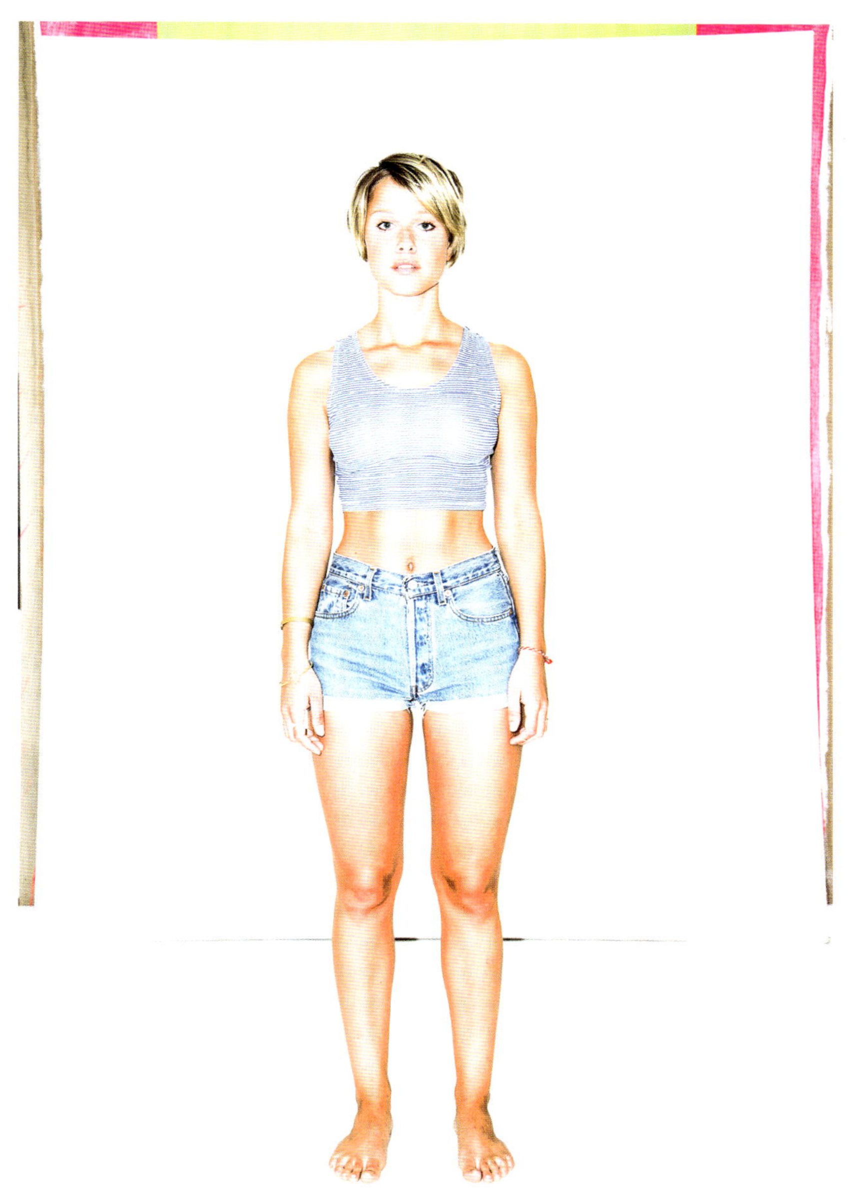

Aus dieser Position heraus hast du nun die Möglichkeit, dich in alle Richtungen zu bewegen und treiben zu lassen. Erinnere dich an die Übung mit dem Ausschütteln der Arme, wie du deine Arme um deinen Körper hast pendeln lassen und weich in den Knien warst. Stelle dir vor, wie du getanzt hast und deine Arme wild um deinen Körper flogen. Alles, was du nun tun musst, ist das Gewicht von einem Bein auf das andere zu bringen. Du wechselst einfach dein Standbein. Ganz entspannt und langsam. Es gibt keinen Grund, hektisch zu werden. Erinnere dich ans Tanzen und folge dem Fluss deiner Bewegung und wechsele in deinem eigenen Rhythmus zwischen dem rechten und linken Standbein hin und her. Weich und ohne Hast. Du wirst spüren, wie deine Arme von ganz alleine anfangen sich zu bewegen und ein sanfter Groove daraus entsteht.

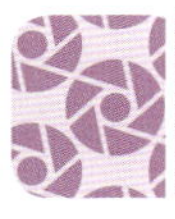

Durch das Wechseln des Standbeins entstehen fast von alleine unterschiedliche Posen.

Im Idealfall gibt der Fotograf dir ein Feedback, sodass du weißt, ob du dich weiter steigern, genauso weiter machen oder dich zurücknehmen solltest. Auch, ob du dabei in die Kamera oder irgendwo anders hinschauen sollst, hängt davon ab, was der Fotograf gerne haben möchte.

Solange keine Anweisung kommt, ist es hilfreich, den Blick von der Kamera zu lösen und mal in die Kamera und auch wieder nach links oder rechts zu gucken. Das hält deine Augen frisch und sorgt für kleine Überraschungen, mit denen du dich selbst oder den Fotografen bei Laune hältst.

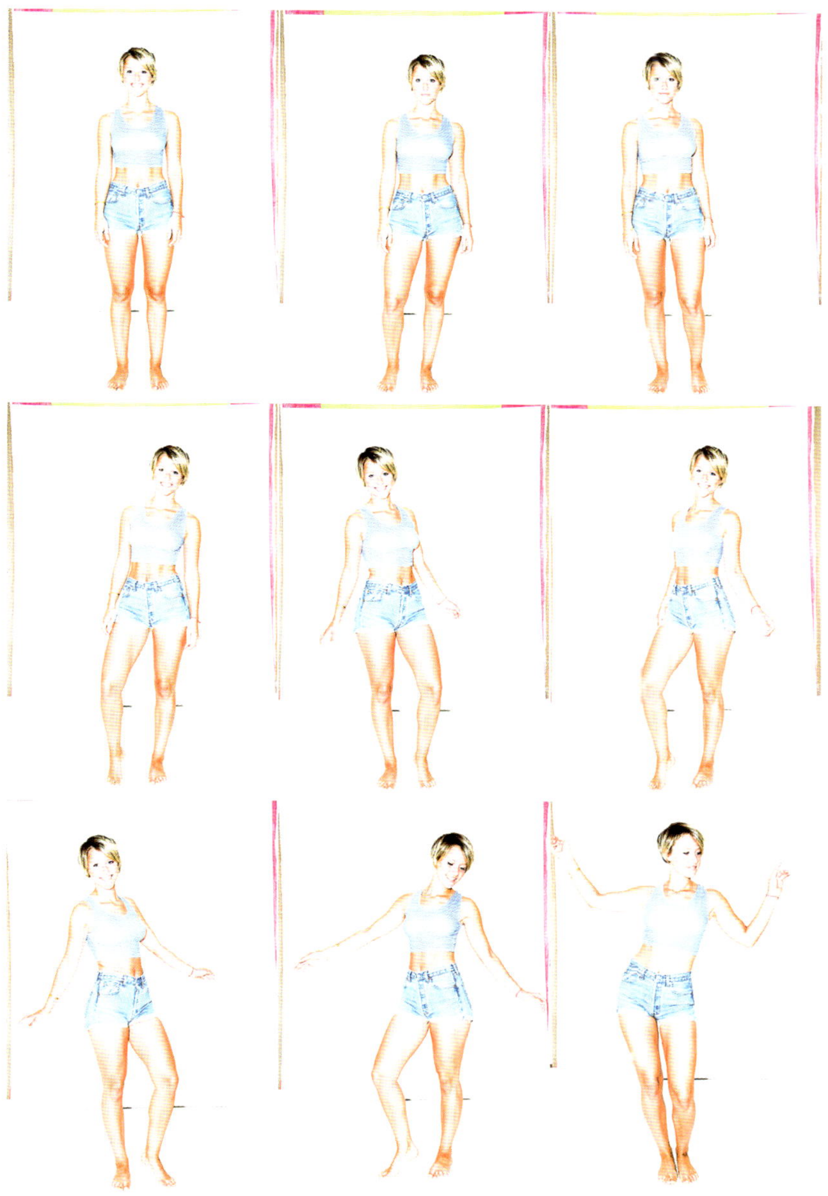

STANDARDPOSITIONEN IM STEHEN

Um das gerade Erlernte weiterzuentwickeln, kannst du als nächsten Schritt beim Wechseln des Standbeins in weitere Stellungen wechseln. Dabei ist es wichtig, nie aus dem Groove zu kommen, da er dir dabei hilft, immer wieder kleine Nuancen zu verändern, obwohl du vielleicht das Gefühl hast, das Gleiche zu tun. So kannst du dich aus der Nullposition zum Beispiel leicht seitlich zum Fotografen positionieren. Variiere diesen Wechsel nach links und nach rechts.

Im nächsten Schritt kannst du noch weiter zur Seite gehen und einfach mal auf einer Seite bleiben. Wechsel einfach zwischen leicht zur Seite und ganz zur Seite (ins Profil). Um nicht gleich alle Karten zu verspielen, lasse dir Zeit bei allem, was du tust. Es ist nicht wichtig, auf Anhieb große Veränderungen zu machen.

Wie unterschiedlich ein und dieselbe Pose sein kann, zeigen dir die Bilder auf den nachfolgenden Seiten, die ich innerhalb von wenigen Minuten hintereinander gemacht habe. Das Model hat sich dabei einfach nur an das gehalten, was ich gerade geschrieben habe.

Erst wenn du das Gefühl hast, zu einem Fließbandroboter zu mutieren, wechsle auf die andere Seite. Wenn eine Position gelungen ist und der Fotograf sie gut findet, wirst du ihm einen großen Gefallen tun, wenn du dich wiederholst. Du darfst nicht vergessen, dass sich alleine durch Veränderungen deines Gesichtsausdrucks jede Pose zu einer neuen Pose formt.

Stehst du erst einmal im Profil, ist es nicht mehr weit, einen Blick über die Schulter zu riskieren. Diese Position hat von Hause aus

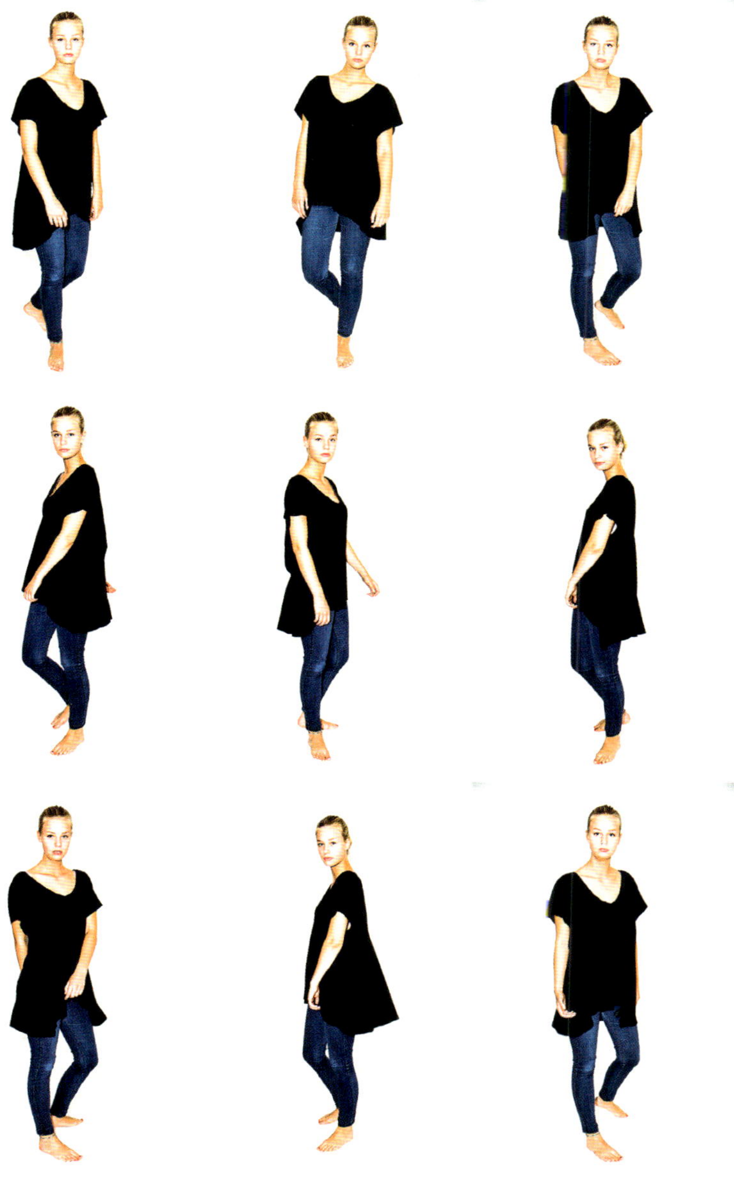

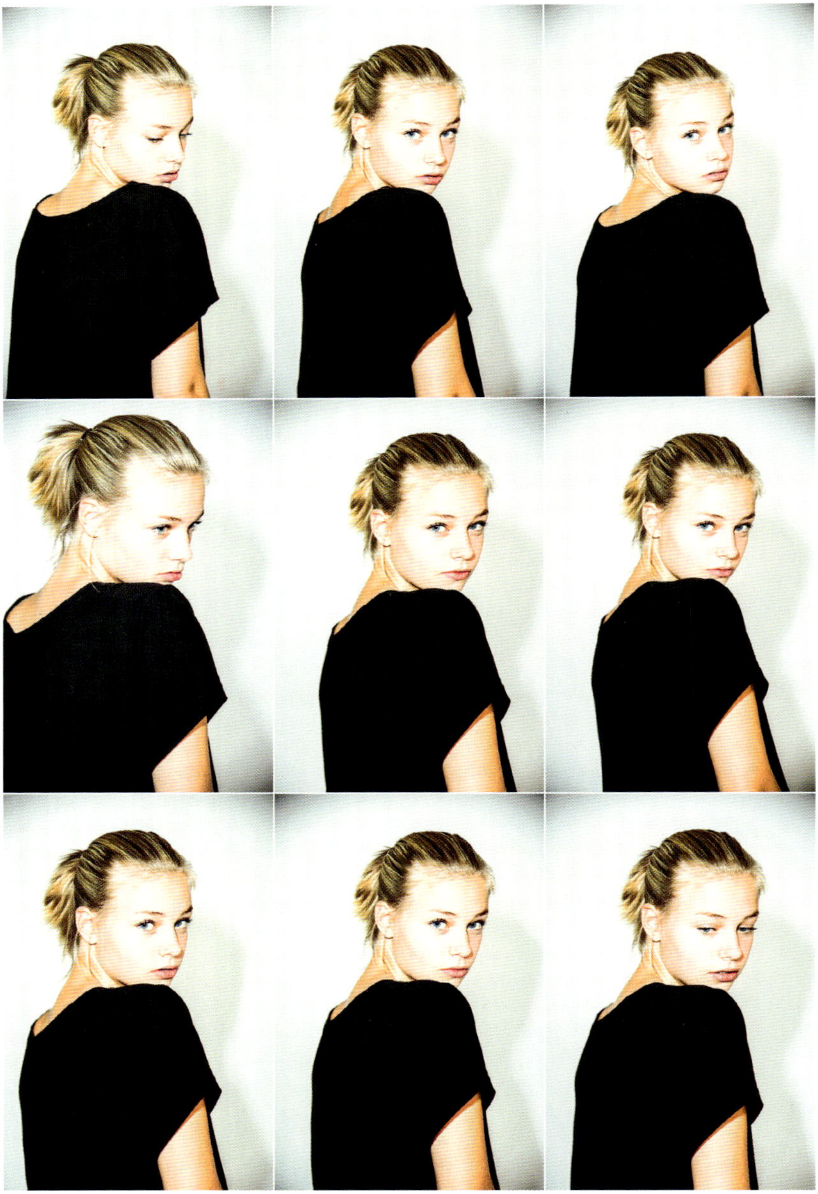

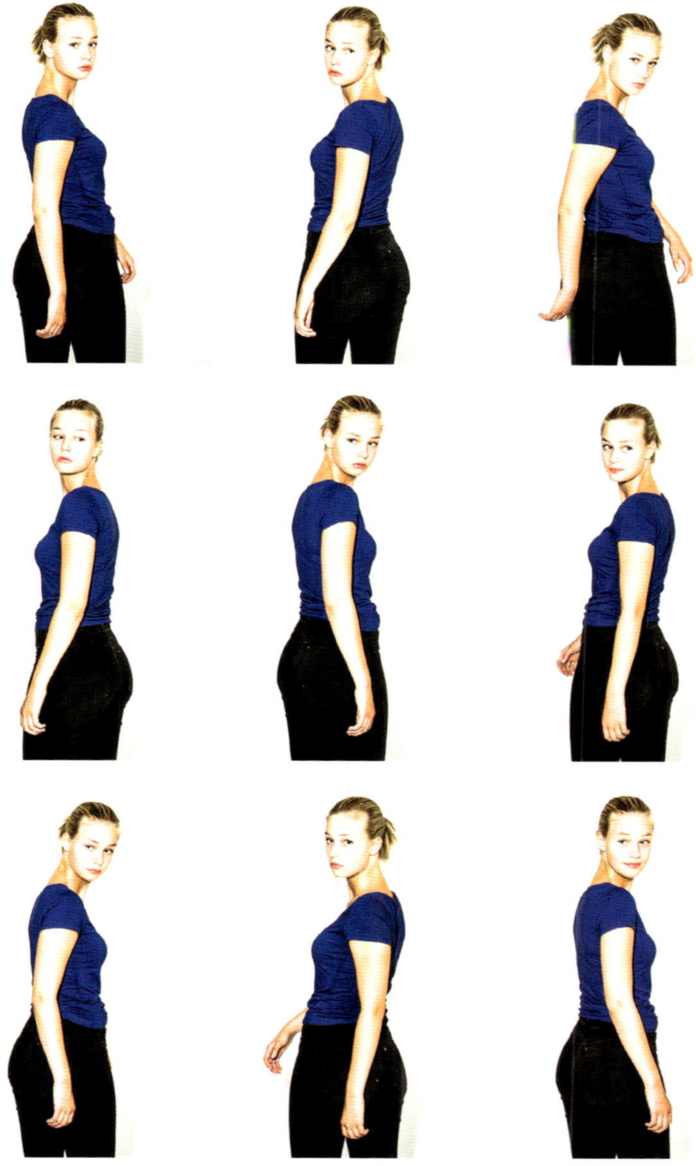

etwas Verführerisches und Geheimnisvolles. Du kannst gerade hier wunderbar mit den Augen spielen, indem du immer erst auf den Boden oder zur Seite schaust und dann in die Kamera. Auch bietet es sich an, mit dem Kinn die Schulter zu berühren und eine Hand mit ins Spiel zu bringen.

Wieder eine ganz andere Wirkung bekommt dann der Blick über die Schulter, wenn du dich ganz mit dem Rücken zum Fotografen stellst. Mich erinnert das immer sofort an einen „Tatort"-Kommissar. Um mit stets der gleichen Überraschung über die Schulter zu schauen, wende dich wieder vom Fotografen ab und blicke erneut über die Schulter.

Nun hast du dich einmal um die eigene Achse gedreht und bist mit deinem Latein immer noch nicht am Ende, denn alles, was du auf zwei Beinen im Stehen gemacht hast, kannst du abgesehen von den unterschiedlichen Blicken ja noch mit extrem unterschiedlichen Armhaltungen machen. Du kannst den gesamten Ablauf wiederholen, indem du zum Beispiel die Arme in die Luft streckst, über den Kopf legst, vor der Brust oder hinter dir verschränkst, deine Hände in die Hosentaschen steckst oder in die Hüften stemmst. Deiner Fantasie sind keine Grenzen gesetzt. Probiere einfach alles aus, was dir in den Sinn kommt. Wenn es sich irgendwie komisch anfühlt oder du dich mit etwas nicht wohlfühlst, halte es auch mal einen Moment aus. Manchmal braucht es eine Weile, sich an eine Körperhaltung zu gewöhnen und sie sich zu eigen zu machen. Wenn du dich nach einer Weile immer noch nicht damit anfreunden kannst, ist es Zeit, etwas Neues auszuprobieren.

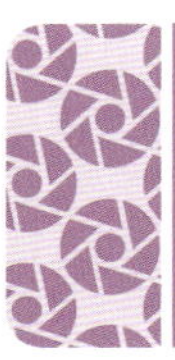

Oft haben wir keine Geduld und nehmen uns nicht genügend Zeit, etwas Unbequemes auszuprobieren. Das A und O beim Modeln ist, sich Zeit zu lassen. Du musst vor nichts davonrennen. Immer entspannt bleiben und relaxed treiben lassen ist das Motto.

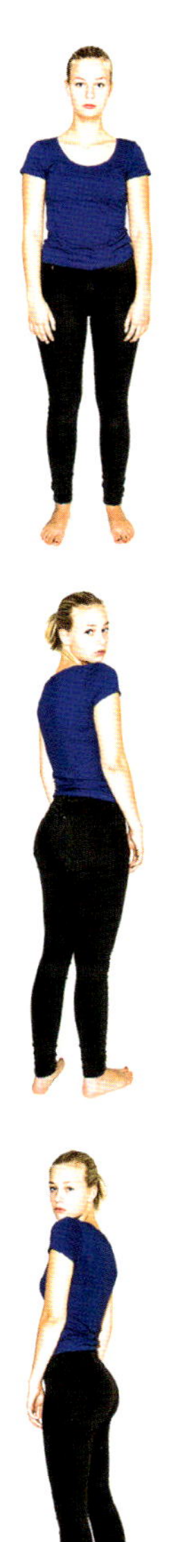
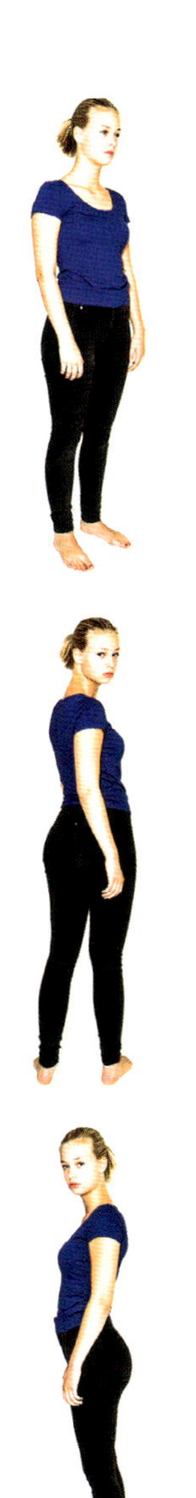
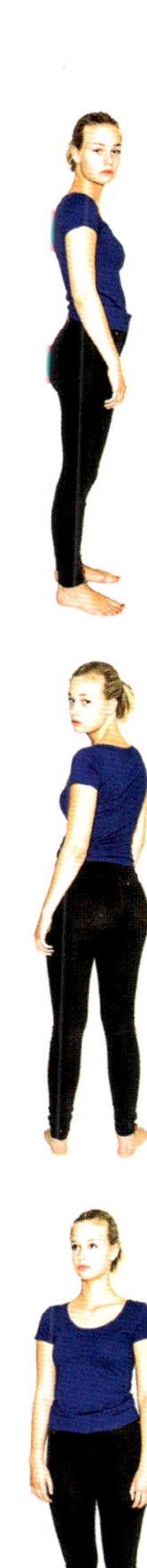

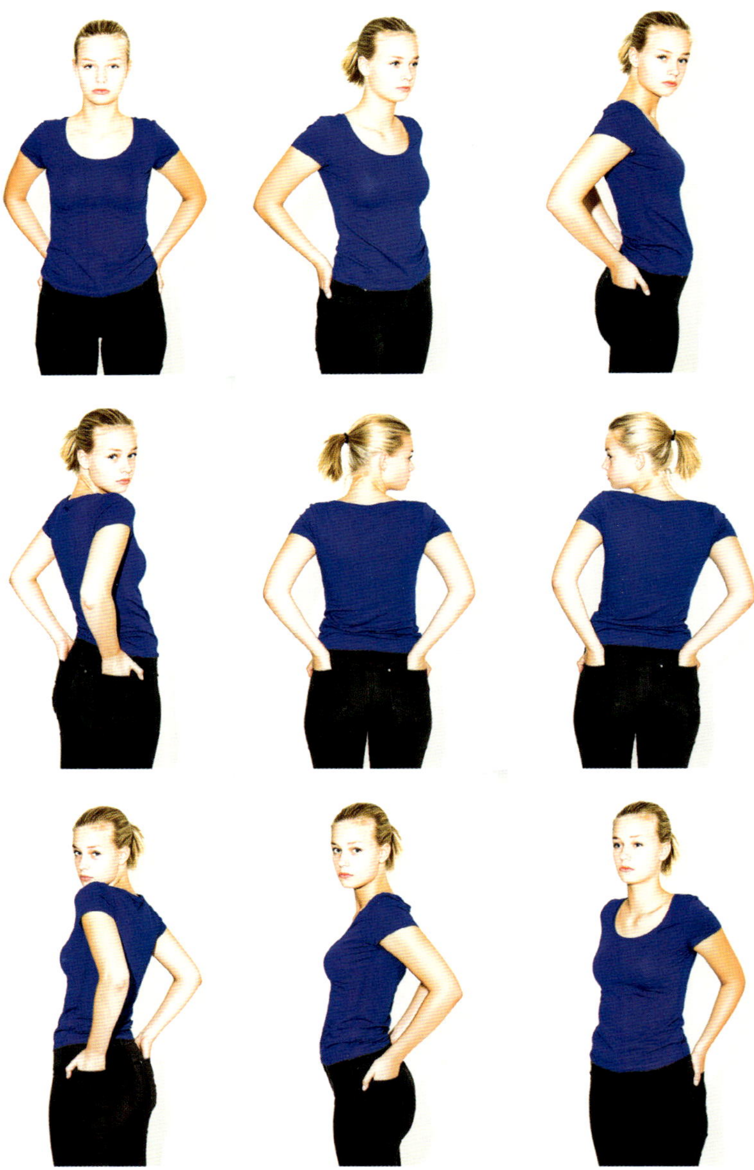

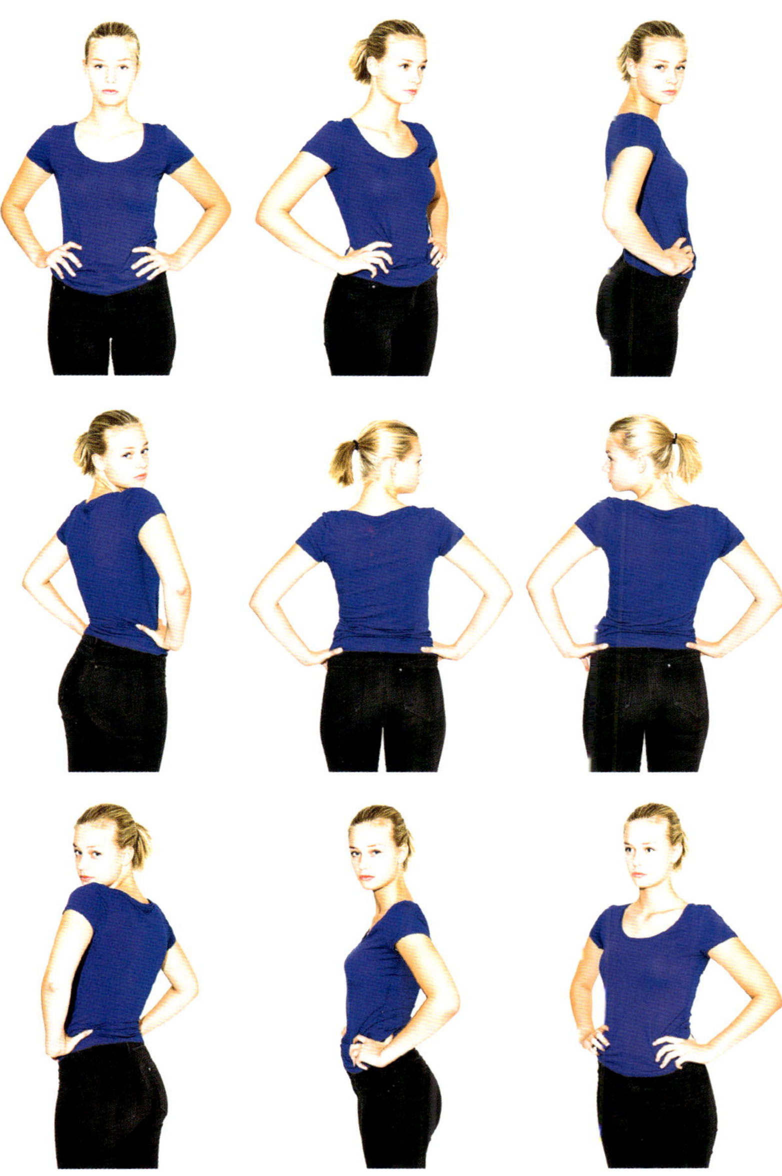

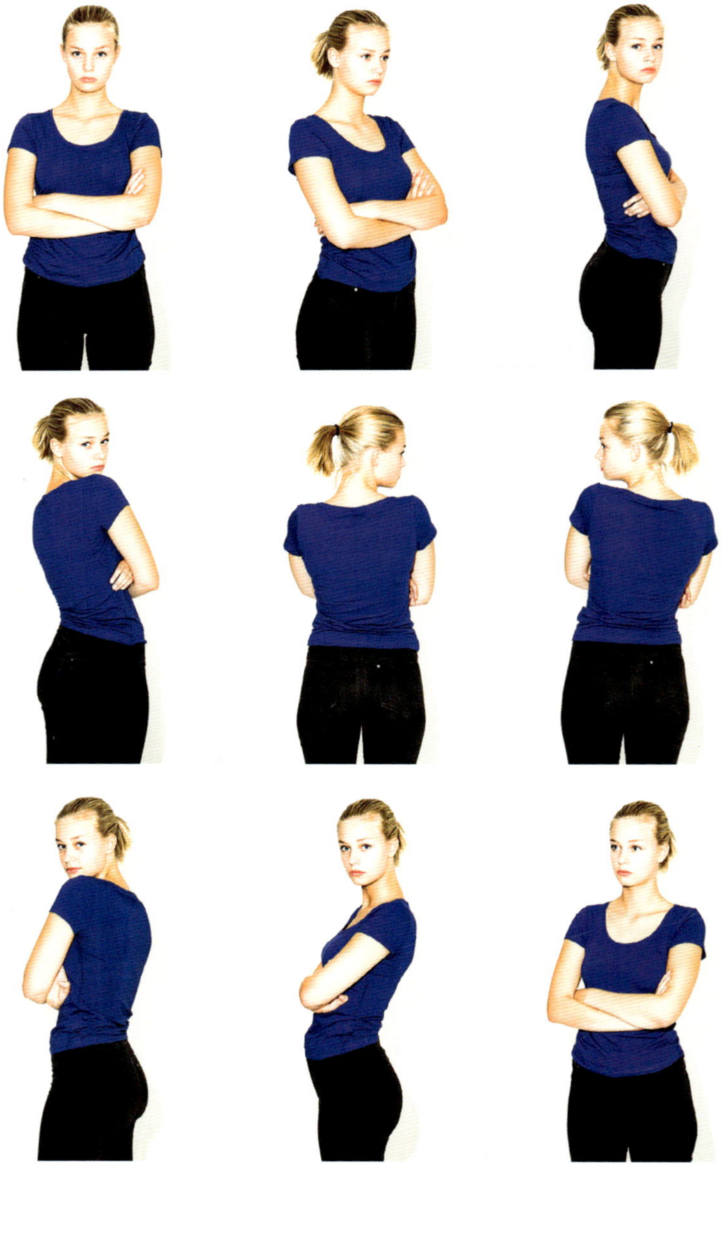

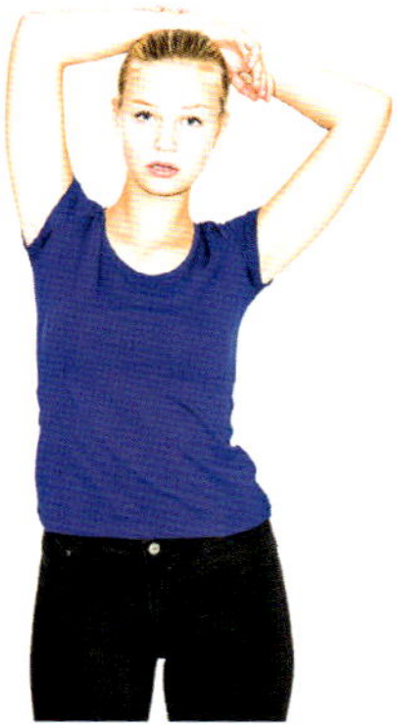

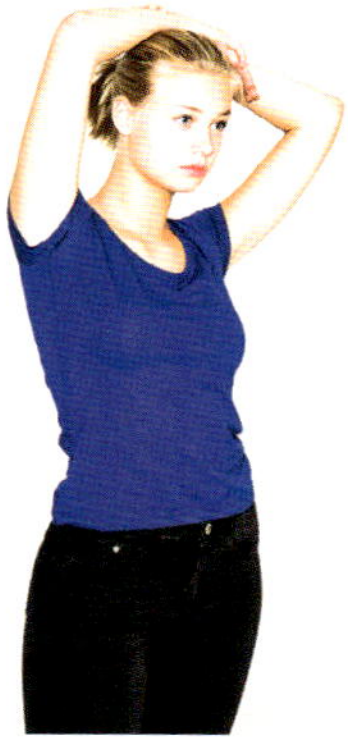

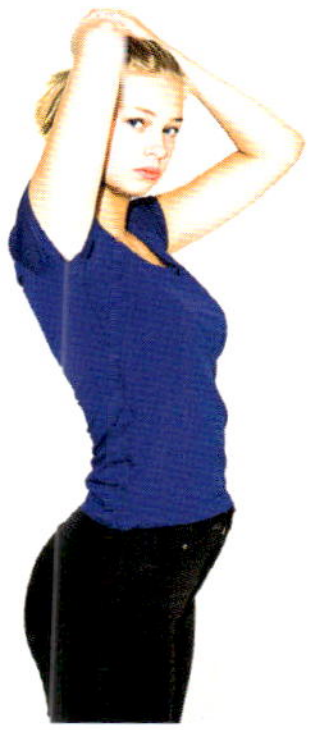

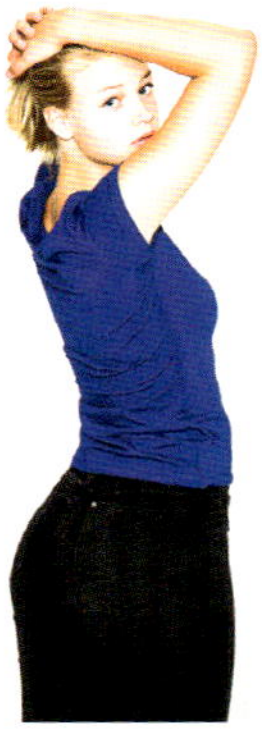

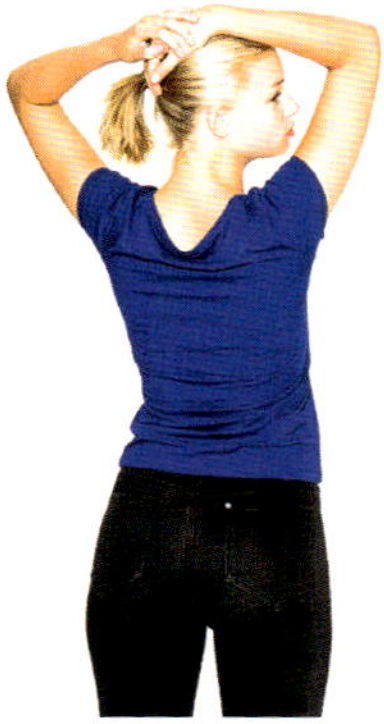

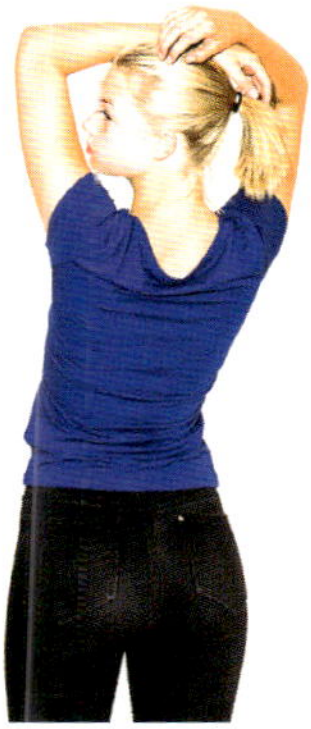

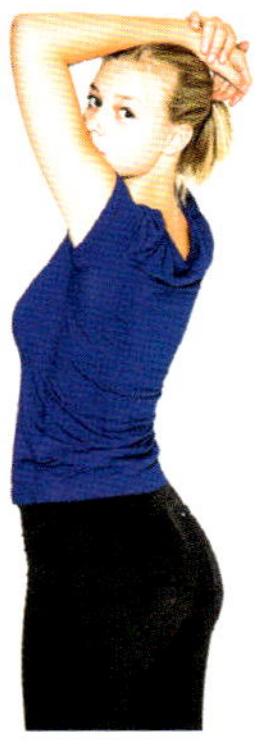

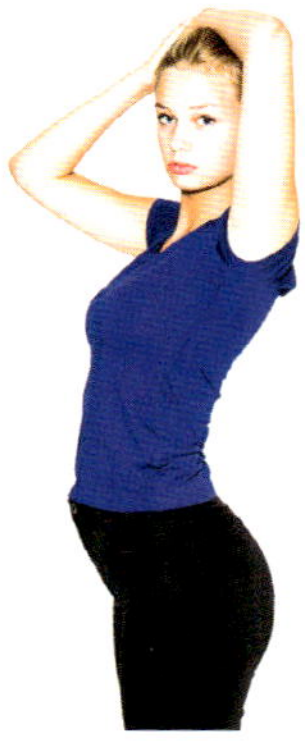

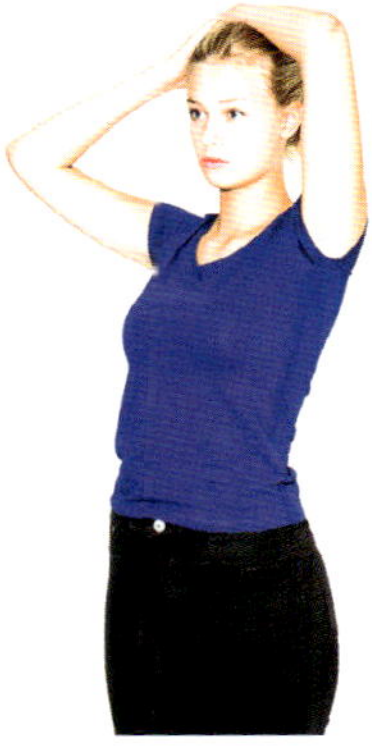

DAS GESICHT SPIELT MIT

Bevor ich weiter darauf eingehe, was du noch alles mit deinem Körper anstellen kannst, möchte ich beschreiben, wie dein Gesichtsausdruck die Posen beeinflusst.

Um mit deiner Mimik zu überzeugen, ist es wichtig, dass du natürlich bleibst. Ein aufgesetztes, künstliches Lächeln zum Beispiel entstellt dein Gesicht eher, als dass es eine positive, mitreißende Stimmung beim Betrachter auslöst. Gleiches gilt für Versuche, erotisch zu überzeugen, wenn da kein Funke echter Flirt mit im Spiel ist. Alles, was in deinem Gesicht passiert, muss letzten Endes auch in deinem Herzen passieren, da es nur dann wirklich authentisch rüberkommt.

Du hast den großen Vorteil, dass du alles, was du tust, mit der Kamera machen kannst. Denn die Kamera ist neutral. Es geht nicht darum, mit dem Fotografen zu flirten, sondern mit der Kamera. Und in der Kamera kannst du sehen, wen oder was du willst. Lass deiner Fantasie freien Lauf. Je mehr in deiner Fantasie für dich abläuft, umso mehr wird auch in deinem Gesicht passieren. Es ist egal, wenn dein Fotograf nicht nachvollziehen kann, warum du zum Beispiel gerade einen Lachflash bekommen hast. Vielleicht hast du ihn dir mit einer Clownsmaske und Entenplüschhausschuhen in Omaunterhosen vorgestellt? Welches Gefühl auch immer du gerade brauchst, versuche es herzustellen, indem du dich in diese Emotion hineinbegibst. Greife dabei auf Erinnerungen, Fantasien oder auch auf die Realität zurück. Alles, was dir in der jeweilige Situation hilft, in die benötigte Stimmung zu kommen, ist erlaubt, solange du niemand Anwesenden damit persönlich verletzt oder beleidigst.

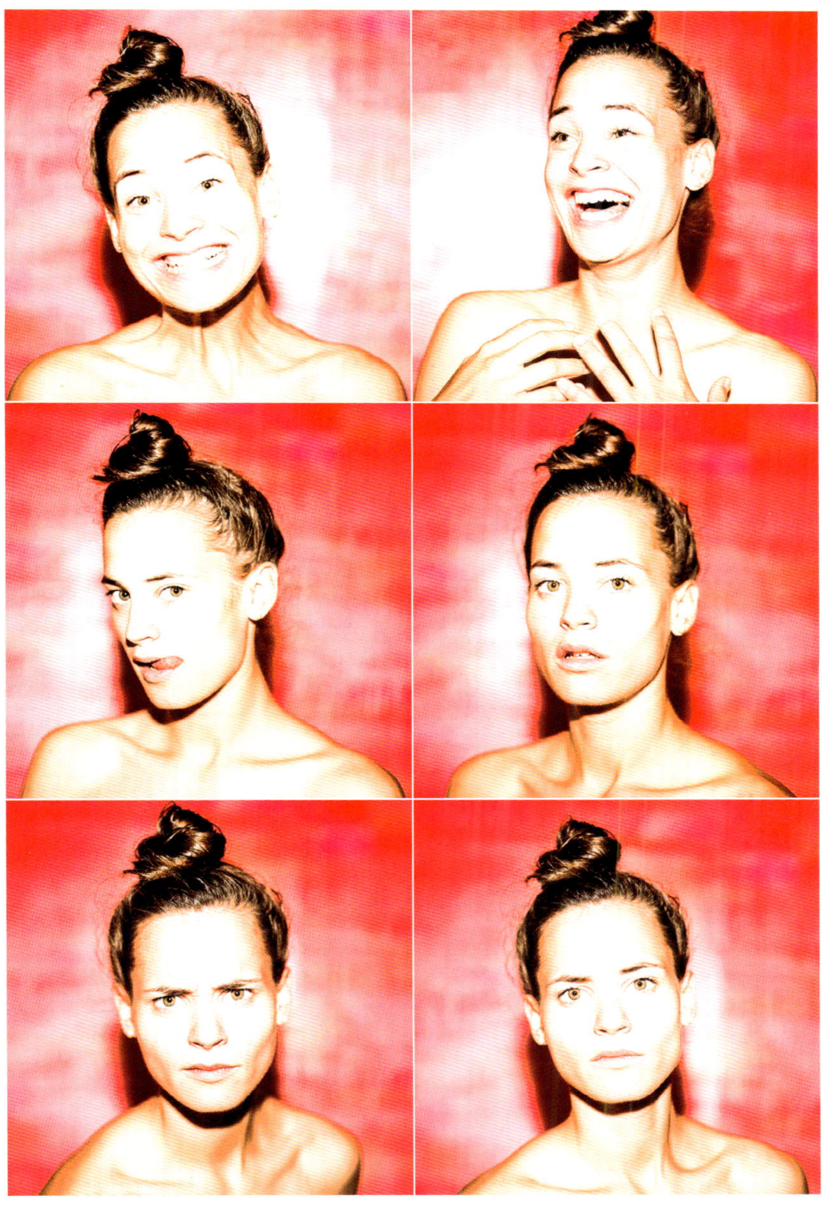

Unabhängig von deinen Gefühlen kann man bestimmte Veränderungen im Gesicht auch mechanisch hervorrufen. So kannst du zum Beispiel sehr angespannt und ernst wirken, wenn du dir bei geschlossenem Mund auf die Zähne beißt und versuchst, dein ganzes Gesicht anzuspannen.

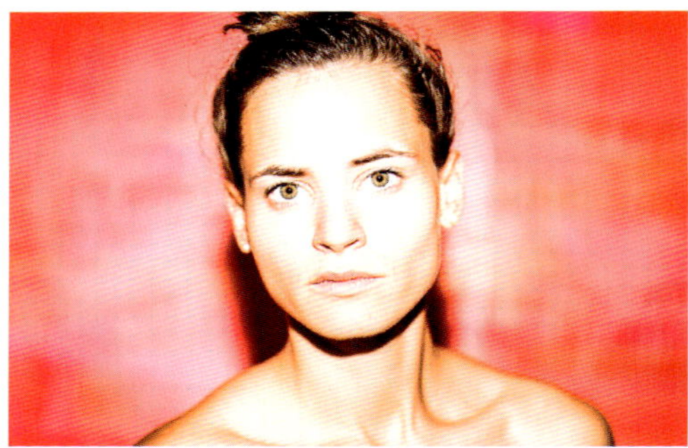

Einen erotischen Gesichtsausdruck bekommst du, wenn du dein Gesicht entspannst und deinen Mund leicht öffnest. Um deinen Gesicht zu entspannen und den Mund ohne nachzudenken leicht offen zu halten, ist es hilfreich, vorher den Mund zu dehnen. Das kannst du machen, indem du stumm schreist. Probiere das mal vor dem Spiegel aus, du wirst erstaunt sein, was danach mit deinem Mund passiert.

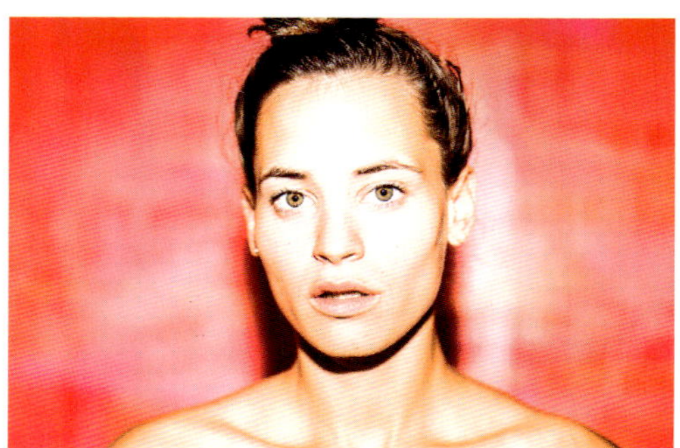

KÖRPERSPRACHE: KLEINE VERÄNDERUNGEN BEWIRKEN VIEL

Alleine durch den Wechsel der Blickrichtung oder die Lage der Hände kann ein sehr unterschiedlicher Eindruck entstehen.

Schaust du direkt in die Kamera oder über die Schulter? Hast du die Augen geschlossen oder blickst du zur Seite? Guckst du mit erhobenem Haupt von oben herab oder mit gesenktem Haupt untergeben von unten? Nur deine Kopfhaltung oder Blickrichtung lassen also eine völlig unterschiedliche Atmosphäre entstehen.

Das Gleiche gilt für jedes andere Körperteil. Obwohl das Hauptaugenmerk auf das Gesicht gerichtet ist, macht es einen großen Unterschied, ob deine Handflächen nach innen oder nach außen gekehrt sind, sich deine Hände zu Fäusten formen oder einfach entspannt daliegen. Willst du dich öffnen oder verschließen? Sympathisch oder unsympathisch rüberkommen? Extrovertiert oder introvertiert sein? Alles das und noch viel mehr äußert sich in der Körpersprache durch Kleinigkeiten.

Durch die Körpersprache werden instinktive Gefühle oder Reaktionen bei uns hervorgerufen, gegen die wir uns gar nicht wehren können. Ein bestimmter Gesichtsausdruck unseres Gegenübers kann ausreichen, um gewaltige chemische Prozesse in unserem Körper auszulösen. Alleine durch einen Blick können wir uns verlieben oder Angst empfinden.

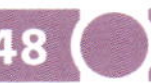

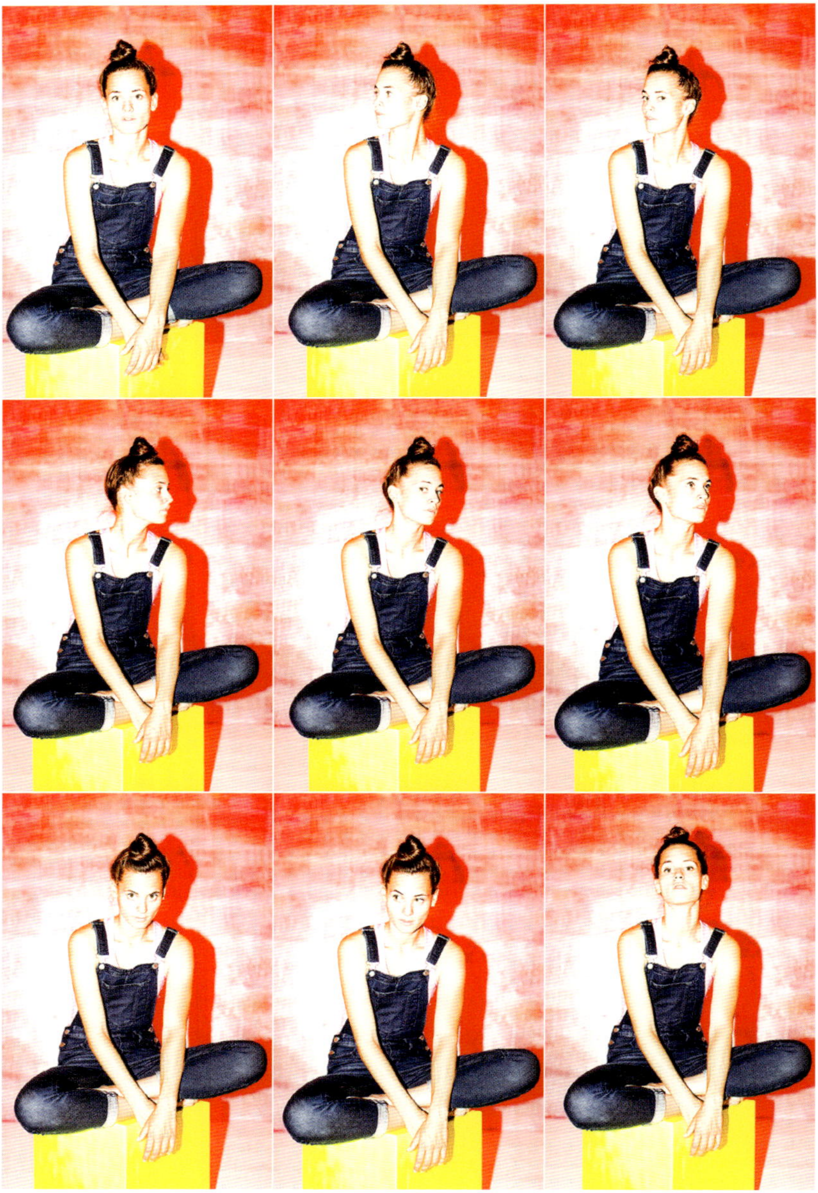

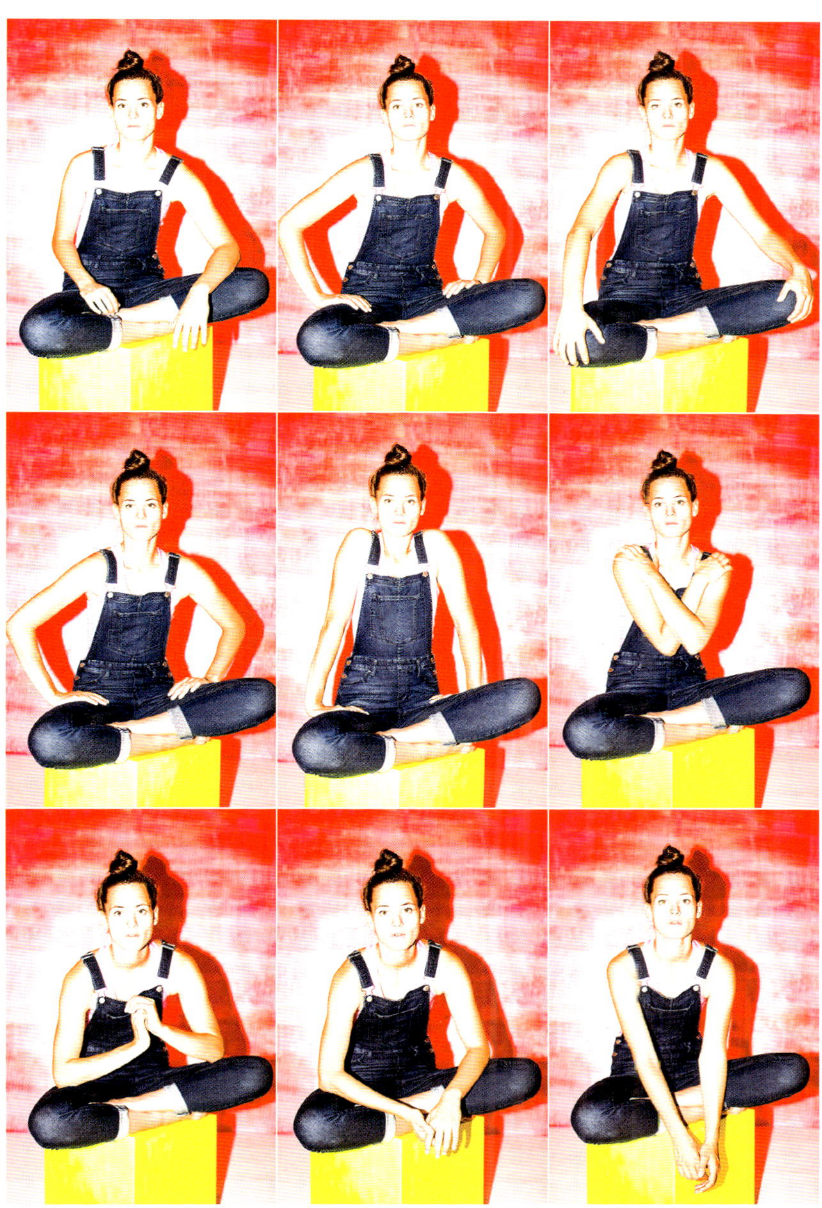

Sitzt du zum Beispiel mit geschlossenen Beinen und gesenktem Haupt da, wirkst du eher verschlossen und zurückhaltend. Sobald du nur dein Haupt erhebst, wird trotz der geschlossenen Beine schon eine gewisse Entschlossenheit auf den Betrachter übertragen. Wenn du nun noch deine Beine öffnest und breitbeinig mit erhobenem Haupt dasitzt, entsteht sofort der Eindruck einer selbstbewussten, kraftvollen Persönlichkeit, und du brauchst nur deinen Kopf wieder zu senken und mit geöffneten Beinen sitzen bleiben und sofort mutierst du zur Verführung in Person.

Diese Beispiele zeigen dir, warum es absolut unnötig ist, Angst zu haben, dass man immer das Gleiche machen wird. Denn selbst wenn du einen Bewegungsablauf zigmal wiederholst, ist es unwahrscheinlich, dass du immer wieder exakt gleich guckst und immer wieder exakt den gleichen Ausdruck haben wirst. Alleine durch minimale Veränderungen können unterschiedliche Aussagen getroffen werden, sodass es immer spannend ist und bleibt, sich zu wiederholen.

! **TIPP**

Wie wichtig diese Kleinigkeiten sind, wirst du erleben, wenn du dich vor den Spiegel stellst und mit deinem Handy Selfies von dir machst. Mache zehn Mal das gleiche Foto von dir und verändere nur minimal etwas an deiner Körperhaltung. Wenn du dir danach die Fotos anschaust, wirst du mit Sicherheit, obwohl alle Bilder auf den ersten Eindruck gleich wirken, einen Favoriten haben. Das würde nicht passieren, wenn die kleinen Veränderungen keine Bedeutung hätten.

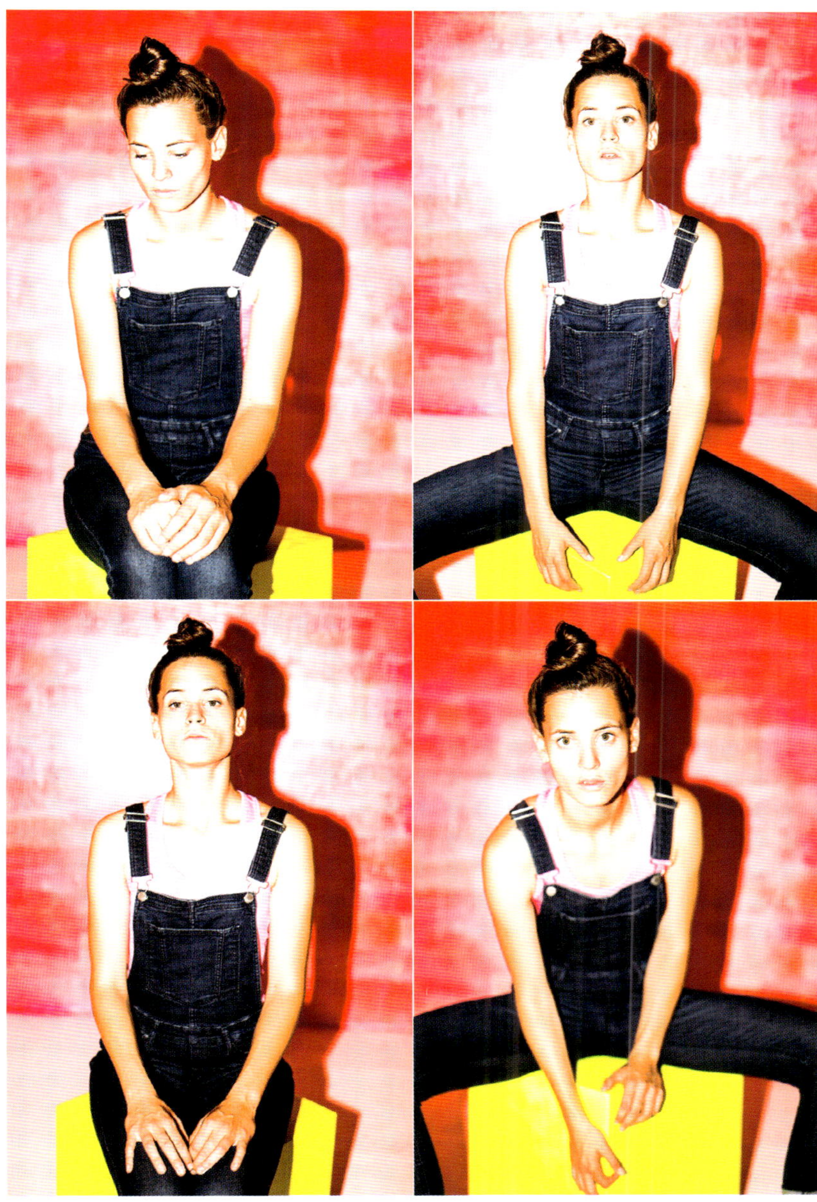

BALANCE UND SPIEL MIT DEM SCHWERPUNKT

Eine weitere Möglichkeit, Posen zu finden, wirst du erleben, wenn du mit deinem Schwerpunkt spielst und anfängst, auf der Stelle zu balancieren.

Dadurch dass du dich quasi auf dünnem Eis bewegst und ein wenig Kontrolle über dein Gleichgewicht aufgibst, bringt dich das in Körperhaltungen, die dir sonst sehr wahrscheinlich nicht eingefallen wären. Spielen, Ausprobieren und Neugierde haben auch hier oberste Priorität.

Stelle dich auf die Zehenspitzen und strecke dich, fange an, auf der Stelle zu balancieren. Wenn das eine leichte Übung für dich ist, schiebe dein Becken nach vorne und lasse deinen Oberkörper nach hinten fallen. Wichtig ist, dass du dabei auf den Zehenspitzen stehen bleibst und nicht hektisch wirst. Lasse dir für alles, was du tust, Zeit und konzentriere dich darauf, dich selbst wahrzunehmen und Gespür für deinen Körper zu haben. Was fühlt sich für dich gut und natürlich an? Womit fühlst du dich unwohl und irgendwie unvorteilhaft? Mit guter Selbstwahrnehmung wirst du schnell ein Gefühl dafür bekommen, was funktioniert und was weniger.

Spiele auch auf Zehenspitzen damit, dein Standbein zu wechseln, und benutze vor allem deine Arme, um Gleichgewicht zu halten, aber auch um dabei in neue Posen zu gelangen.

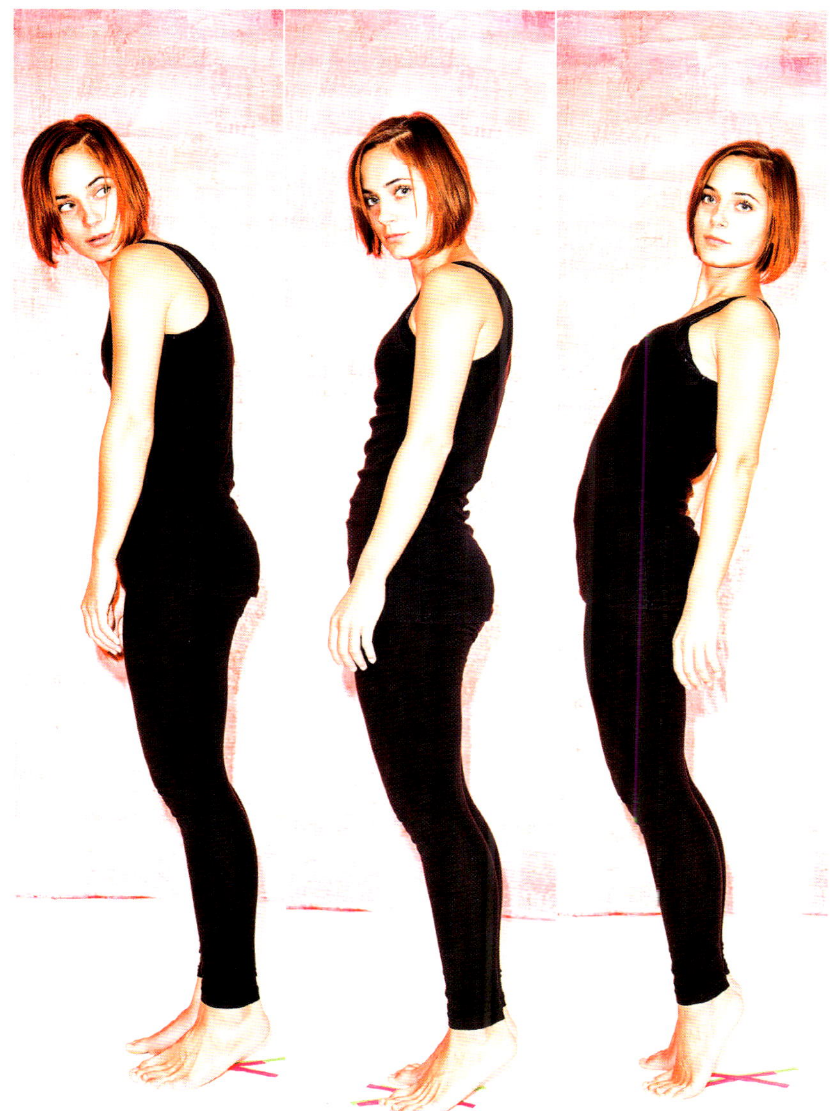

Deine Selbstwahrnehmung ist zwar wichtig und du kannst Posen auch vor dem Spiegel ausprobieren und üben, aber ich will dich damit nicht aufrufen, dich auf nichts einzulassen, was sich vielleicht erst einmal komisch anfühlt. Immer wieder sehen die seltsamsten Körperhaltungen, die sich vielleicht unnatürlich anfühlen, doch auch wieder sehr spannend aus oder vermitteln eine Skurrilität, die vielleicht gerade gewollt oder in irgendeiner Weise cool ist. Da, wo es spannend wird, begeben wir uns immer auf eine Gratwanderung. Meistens lässt es sich nur schwer oder gar nicht in Worte fassen, warum eine schräge Pose mal cool aussieht und nach einer minimalen Veränderung dann doch wieder nicht. Alleine durch die Selbstverständlichkeit oder Selbstironie, mit der du eine ungewöhnliche Körperhaltung präsentierst, kann ein und dieselbe Pose funktionieren oder nicht.

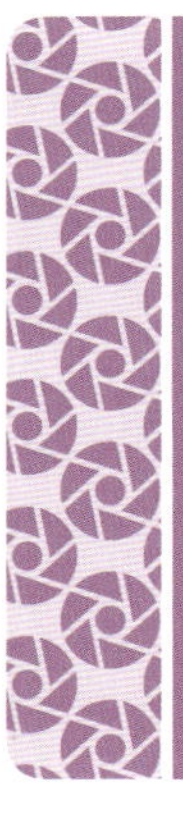

Mir fällt immer wieder die Szene aus einer bekannten Bierwerbung ein, die viele Jahre zu sehen war: Ein Mann in Anzug und Krawatte sowie Mantel steht in den Dünen am Meer und lässt sich einfach mit ausgestreckten Armen auf den Rücken in den Sand fallen. Angeblich ist diese Aufnahme ein Outtake, war also nicht geplant und entstand zufällig bei den Dreharbeiten. Aus diesem Outtake ist einer der markantesten Werbespots der letzten zwei Jahrzehnte geworden. Ich will damit nicht aufrufen, überhaupt nicht mehr auf den Fotografen oder Regisseur zu hören, aber es zeigt auch, dass es manchmal durchaus gut sein kann, ab und an mal aus der Reihe zu tanzen und Verrücktes zu tun.

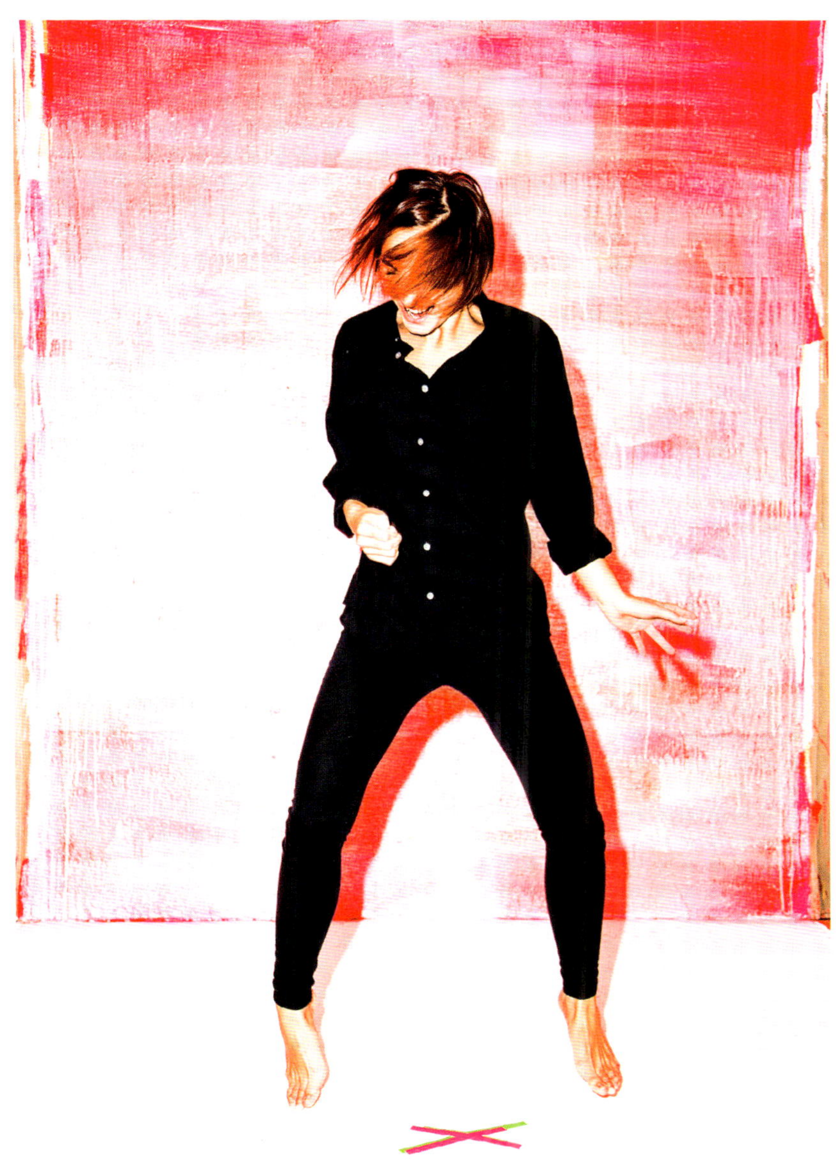

KÜNSTLICHE & NATÜRLICHE POSEN

Im Großen und Ganzen finde ich es grundsätzlich schwierig, in Richtig und Falsch zu unterscheiden, da es immer eine Frage der Sichtweise und ganz persönlichen Wahrnehmung ist, wie wir etwas empfinden.

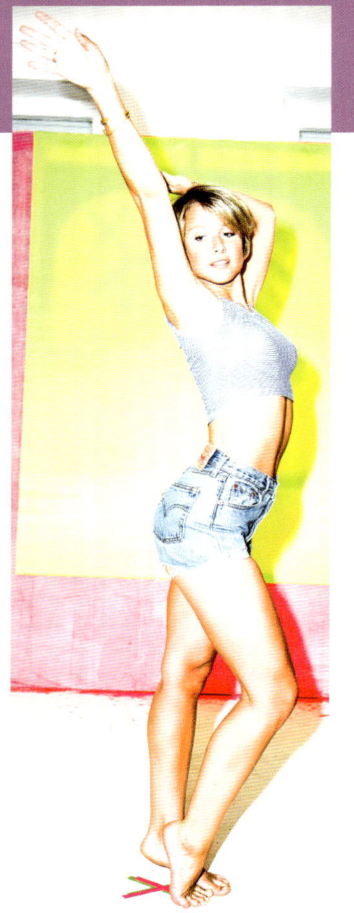

So würde ich, auch wenn ich persönlich immer auf der Suche nach natürlichen Posen bin, nie sagen, dass eine sehr künstliche Pose falsch ist. Sie ist künstlich, und das kann ja auch gewollt sein.

Das Erste, was uns zum Thema Posen einfällt, sind in der Regel übertriebene Posen, die wir vielleicht auf einem Gemälde oder als Statue gesehen haben. Diese Kunstwerke sind zu einer Zeit entstanden, in der es noch keinen Fotoapparat gab und der Künstler viel Zeit brauchte, um sein Werk zu vollenden. Er arbeitete mit Modellen, die manchmal viele Stunden über mehrere Tage und Wochen in einer Pose verharren mussten. Kein Wunder also, dass es schwierig war, in solchen Posen noch natürlich auszusehen. Selbst in den Anfängen der Fotografie musste das Model ziemlich lange still sitzen, da die Belichtung eines einzelnen Fotos mehrere Minuten in Anspruch genommen hat.

Mit Fortschritt der Technik wurden aus den Minuten Sekunden. Heute ist es möglich, im Bruchteil einer Sekunde einen Moment festzuhalten. Mit der technischen Weiterentwicklung haben sich die Möglichkeiten der Darstellung eines Menschen extrem verändert. Auf einmal war es möglich, einen Moment festzuhalten, einen Schnappschuss zu machen, also einen wahrhaftigen Augenblick zu verewigen.

Da der Mensch ein Gewohnheitstier ist und sich sehr schwer mit Veränderungen tut, obwohl er sie ja selbst durch den Fortschritt verursacht hat, dauert es immer ein wenig, bis er sich an etwas Neues gewöhnt hat. Und so hat es eine Weile gedauert, bis aus künstlichen Posen natürliche Posen geworden sind. Wenn du dir die Modefotografie der letzten hundert Jahre anschaust, wirst du sehen, wie sich die Posen verändert haben. In einem aktuellen Modemagazin wirst du kaum noch solch übertrieben künstliche Posen wie früher finden, es sei denn, sie werden bewusst als Stilmittel eingesetzt.

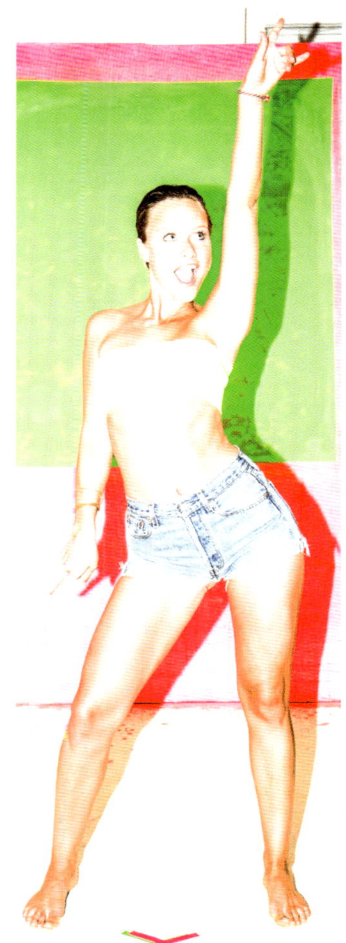

Ich persönlich bin immer auf der Suche nach natürlichen Posen. Wobei ich es spannend finde, dabei ungewöhnliche Posen zu entdecken, die sich erst einmal komisch anfühlen und am Ende doch funktionieren. So kann es sein, dass dich der Fotograf in eine Pose gebracht hat, die sich für dich absolut unnatürlich anfühlt und in der du dir äußerst seltsam vorkommst. Trotzdem entsteht am Ende vielleicht ein Bild, von dem du im Nachhinein sagen kannst: „Wow! Toll! Es sieht ganz anders aus, als es sich angefühlt hat.“

TYPISCH MANN – TYPISCH FRAU

Trotz Gleichstellung und Gleichberechtigung von Mann und Frau sind wir immer noch in typischen Geschlechterrollen verhaftet und empfinden bestimmte Posen als typisch männlich oder typisch weiblich.

Eine Frau, die sich breitbeinig wie ein Kerl hinsetzt, hat eine völlig andere Ausstrahlung als ein Mann, der das Gleiche tut. Sie erscheint selbstbewusst und entschlossen, während er in der gleichen Pose einfach ziemlich normal daherkommt. Ebenso erscheint es uns ungewöhnlich, wenn ein Mann verführerisch über die Schulter schaut. Bei einer Frau würden wir diese Pose nie infrage stellen. Wir können uns noch so sehr dagegen wehren, solche Unterscheidungen machen zu wollen, sie sind vorhanden. Was aber nicht heißt, dass man nicht damit spielen kann und sogar soll.

! **TIPP**

Um dein Repertoire zu erweitern, betreibe kleine Gesellschaftsstudien. Nutze zum Beispiel das Warten an der Bushaltestelle oder sonstige Wartezeiten, um andere Menschen zu beobachten. Schaue dir an, wie sie sich bewegen, und suche nach Bewegungen und Körperhaltungen, die du als „typisch Mann" oder „typisch Frau" empfindest. Um sie nicht zu vergessen, imitiere sie zu Hause vor dem Spiegel und mache ein Selfie davon. So festigen sich Ideen und bleiben für dich präsent.

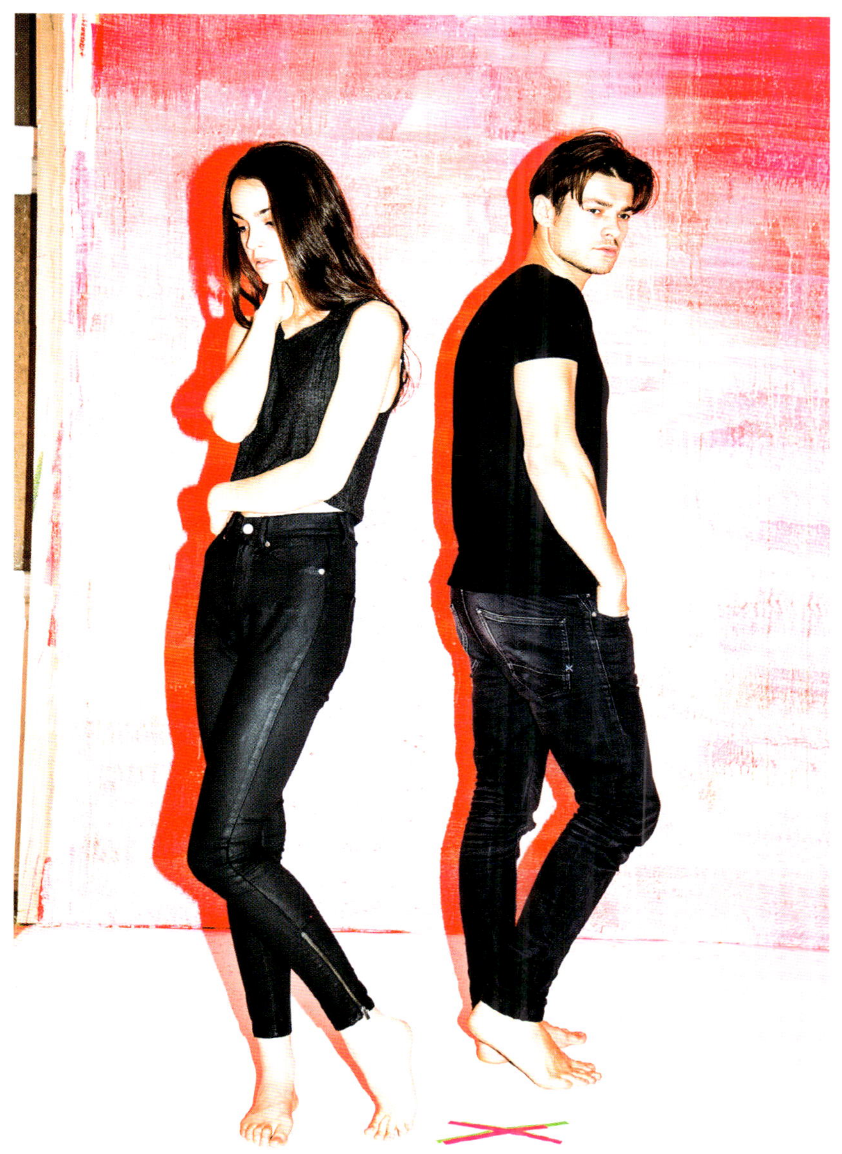

Was passiert, wenn wir die Rollen einfach mal tauschen? Das zeigt am deutlichsten, was typisch Mann und typisch Frau ist, da wir problemlos jedes Fotos sofort in eine Schublade einordnen können. Wetten? Und damit will ich keine politische Diskussion über Gleichstellung in Gang setzen. Es spiegelt lediglich wider, wie wir zu diesem Zeitpunkt in der Geschichte der Menschheit in unserem europäischen Kulturkreis bestimmte Posen empfinden. In anderen Kulturen und/oder zu einem anderen Zeitpunkt wird sich das Empfinden zu all diesen Posen wandeln oder es hat sich bereits gewandelt. Es beschreibt einfach nur die Gegenwart.

Wenn du dir Modezeitschriften anschaust, wirst du sehr schnell feststellen, dass mit Widersprüchen und dem Brechen von geschlechtertypischen Posen gerne gespielt wird. Es fällt auf. Und genau das ist ein wichtiges Ziel in der Werbung: Auffallen um jeden Preis. Es ist also nicht verkehrt, wenn du als Model Dinge tust, die dir vielleicht erst mal ein wenig schrill oder aufgesetzt erscheinen. Je mehr du ausprobierst und anbietest, um so dankbarer wird dir dein Fotograf sein. Nichts ist zermürbender, als ein Model, das einfach nur dasteht und sich ausschließlich auf Anweisung bewegt.

! **TIPP**

Auch unabhängig von einem Shooting kannst du mit deiner besten Freundin oder deinem besten Freund ausprobieren, was passiert, wenn ihr in typische Männer- und Frauenposen schlüpft und damit gemeinsam spielt. Ihr werdet mit Sicherheit eine Menge Spass dabei haben, lernt spielerisch neue Posen und entwickelt Ideen für ein nächstes Shooting.

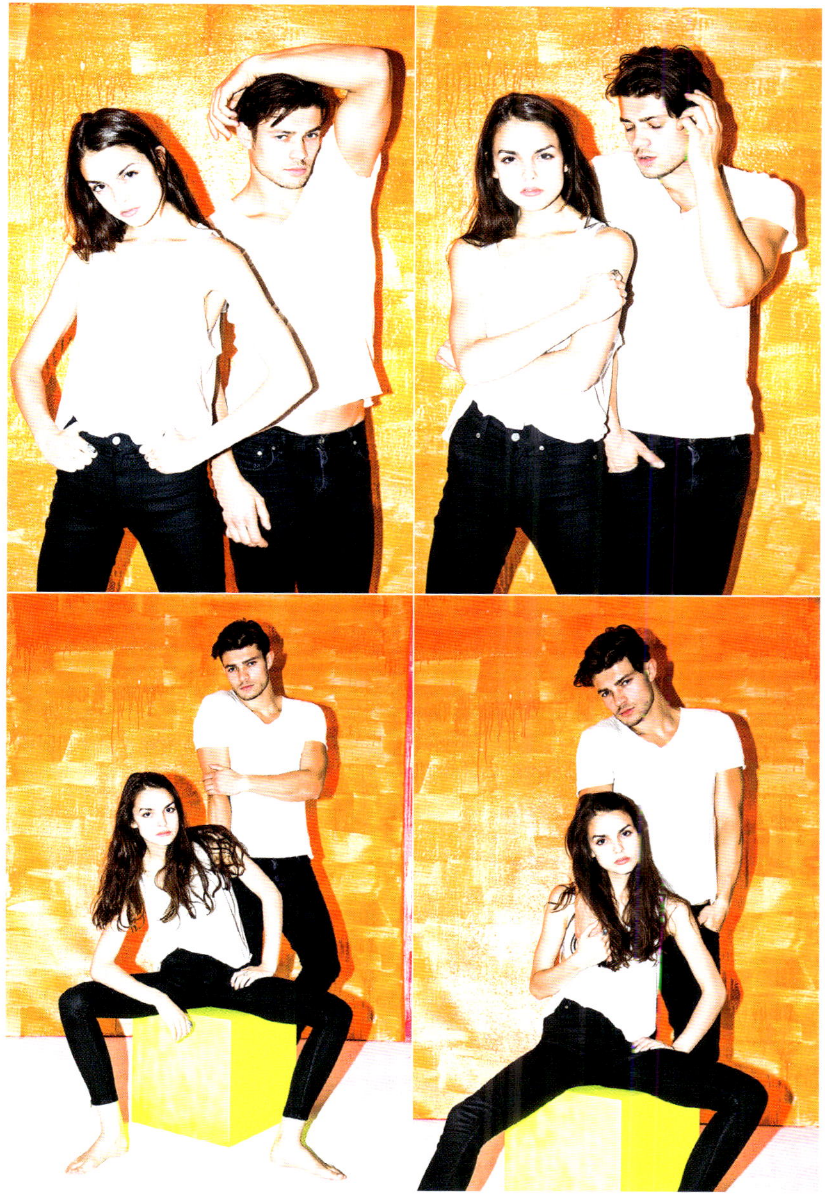

ZU ZWEIT POSEN

Viele der folgenden Posen können nicht nur von Mann und Frau, sondern auch von gleichgeschlechtlichen Modellen gemacht werden.

Es sind Beispiele dafür, was man zu zweit machen und wie man auch zu zweit die Spielwiese vor der Kamera entdecken und nutzen kann, um gemeinsam Posen zu entwickeln und zu finden. Am meisten Spaß macht das Spielen zu zweit, und das ist vor der Kamera nicht anders. Entdeckt das Kind in euch und seid neugierig aufeinander. Und vor allem: Lasst euch aufeinander ein und versucht zusammenzuwachsen. Der Betrachter soll später das Gefühl haben, dass ihr zusammengehört, auch wenn ihr euch bei einem Shooting vielleicht das erste Mal begegnet. Nutzt eure Neugierde und erobert euren Spielpartner. Vor der Kamera ist vieles erlaubt, was ihr sonst vielleicht nicht machen würdet. Ihr seid in diesem Moment wie Schauspieler, die in einer Rolle schlüpfen. Flirtet miteinander und baut langsam Sympathie auf, sodass Körperkontakt keine unüberwindbare Hürde wird, denn ohne Körperkontakt werden die Möglichkeiten zu zweit vor der Kamera zu stehen sehr begrenzt sein – es sei denn, der Fotograf möchte das Aufeinandertreffen zweier Feinde inszenieren. Lasst euch Zeit für eure Begegnung, die im Optimalfall das Knistern einer heißen Affäre mit sich bringen darf. Und genau aus diesem Grund solltet ihr niemals euren tatsächlichen Partner mit an ein Set bringen. Es wird eurem Partner schon schwerfallen zu beobachten, wie ihr mit der Kamera flirtet. Wenn jetzt noch ein anderer Mensch dazukommt, kann das zu blöden Eifersuchtsdramen führen – und vor allem hemmt es euch selbst. Ihr wisst, dass ihr alles, was ihr tut, für ein gutes Foto tun wollt und ihr nicht tatsächlich Interesse an eurem Spielpartner und/oder dem Fotografen habt. Eurem Lebenspartner wird es schwerfallen das auseinanderzuhalten.

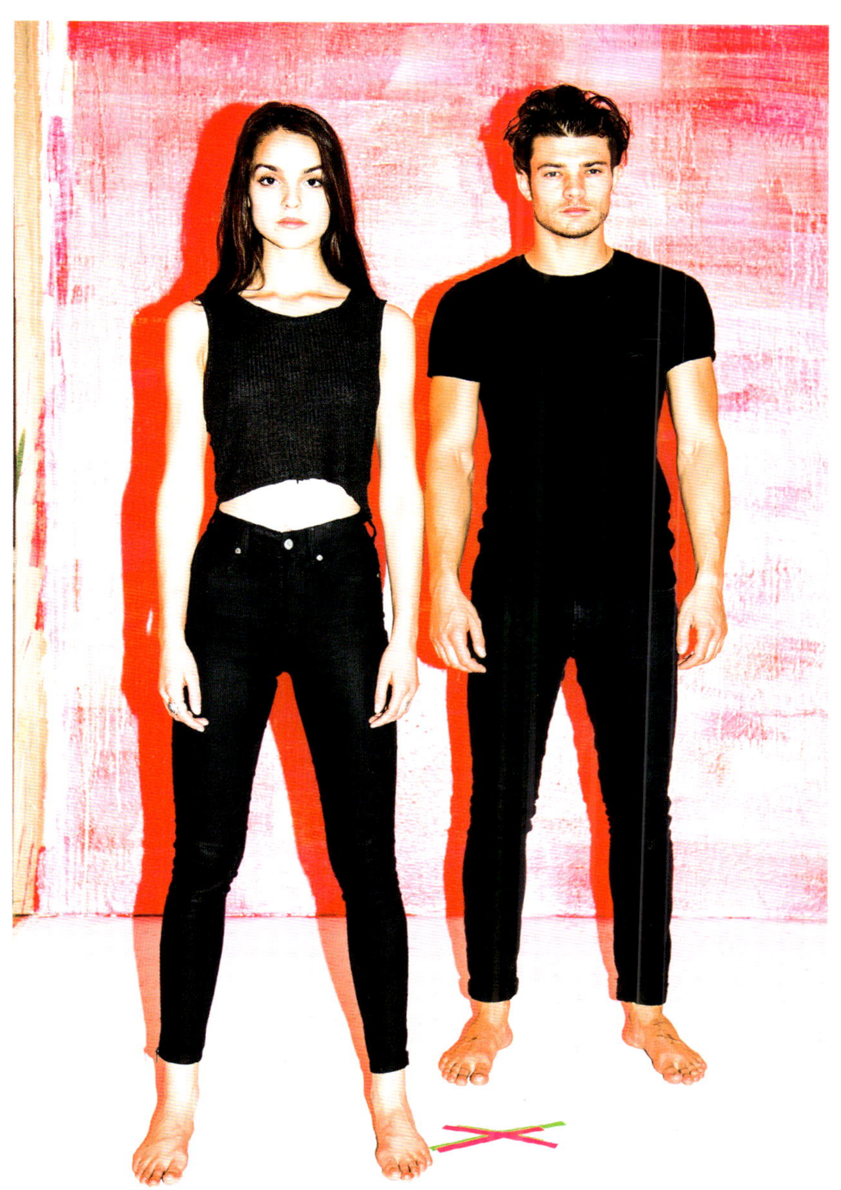

Gemeinsam jeder für sich

Wenn euch der Fotograf den Spielraum lässt, könnt ihr den Kontakt zueinander langsam vor der Kamera aufbauen, indem ihr zunächst mit Posen anfangt, bei denen ihr keinen oder nur wenig Körperkontakt habt. Stellt euch zum Beispiel versetzt nebeneinander in die Nullposition. Einer von euch sollte nun wie beim Tanz die Führung übernehmen, sodass ihr einen gemeinsamen Rhythmus finden könnt. Fangt wie beim Posen alleine mit dem Standbeinwechsel an. Das könnt ihr zu zweit schon wunderbar variieren, indem ihr zwischen dem gleichen und dem versetzten Standbein wechselt.

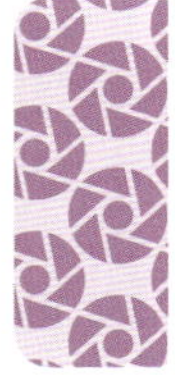

Alles, was ihr beim Posen alleine schon ausprobiert und gemacht habt, lässt sich auch wunderbar zu zweit machen. Die Wahrscheinlichkeit, dass ihr gleichzeitig immer genau dasselbe machen werdet, ist gering, sodass sich auf diesem Weg schier endlose Kombinationsmöglichkeiten ergeben werden.

Um nicht den Kontakt zu verlieren und zu wissen, was hinter euch passiert, ist es für die Person, die vorne steht, wichtig, auch immer wieder nach hinten zu schauen. Zum einen ergeben sich alleine dadurch weitere Posen, zum anderen bleibt ihr so in Kontakt und baut im Idealfall weiter Kontakt zueinander auf.

! TIPP

Bei einem Paarshooting ist nichts wichtiger als der Kontakt zwischen den beiden Modellen. Der Betrachter soll später das Gefühl haben, dass ihr zusammengehört. Das könnt ihr nur vermitteln, wenn ihr während des Shootings auch tatsächlich zusammengehört.

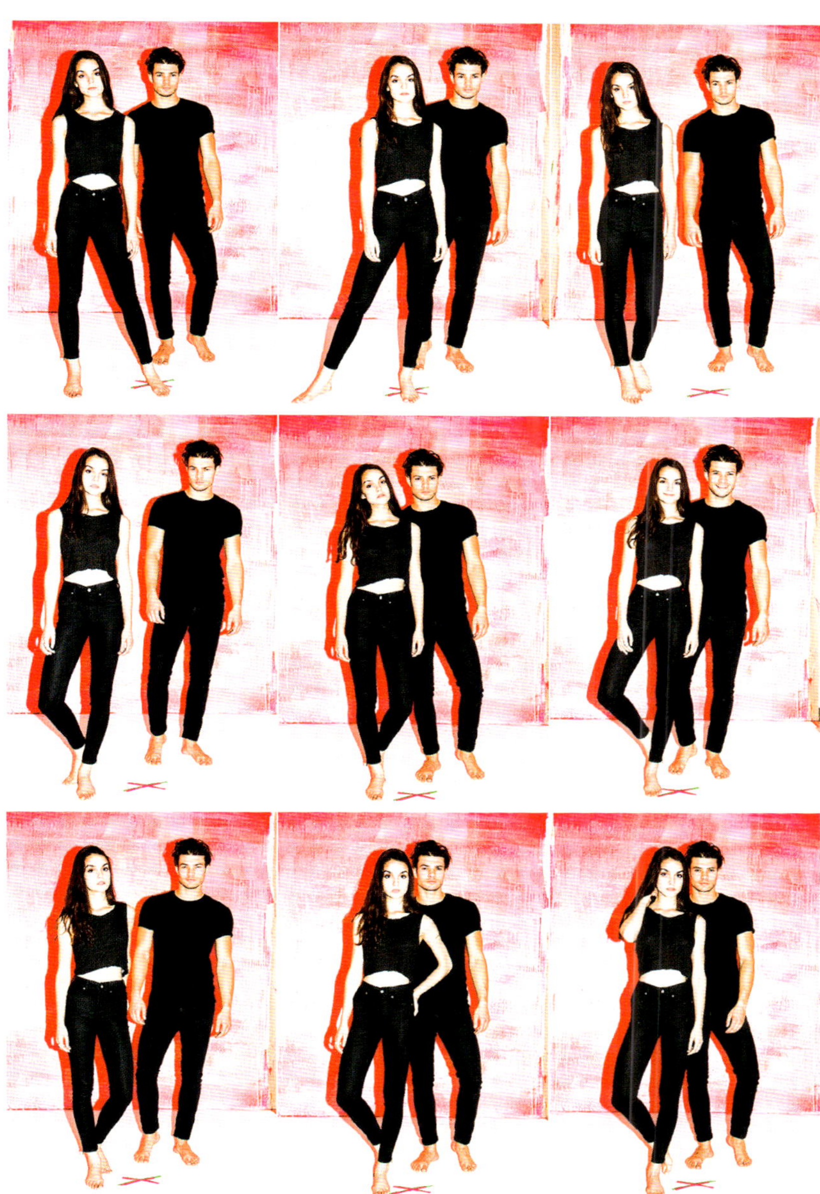

Kontaktaufnahme

Eine einfache Möglichkeit der Kontaktaufnahme ist, über die Schulter des Partners zu agieren: Das hintere Model lehnt sich an die Schulter des vorderen Models und baut darüber einen ersten Körperkontakt zu dem anderen Model auf. Es ist nicht unerheblich, auf welcher Position das männliche oder das weibliche Model steht, jedoch ist beides möglich. Es bleibt wie bei allen Posen immer die Frage: Was will ich damit bewirken oder ausdrücken? Steht die Frau hinter dem Mann, erfüllt sie ein klassisches Rollenbild und lässt ihn als Beschützer auftreten. Je nachdem, wie sie das macht, kann es auch eine dominante Wirkung bekommen.

Genauso umgekehrt. Stellt sich der Mann hinter die Frau, kann es das klassische Rollenbild verwerfen und die Frau in eine starke, selbstbewusste Position bringen. Je nachdem wie der Mann das anstellt, kann aber auch eine für die Frau untergeordnete Situation daraus entstehen.

! **TIPP**

Alles, was ihr macht, hat eine Wirkung. Es ist wichtig, zu reflektieren, was man tut. Aber jetzt bloß nicht zu viel darüber nachdenken, sonst klappt das nicht mehr mit dem kindlichen Spieltrieb. Es ist wichtig, das richtige Maß zu finden zwischen sich treiben und gehen lassen und einem respektvollen Umgang mit deinem Spielpartner. Es bleibt wie so vieles im Leben immer eine Gratwanderung. Eine bisschen Provokation kann der Atmosphäre guttun, da so frische und neue Impulse in ein Zusammenspiel kommen, aber zu viel des Guten kann deinen Partner an seine Grenzen bringen und ihn sogar verletzen, da er oder sie sich in die Enge gedrängt fühlt.

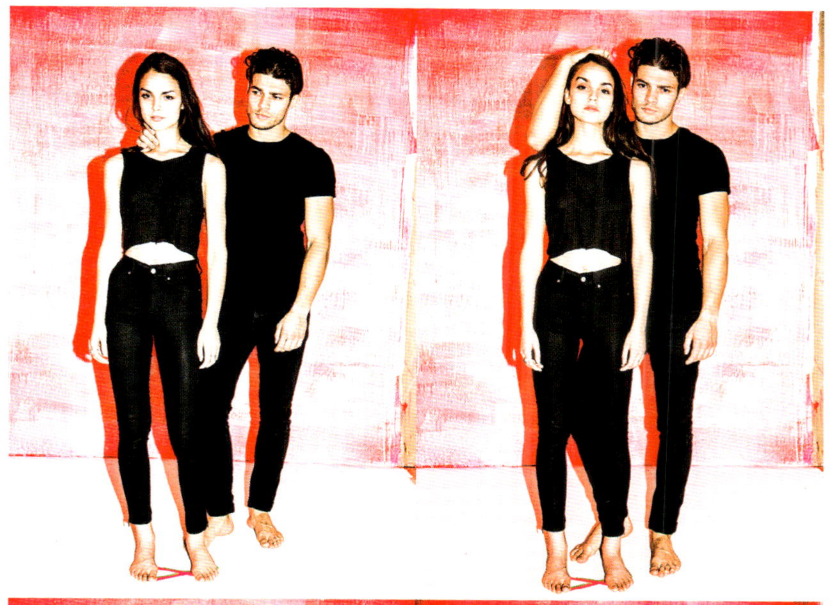

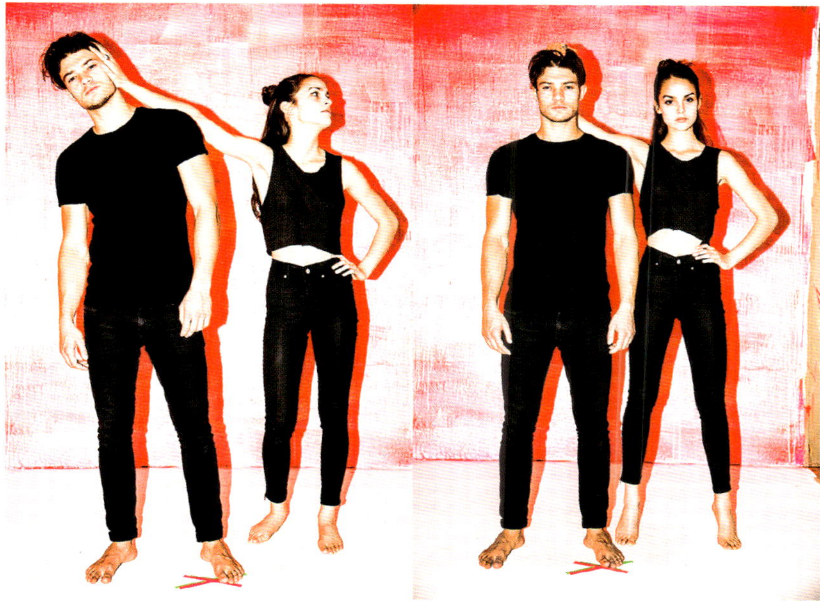

Wie schon im vorherigen Abschnitt „Gemeinsam jeder für sich" beschrieben, könnt ihr nun auch aus dieser Grundhaltung heraus variieren, indem ihr einfach das Standbein wechselt. Von ganz alleine wird sich der Körperkontakt zwischen euch verändern, da sich mit jedem Standbeinwechsel auch der Abstand zueinander verändert.

Wie man auch an den folgenden Beispielbildern sehen kann, gibt es kein allgemeingültiges Rezept für eine Pose, da eben immer wieder auch kleine Details eine wichtige und große Rolle spielen. Seid wachsam und verlasst euch auf euer Bauchgefühl. Horcht immer wieder in euch und beobachtet, wie sich das anfühlt, wie euer Partner mit euch agiert. Fühlt ihr euch in einer gleichberechtigten Position, stärker oder schwächer, total überlegen oder extrem untergeordnet?

Wenn ihr euch in eurer Position nicht wohlfühlt und ihr das Gefühl habt, die Kontrolle darüber zu verlieren oder verloren zu haben, und auch der Fotograf nicht einschreitet, bittet doch einfach mal um eine kurze Pause und ein Gespräch unter vier Augen und redet mit eurem Spielpartner darüber. Reden ist meistens die beste Medizin. In den meisten Fällen kannst du davon ausgehen, dass dein Gegenüber zwar mitbekommen hat, dass irgendetwas nicht stimmt, jedoch nicht realisiert hat, was genau das Problem gerade ist. Durch ein kurzes Gespräch haben beide gemeinsam die Möglichkeit, noch einmal neu zu starten und etwas anders machen zu können.

Mit einem guten Gefühl im Bauch könnt ihr euch jetzt auch viel besser näherkommen und ein cooles Paar vor der Kamera abgeben. Kommunikation untereinander ist und bleibt einfach sehr wichtig. Und das betrifft nicht nur das Leben vor der Kamera.

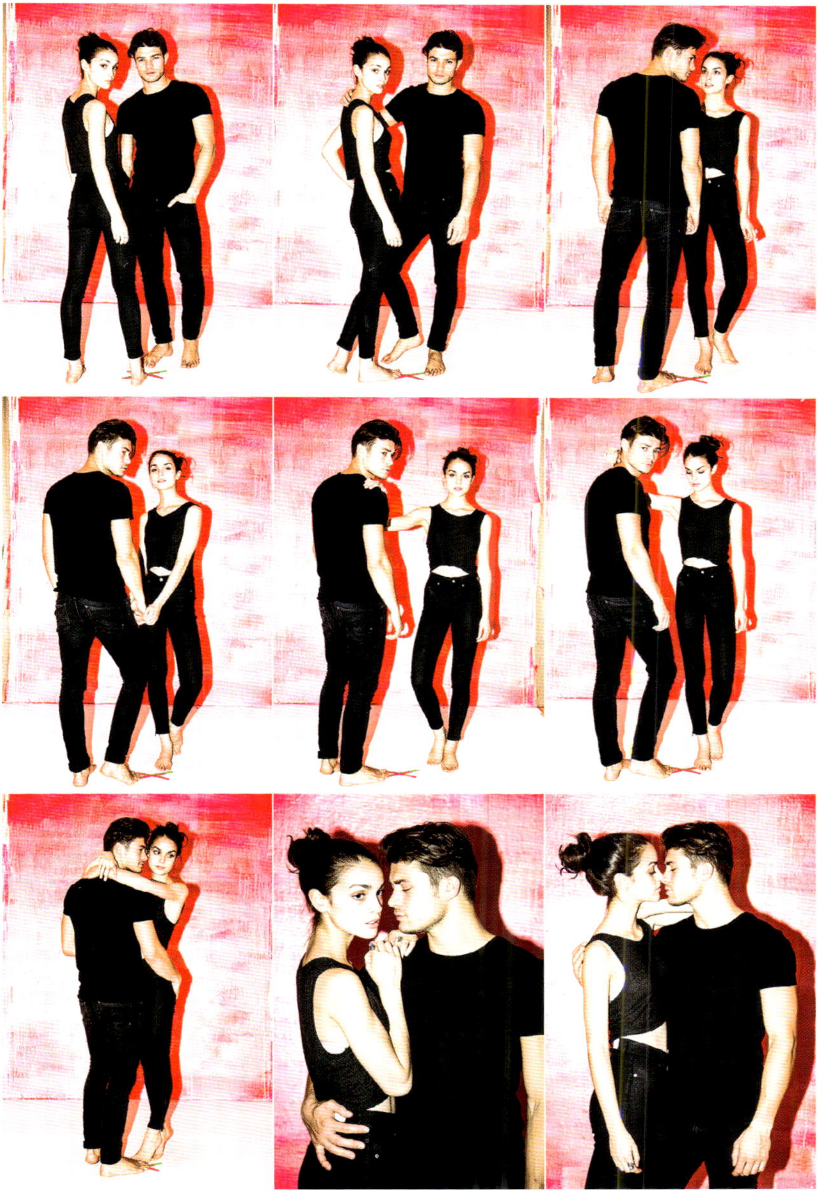

Vis-à-vis

Mit einer weiteren kleinen Veränderung entsteht gleich wieder eine Vielzahl an neuen Posen. Einer von euch stellt sich mit dem Rücken zur Kamera, während sich der andere zur Kamera gewandt an die Schulter seines Partners lehnt. Im Prinzip könnt ihr hier das Gleiche machen, wie im Absatz zuvor beschrieben. Trotzdem wird es eine ganz andere Wirkung haben, schon alleine, weil ihr euch nun zugewandt seid und ein viel intimerer Körperkontakt zwischen euch entstehen kann. Von hier aus ist es nicht mehr weit bis zu einer innigen Umarmung oder sogar einem Kuss.

Betrachtet diesen Moment als einen Tanz, ein Spiel, eine Rolle, in die ihr schlüpft. Ich will euch nicht aufrufen, mit einem Fremden wild herumzuknutschen. Darum geht es nicht. Es geht darum, für die Kamera eine glaubhafte Intimität darzustellen, und dafür ist es notwendig, sich auch nahe zu kommen. Natürlich ist es gerade jetzt sehr wichtig, die Grenzen des anderen zu spüren und zu wahren. Flirtet, spielt und habt Spaß daran, euch auf den anderen einzulassen. Tut das, was ihr tut, für die Kamera. Sobald das Shooting vorbei ist, müsst ihr euch wieder distanzieren. Nur so bleibt es ein professioneller Moment.

! TIPP

„What happens in Vegas, stays in Vegas." – Alles was vor der Kamera passiert, bleibt vor der Kamera. Wie aufreibend auch immer das Shooting miteinander gewesen sein mag, haltet euch immer wieder vor Augen, dass ihr das für die Kamera und damit für ein gutes Endergebnis gemacht habt. Es kann wehtun, das Gefühl zu haben, sich wirklich sehr nahegekommen zu sein und dann festzustellen, dass dein Spielpartner oder deine Spielpartnerin das viel professioneller als du empfunden hat. Tue dir nach einem Shooting etwas Gutes. Nur für dich. Etwas, das du alleine genießen kannst.

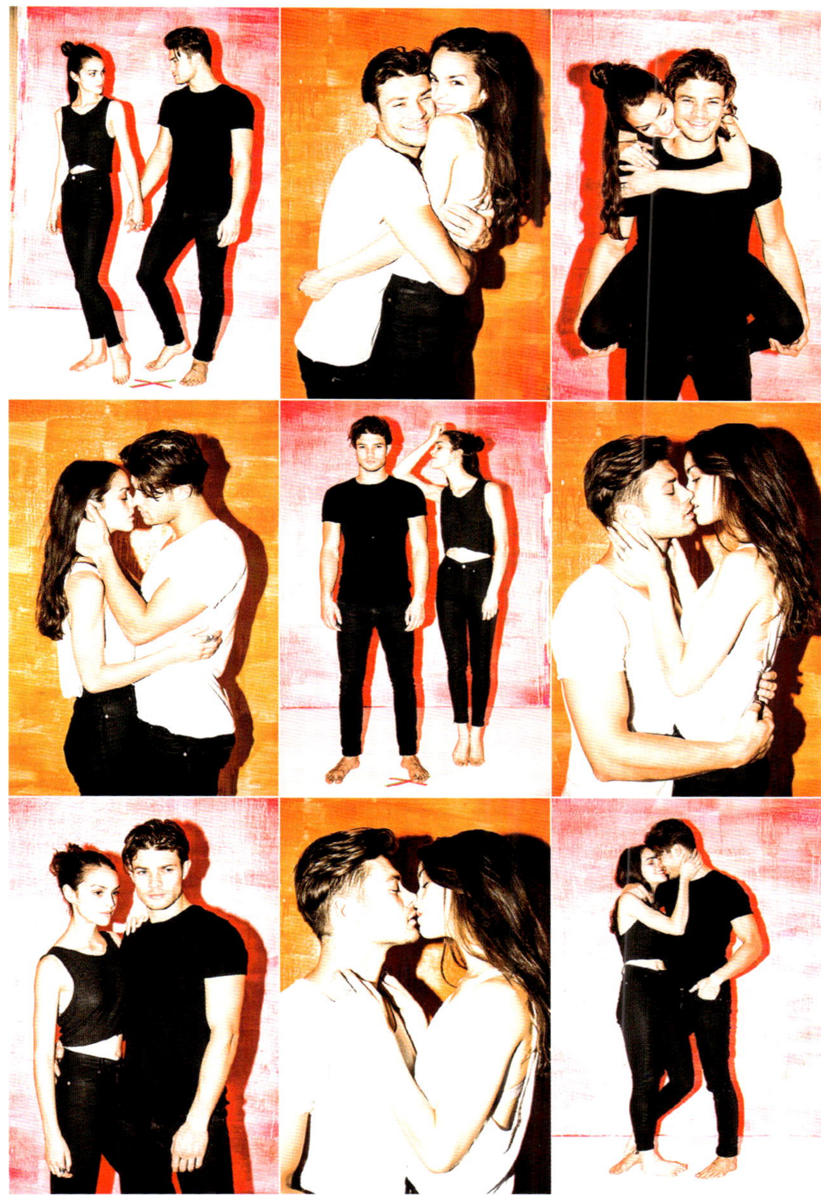

EIN ZWISCHEN-NACHWORT

Wie gleich in den ersten Sätzen des Buchs beschrieben, ist das, was man alles vor der Kamera machen kann, im Endeffekt unendlich. Es ist schlicht und ergreifend nicht möglich, alle möglichen Posen zu beschreiben, und meines Erachtens auch gar nicht nötig, da ihr nun eine Basis habt, von der aus ihr wachsen könnt. Wie bei allem Erlernten im Leben, hört man nie auf, weiterzulernen und sich weiterzuentwickeln.

Je mehr Erfahrungen man sammelt, umso besser wird man in dem, was man macht und kann. Das Beste, was du tun kannst, ist es immer in Bewegung zu bleiben. Auch bekannte Schauspieler tun das. Sie lassen sich coachen, um nicht aus der Übung zu kommen und am Set alles geben zu können. Musiker müssen immer und immer wieder und regelmäßig ihr Instrument üben, damit sie ihre Virtuosität nicht verlieren. Aufzutreten alleine reicht ihnen nicht aus. Wenn du einen guten Fotografen hast, wird er dich zwar auch untrainiert durch ein Shooting führen, doch du selbst wirst dich besser fühlen und viel selbstbewusster auftreten können, wenn du weißt, wie du deinen Körper einsetzen kannst. Daher ist es nicht albern, immer wieder vor dem Spiegel zu stehen und zu experimentieren. Manchmal reicht es schon, wenn man sich im Vorbeilaufen in der Spiegelung einer Scheibe anschaut und dabei auf seinen Gang und seine Körperhaltung achtet. Es ist gut, ein Stück weit auch selbstverliebt zu sein. Denn nur wer sich selbst liebt, kann sich auch mit Überzeugung vor die Kamera stellen und in den Himmel schreien: Ich bin geil!

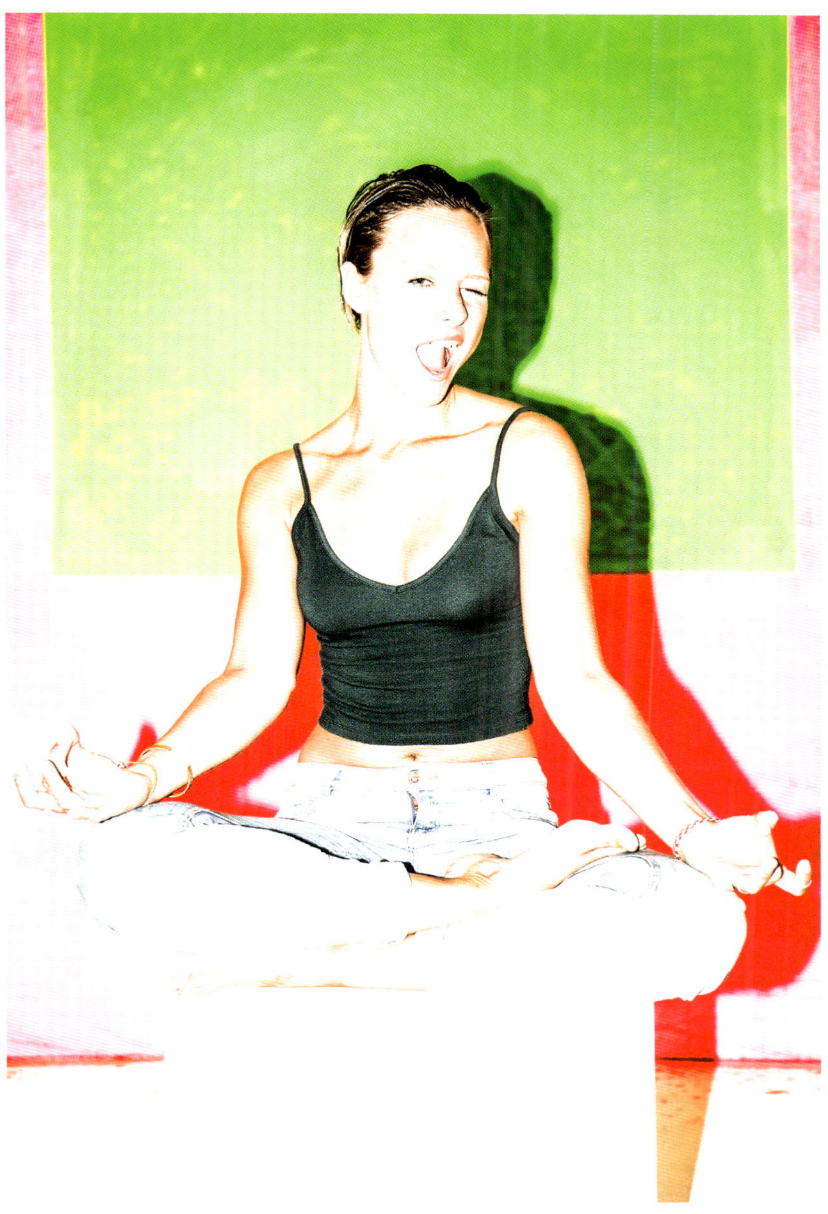

WIE BRINGT DER FOTOGRAF SEIN MODEL IN POSE?

Alles, was ich den Modellen mit auf den Weg gegeben habe, kannst du als Fotograf natürlich auch wunderbar nutzen, um dein Model anzuleiten, wenn du merkst, dass es Hilfe braucht oder noch nie vor einer Kamera gestanden hat. Eine häufige Situation auch mit gebuchten Modellen, die über eine Agentur kommen. Du hast ein unerfahrenes Model vor dir stehen, das schüchtern und nicht entspannt als Erstes fragt: „Was soll ich tun?" Was nun?

Der Weg kann sein, dass man Inspirationen und Bilder von Posen, die einem gefallen, in einem Ordner oder einem Buch sammelt, um sie in einem Shooting seinem Model zeigen zu können. Allerdings ist meistens der Haken, dass sie dann bei einem anderen Model oder in einer anderen Situation gar nicht funktionieren.

Meiner Meinung nach muss eine Pose aus einem Prozess heraus entstehen. Nur dann kann sie natürlich wirken und passt auch zu dem Model. Etwas was bei dem einen Model cool rüberkommt, kann bei einem anderen Model hölzern und steif wirken.

Die Stärken und Schwächen herauskitzeln

Jeder Mensch hat seine ganz eigene Motorik und das ist bei einem Model auch nicht anders. Jedes Model hat seine Schwächen und Stärken, und für ein gutes Foto gilt es die Stärken herauszukitzeln. Es ist vertane Zeit, sich an etwas die Zähne auszubeißen, was einfach nicht funktionieren will, weil es dem Model nicht entspricht oder weil es sich damit unwohl fühlt.

Viel spannender ist es, selbst Posen zu erarbeiten und nicht einfach nur etwas nachzumachen. Betrachte dein Shooting als einen Abenteuerspielplatz der unbegrenzten Möglichkeiten. Lass dich überraschen von dem Unerwarteten. Das ist meistens spannender, als krampfhaft an etwas festzuhalten und in seinen Erwartungen enttäuscht zu werden. Je offener du auf das Model zugehst und ihm das Gefühl geben kannst, dass es cool so ist, wie es ist, und auch vor deiner Kamera einfach so sein darf, wie es ist, umso mehr wird es sich öffnen können, da es sich nur so sicher in seinem eigenen Körper fühlen kann.

Wie beginne ich ein Shooting?

Häufig beginnt ein Shooting damit, dass das Model ungeschützt und hilflos mitten in einem Raum steht. Diesen Moment kannst du dir sehr wahrscheinlich vorstellen, ohne ihn auszuprobieren.

Stelle dir vor, du stehst mitten auf einer Bühne eines Theaters im Rampenlicht vor Publikum und hast kein Drehbuch, keinen Text, keine Vorgabe, nichts, woran du dich orientieren könntest, und dann sagt einer: „Mach doch mal was." Ich glaube wir müssen nicht darüber diskutieren, dass das ein Moment ist, dem niemand ausgesetzt sein möchte.

Deinem Model geht es ganz genau so. Ohne eine konkrete Ansage, wird es schwer. Um diesen Moment zu umgehen, fange ich gerne an einem Tisch an. Das Model steht nicht hilflos im Raum herum und hat erst einmal etwas, woran es sich festhalten kann. Die Hände schlackern nicht hilflos im Raum herum, sondern bekommen einen Platz. Wenn kein Tisch vorhanden ist, gibt es vielleicht die Möglichkeit, sich rittlings auf einen Stuhl zu setzen und sich auf der Stuhllehne aufzustützen.

Auch wenn das vielleicht nicht die Fotos sind, die du eigentlich machen möchtest, ist es ein guter Einstieg, um miteinander warm zu werden und sich aufeinander einzugrooven. Selbst wenn du ein erfahrenes, routiniertes Model hast, kann das ein guter Einstieg sein.

Selbst erfahrene Schauspieler, die schon 20 oder 30 Jahre in ihrem Beruf sind, haben immer wieder Probleme damit, fotografiert zu werden. Es ist eine andere Situation, als mit Text und als jemand anderes auf der Bühne oder vor einer Filmkamera zu stehen. In einer Rolle kann man sich hinter der Figur, die man spielt, verstecken. Bei einem Fotoshooting soll man auf einmal ganz man selbst sein und muss Privates von sich zeigen. Man kann sich nicht hinter einer Rolle verstecken. Das macht es auch immer wieder für Profis schwer, sich auf einen Fotografen einzulassen.

! TIPP

Um das Eis zu brechen, hilft es, sich als Fotograf dem Model zu öffnen. Erzähle etwas, was dich gerade beschäftigt, das dich „menschlich" werden lässt. Vielleicht etwas, das du gerade in den Nachrichten gehört oder gelesen hast und deine Gedanken dazu. Je mehr du dich öffnest, umso mehr wird sich auch dein Model öffnen und dir mehr und mehr Vertrauen entgegenbringen können. Vertrauen ist eine wichtige Grundvoraussetzung, damit sich dein Model bei dir wohlfühlen kann.

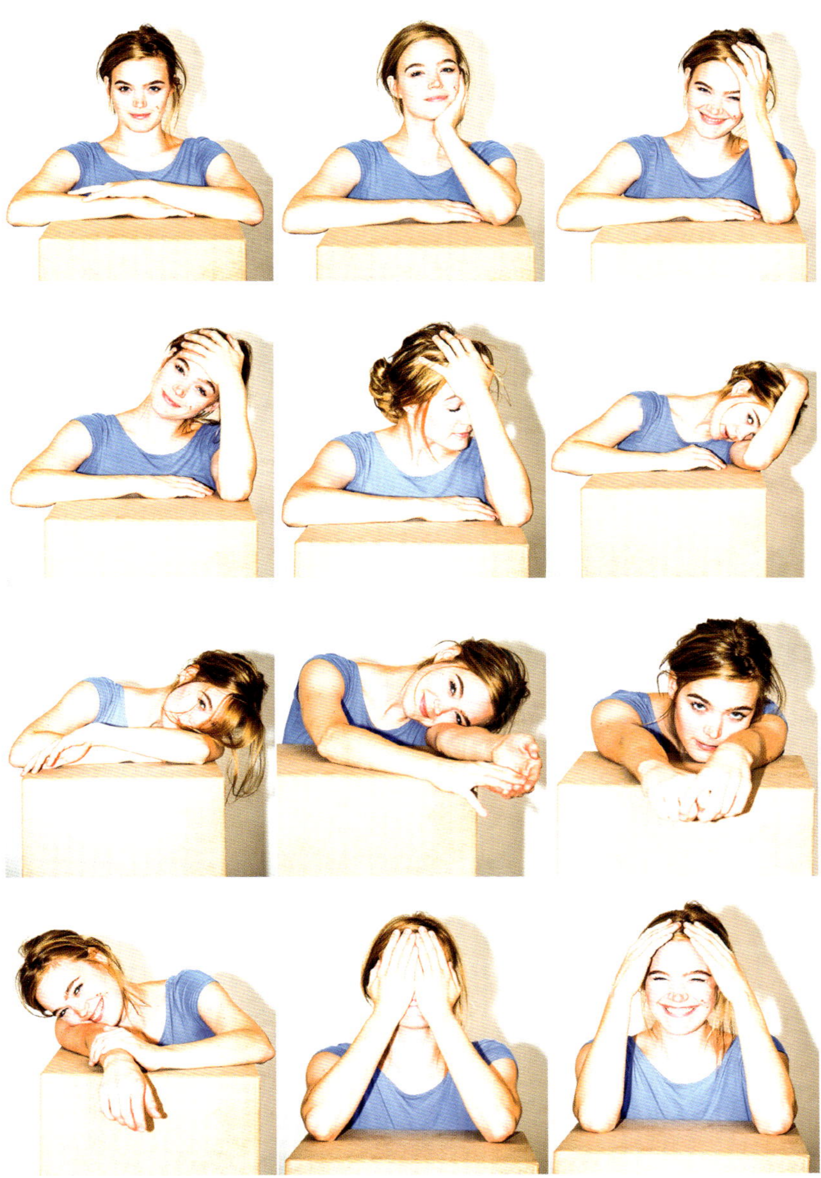

Spring dich frei, hab Spaß dabei

Um Hemmungen zu überwinden, ist es hilfreich, das Model erst einmal in Bewegung zu bekommen. Zum einen bringt das seinen Kreislauf in Schwung, zum anderen wird der Blick frisch.

Wenn sich das mit dem Outfit und der Frisur vereinbaren lässt, lasse dein Model mit einer 180- oder 360-Grad-Drehung in eine neue Position springen. Nach jedem Auslösen soll das Model erneut springen. Das Tolle daran ist, dass dein Model beim Springen aufhört darüber nachzudenken, was es als Nächstes machen könnte. Es wird so sehr mit dem Springen und seinem Gleichgewicht beschäftigt sein, dass dafür einfach keine Zeit ist. Dabei ist es nicht wichtig, dass es besonders hoch oder akrobatisch springt. Vielmehr geht es um einen schnellen Positionswechsel, der dein Model daran hindert, darüber nachzudenken, was es tut, und ihm ermöglicht, einfach mal zu machen, ohne alles zu reflektieren und infrage zu stellen.

Spannend sind sowohl der Sprung selbst als auch der Moment danach. Wenn du schnell genug mit deiner Kamera bist, kannst du beide Momente erwischen. Am einfachsten ist es, mit Kommandos zu arbeiten. Zähle „eins, zwei, drei“, dann weißt du, wann dein Model springt, und hast vorher genügend Zeit, die Schärfe zu messen.

! TIPP

Steigern kannst du das Spiel, indem du dein Model auf einem kleinen Trampolin hüpfen lässt. Es gibt sehr kleine, zusammenklappbare, die man quasi immer dabei haben kann. Das Springen darauf macht Spass und bringt dein Model auf andere Gedanken. Das kann sehr hilfreich sein, wenn es nicht locker wird. Nach zehn Minuten auf dem Trampolin kommt dein Model aus der Puste und ist garantiert lockerer.

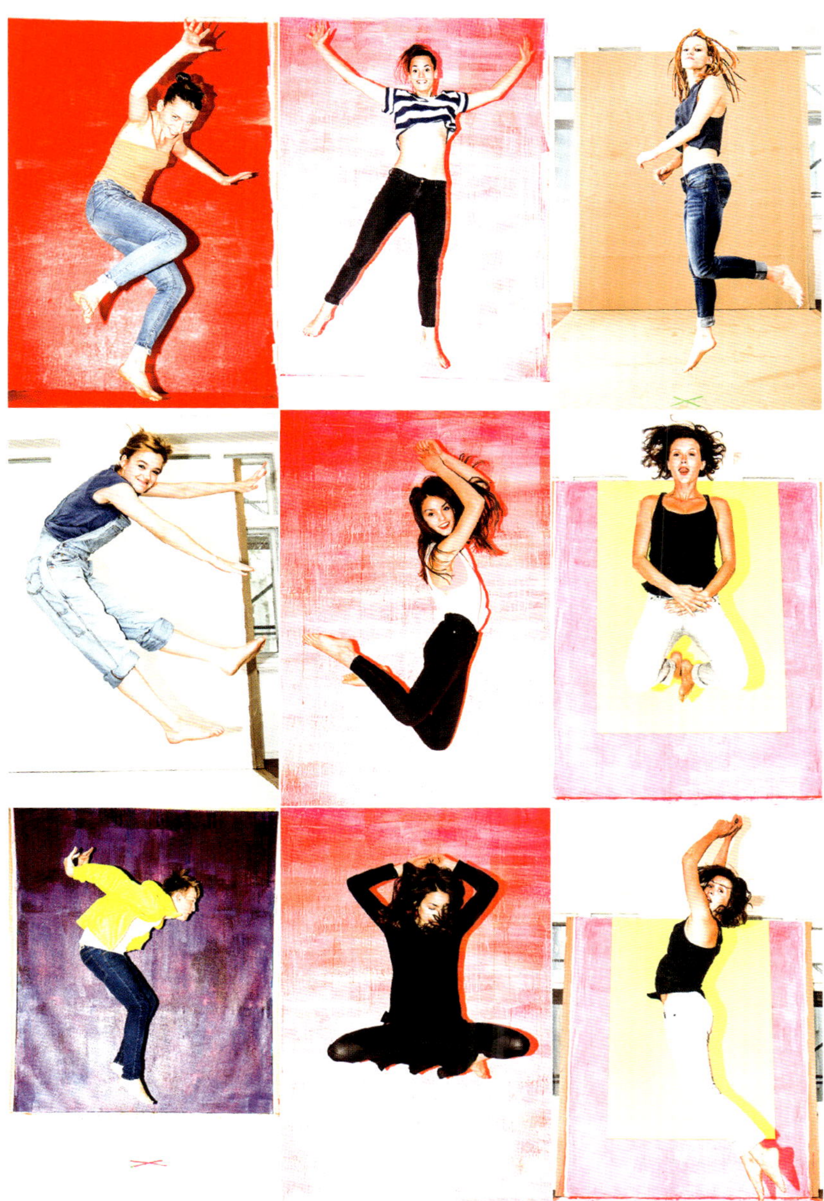

Hier spielt die Musik

Eine weitere tolle Möglichkeit, dein Model in Bewegung zu kriegen, ist, das Model tanzen zu lassen. Und ich höre schon die Widerrufe: „Oh Gott, ich soll hier und jetzt einfach so tanzen? Ich kann nicht tanzen! Das tue ich nicht!“ Protest ist keine seltene Reaktion darauf. In der Regel lohnt es sich, an diesem Punkt ein wenig hartnäckig zu bleiben. Denn wenn dein Model es schafft, diese Grenze zu überwinden, ist das Eis gebrochen. Du kannst ihm dabei helfen, indem du selbst anfängst zu tanzen. Mache ebenfalls Unsinn und dich für einen Augenblick zum Affen, und du wirst schnell merken, dass du dich damit nicht blamierst, sondern deinem Model lediglich hilfst, sich zu überwinden. Spielen macht zu zweit am meisten Spaß. Betrachte das Shooting als ein Spiel zwischen dir und dem Model. Je mehr du von dir gibst, um so mehr wird dir auch dein Model geben.

Wenn du merkst, dass sich dein Model einfach nicht öffnen will oder kann, bleibt dir nichts anderes übrig, als dich darauf einzulassen und etwas ganz anderes zu machen. Meiner Erfahrung nach bringt es nichts, etwas zu machen, womit sich dein Model nicht wohlfühlt. Natürlich kannst du weitermachen, mit dem, was du willst, aber letzten Endes führt es zu einem unbefriedigenden Ergebnis und zu keinem schönen Erlebnis. Weder für dich noch für das Model.

Natürlich kannst du ein Shooting auch einfach abbrechen, wenn du merkst, dass ihr nicht miteinander warm werdet oder du einfach ganz andere Vorstellungen und Erwartungen gehabt hast. Am besten finde ich persönlich allerdings, sich auf die Situation einzulassen und herauszufinden, was geht. Kommunikation steht hier wieder mal an erster Stelle. Finde heraus, was dein Model gerne mag, wofür es sich begeistern kann, und gehe darauf ein. Vielleicht war es auch einfach nur die falsche Musik, die du gewählt hast, und dein Model geht plötzlich ab wie eine Rakete, sobald du Salsa statt Schlager auflegst ...

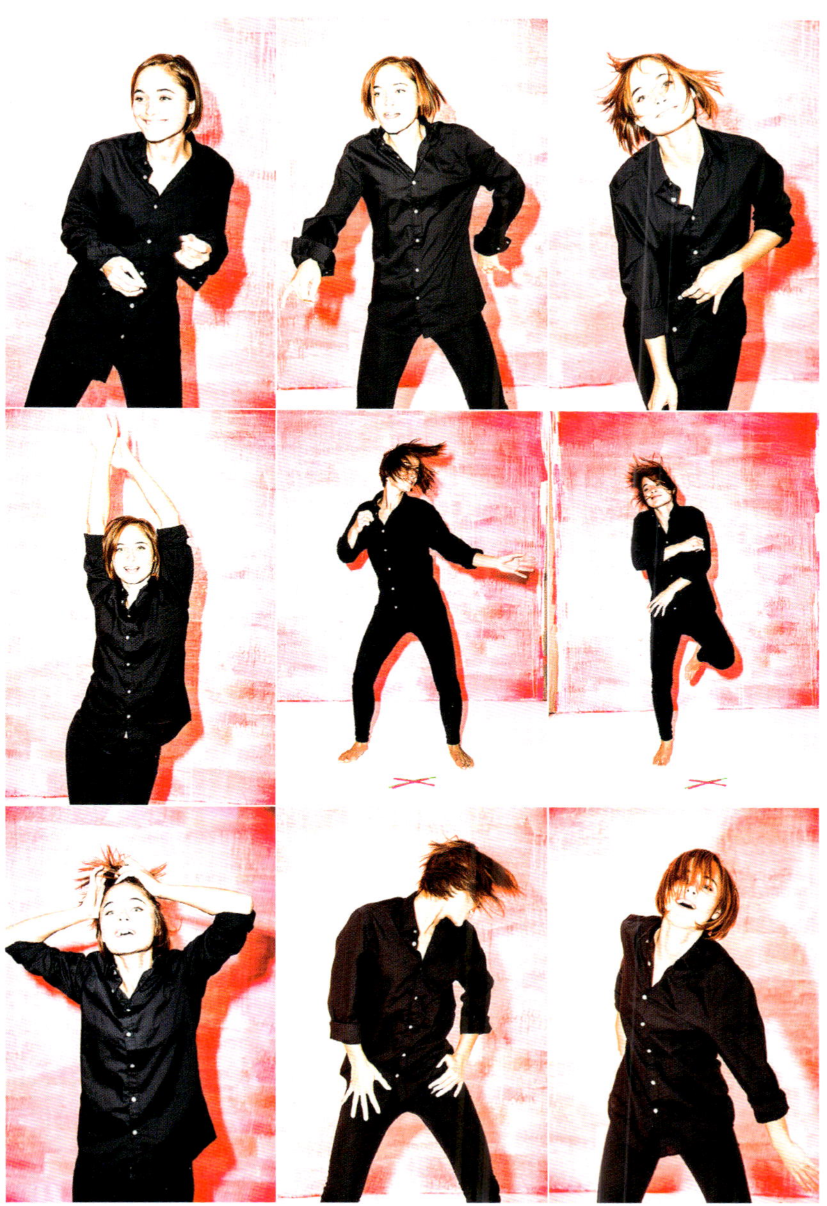

Jetzt geht's los

Wenn du mit deinem Model warm geworden bist, wird es viel einfacher sein, gemeinsam Posen zu entwickeln. Der Kopf ist freier, und nach dem Springen und Tanzen gibt es viel weniger Hürden zu überwinden, um Blödsinn zu machen oder unsinnig erscheinende Körperhaltungen spielerisch auszuprobieren. Wenn dein Model dieses Buch nicht kennt und du noch keinen konkreten Plan hast, was genau passieren soll, kannst du jetzt nach dem Kapitel „Wie finde und entwickle ich Posen?" vorgehen. Dort findest du eine Anleitung für Models, wie sie aus einer von mir so genannten „Nullpose" weitere Posen entwickeln können. Wenn du das Gefühl hast, dass dein Model jetzt nicht weiterkommt, kannst du diese Anleitung mit dem Model Schritt für Schritt durchspielen und ihm so helfen, weiter in Bewegung zu bleiben. Am besten wird es sein, wenn du die einzelnen Schritte soweit verinnerlicht hast, dass du während des Shootings nicht mehr nachlesen musst, was du als Nächstes machen könntest. Je öfter du diese Anleitung anwendest, umso selbstverständlicher und routinierter wirst du damit umgehen können. Wenn die Session einmal in Gang gekommen ist, passiert alles Weitere meistens von ganz alleine, und du wirst dich mehr und mehr von den Vorgaben des Buches trennen können.

! TIPP

Auch beim Anleiten nach dem Kapitel „Wie finde und entwickle ich Posen", ist es für ein schüchternes oder unerfahrenes Model hilfreich, wenn du alles, was das Model machen soll, auch vormachen kannst. Du erwartest von deinem Model, dass es sich traut und sich überwindet, aus sich herauszugehen? Also gehe mit gutem Beispiel voran und mache deinem Model einfach die einzelnen Schritte aus dem Buch vor und habe Spass dabei. Ich bin mir sicher, dass der Moment kommen wird, an dem dein Model von alleine weitermacht und du es machen lassen kannst. Manchmal ist es eben mit ein bisschen Einsatz verbunden, sein Model in Fahrt zu bekommen.

Zwei Models anleiten

Solange du nicht die Möglichkeit hast, mehrere Models zu einem Casting einzuladen, um auszuprobieren, ob die Chemie zwischen ihnen stimmt, empfiehlt es sich, mit Modellen zu arbeiten, die sich schon kennen und im besten Fall schon aufeinander eingespielt sind.

Bei einem Pärchen-Shooting ist es eventuell sinnvoll, auf ein tatsächliches Pärchen zurückzugreifen, da es dann weniger Berührungsängste und keine Eifersuchtsprobleme geben wird. Aber auch ein echtes Pärchen, das zum ersten Mal vor der Kamera steht, kann sich schwertun und in dieser ungewohnten Situation Hemmungen haben, körperliche Nähe zu zeigen. So kannst du, ob mit einem realen oder einem besetzten Pärchen, wunderbar mit einer kleinen Balanceübung, die du durchaus bereits fotografieren kannst, anfangen.

Stelle deine beiden Modelle Rücken an Rücken, seitlich zur Kamera, und bitte sie, sich mit geschlossenen Augen aneinanderzulehnen. Vielleicht machst du entspannende Musik dazu an, damit es ihnen leichter fällt, sich darauf einzulassen. Sie sollen langsam tief durch die Nase einatmen und durch den Mund ausatmen und einen gemeinsamen Rhythmus dabei finden. Erst wenn sie den gefunden haben und Ruhe eingekehrt ist, geht es weiter ...

Aus dieser Position heraus können die beiden nun anfangen, ihr Gewicht zu verlagern, sich gegenseitig abstützen und ausprobieren, wohin sie das Ganze führt. Wichtig ist, dass sie sich Zeit dafür lassen und wirklich versuchen, dem anderen zu vertrauen und sich darauf einzulassen. Wenn du merkst, dass sie das albern finden und sich nicht darauf einlassen wollen oder können, gib nicht gleich auf, sondern bitte sie, es zu versuchen und sich auf ihre Atmung zu konzentrieren (s. nachfolgende Fotos mit gelbem Hintergrund).

Dieses Spiel ist gut, um ein Gespür füreinander zu bekommen, und auch unabhängig von einem Fotoshooting jedem Pärchen zu empfehlen. Man lernt sich auf diesem Weg nicht nur auf körperlicher Ebene besser zu verstehen und zu vertrauen.

Aus dieser Übung heraus kann es nun auch spannend sein, beide miteinander tanzen zu lassen (s. nachfolgende Fotos mit rotem Hintergrund). Wenn du dir selbst unsicher bist, was die geeignete Musik sein könnte, frage deine Modelle, was sie gerne hören, worauf sie tanzen möchten. Wenn sie ein reales Pärchen sind, habe sie vielleicht „ihren" Song, mit dem sie Erinnerungen verbinden.

! **TIPP**

Denke an deine letzte Party zurück. Worauf haben alle getanzt und sind ausgeflippt? Selbst wenn deine letzte Party schon ein paar Jahre her sein sollte und deine Modelle einer anderen Generation entsprungen sein sollten als du selbst: Partymucke ist Partymucke und funktioniert immer!

Abschließend zu der Arbeit mit zwei Modellen möchte ich auch an dieser Stelle erwähnen, dass es nicht möglich ist, sämtliche erdenklichen Posen abzubilden und vorzumachen. Die Variationsmöglichkeiten und Kreationen bleiben unendlich. Idee und Konzept des Buchs ist es, euch – Model wie Fotograf – eine Anleitung zu geben, von der ihr euch lösen könnt, um kreativ arbeiten zu können und letzten Endes gar kein Buch und keine Anleitung mehr benutzen zu müssen. Gerade wenn ihr zwei oder noch mehr Menschen vor der Kamera habt, erweitern sich die Spielmöglichkeiten um ein Mehrfaches. In der Regel passiert so viel von ganz alleine, wenn ihr Menschen aufeinandertreffen lasst. Alles was ihr tun müsst, ist zu beobachten und das, was passiert, mit eurer Kamera festzuhalten.

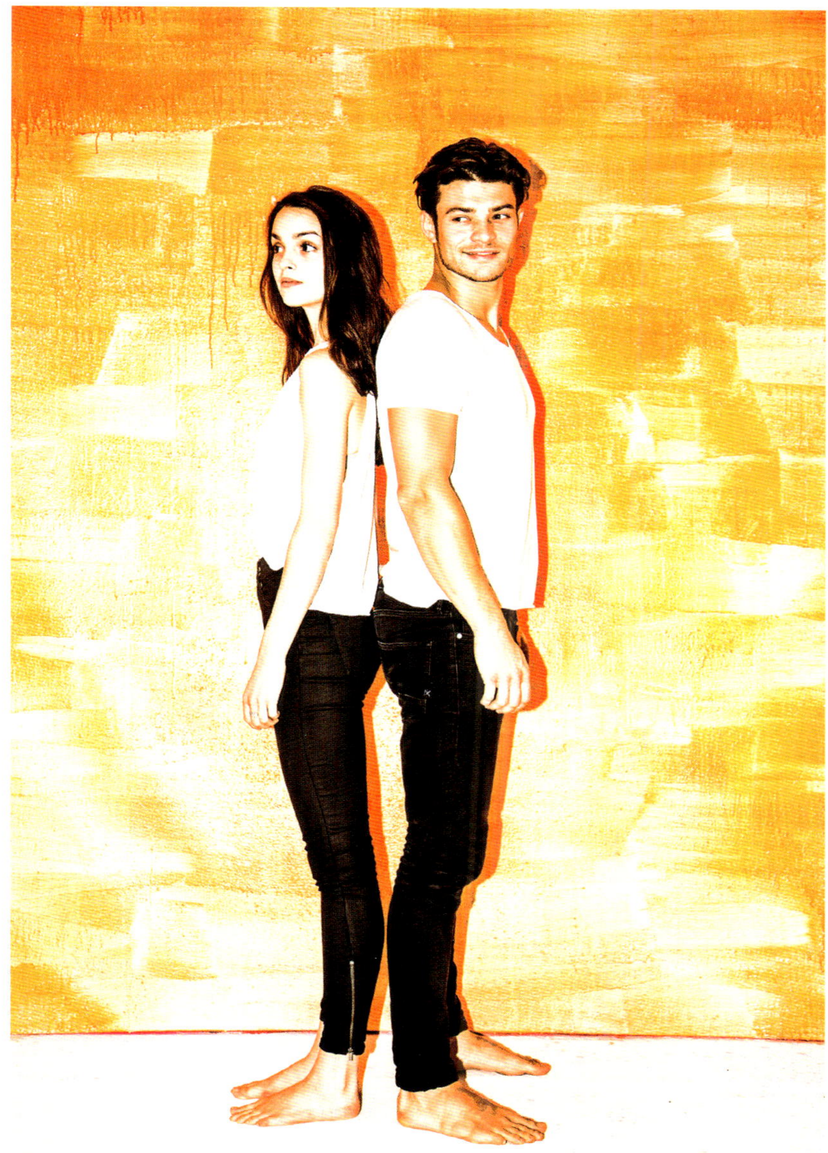

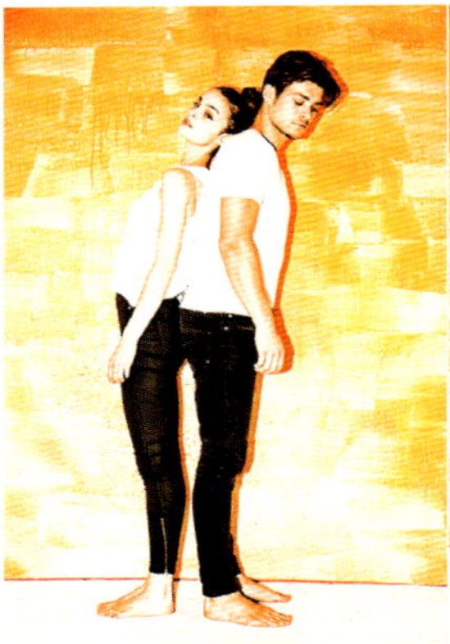

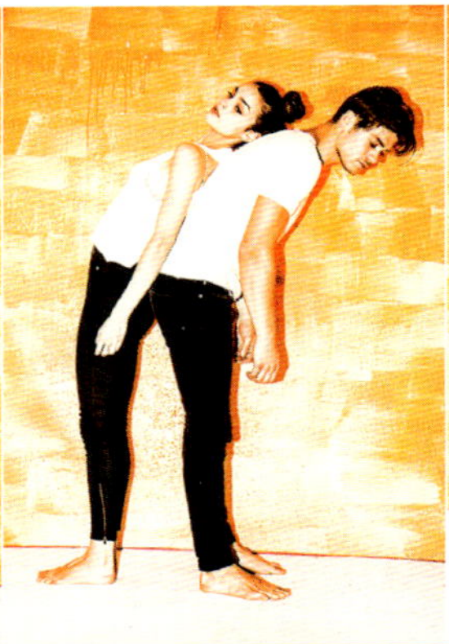

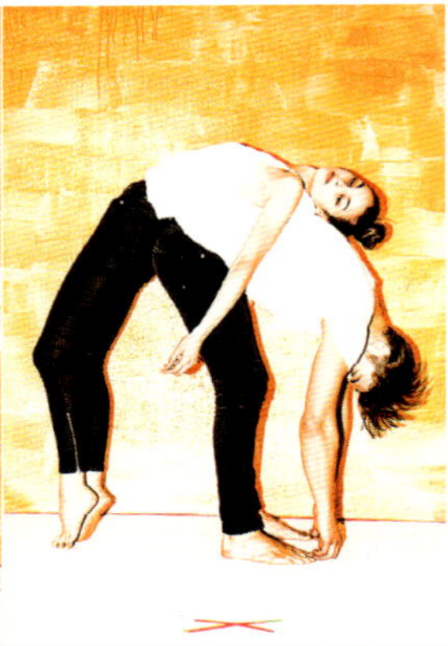

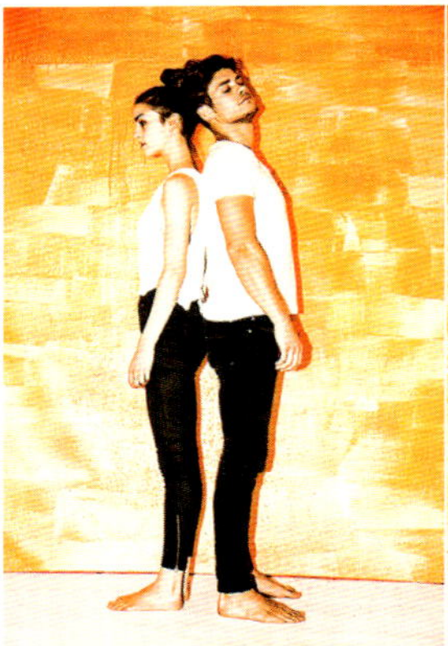

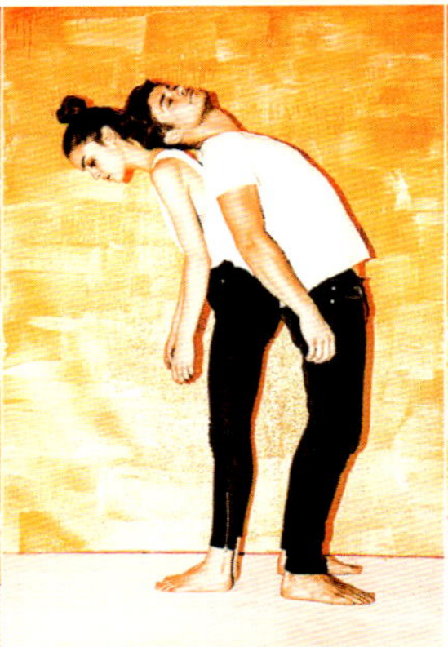

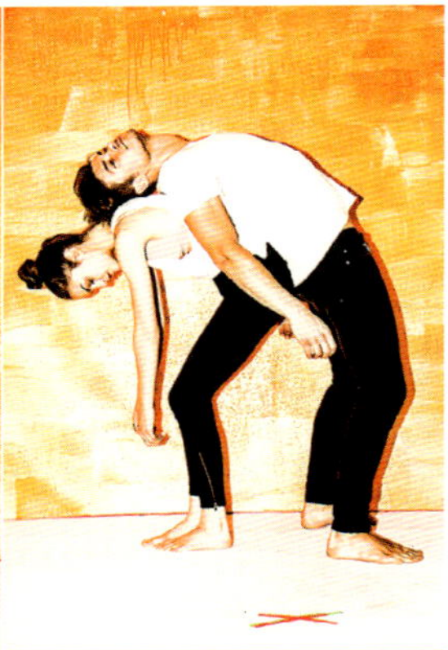

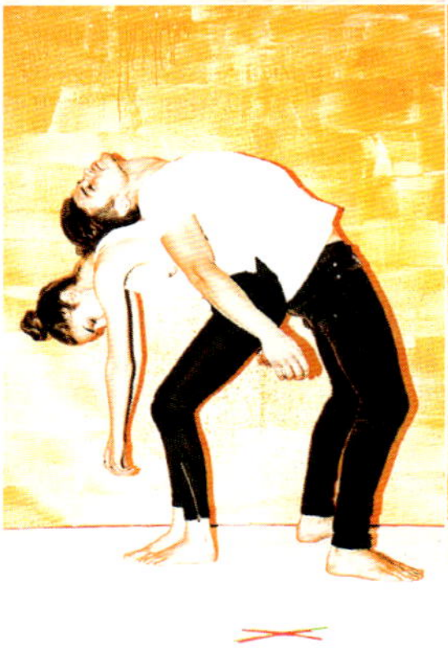

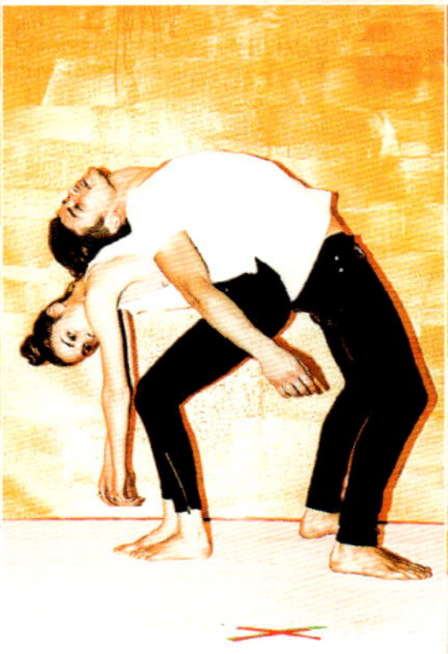

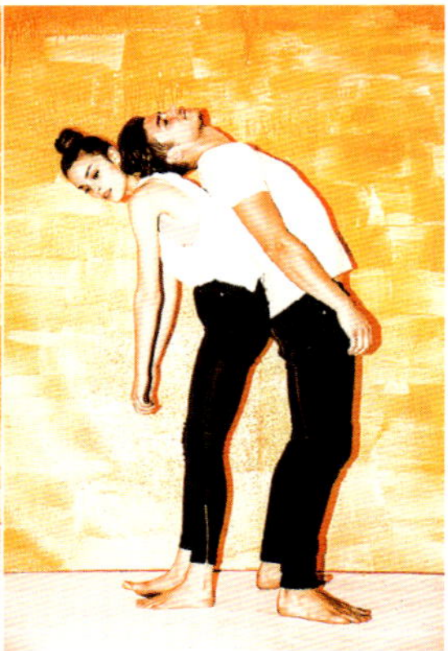

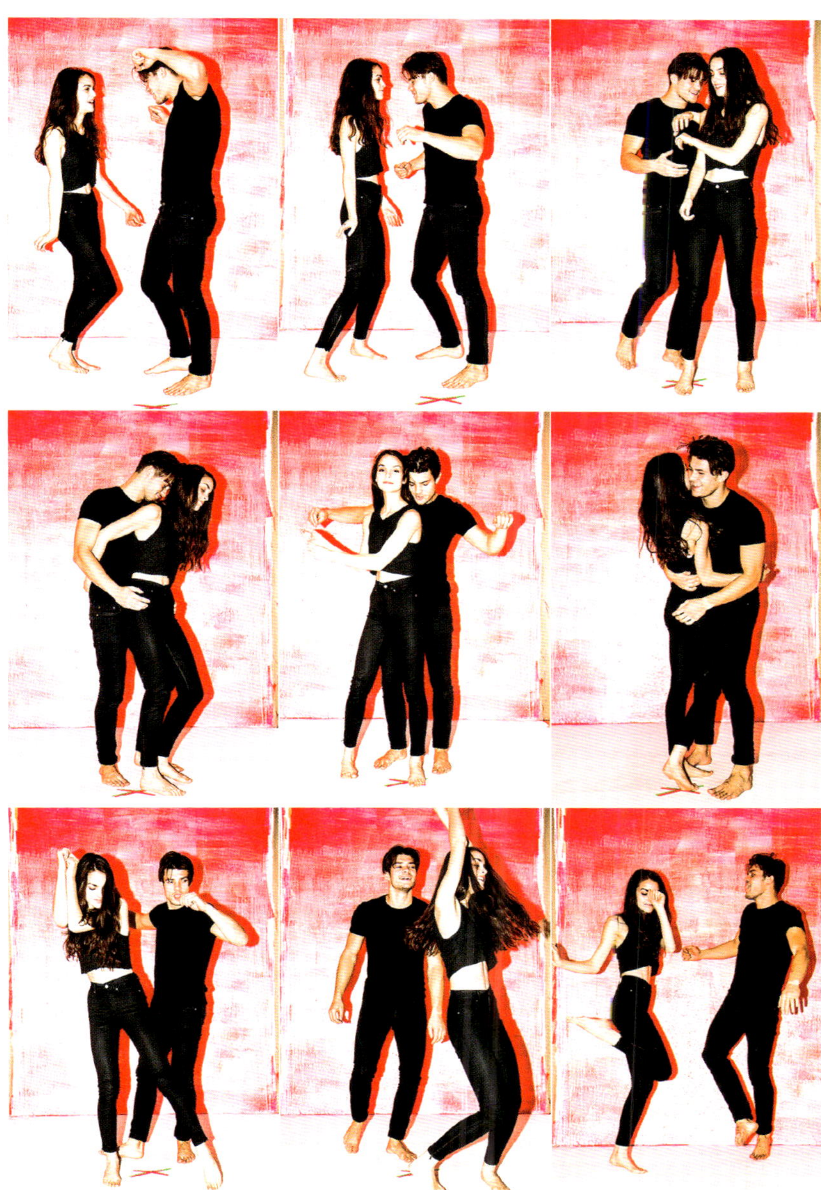

FOTOINSPIRATIONEN

Um dir weiter Input zu geben, habe ich auf den nächsten Seiten meine Lieblingsbilder, die während der Shootings für dieses Buch entstanden sind, zusammengestellt. Meine Idee dabei ist nicht, dass du das alles genau so nachmachst, sondern dich inspirieren lässt. Vertraue auf dein Gespür und deine eigene Kreativität, die mit Sicherheit vorhanden ist. Vielleicht muss sie nur genau wie der kindliche Spieltrieb wieder reaktiviert und entfacht werden.

Inspiriert werden kann man überall. Ich stelle immer wieder fest, dass mir die besten Ideen kommen, wenn ich mir etwas anschaue, was gar nichts direkt mit dem, was ich mache, zu tun hat. Es geht also nicht darum, sich möglichst viele Fotos, Fotoausstellungen und Bücher von anderen Fotografen anzugucken. Auslöser für eine Idee kann oft etwas ganz anderes sein. Gehe zum Beispiel durch einen Supermarkt wie durch ein Museum. Alles was du dort siehst, riechst und hörst, kann auch eine Inspiration sein. Die Anordnung der Waren, die Musik aus den Lautsprechern, der Schriftzug auf einer Tomatensuppendose oder die Art und Weise, wie ein Mensch sich bewegt oder seinen Einkaufswagen schiebt oder die Wurst in Papier einschlägt. Gehe in Museen und schaue dir die Werke alter Meister an. Bildhauerei, Malerei, Musik und Tanz: Nichts ist unwichtig oder vertane Zeit.

! TIPP

Gehe neugierig mit offenen Augen durch die Welt und lasse dich treiben.

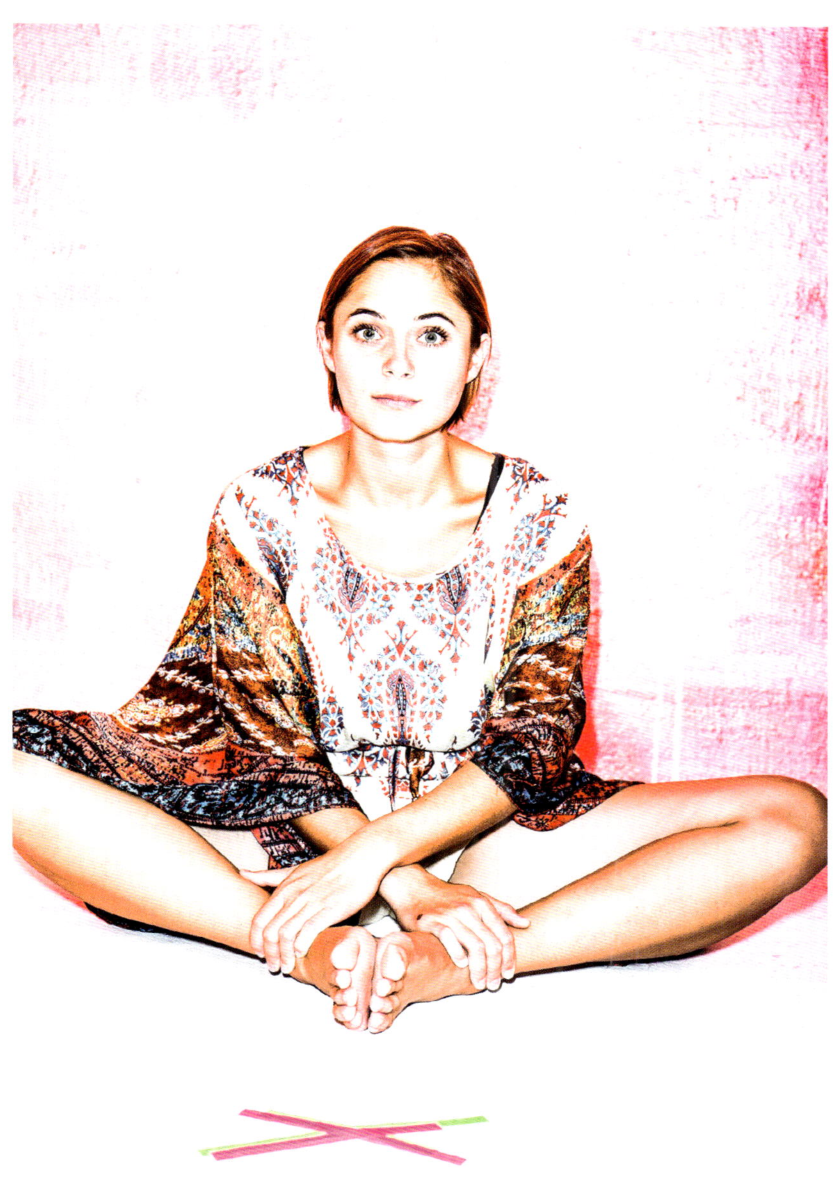

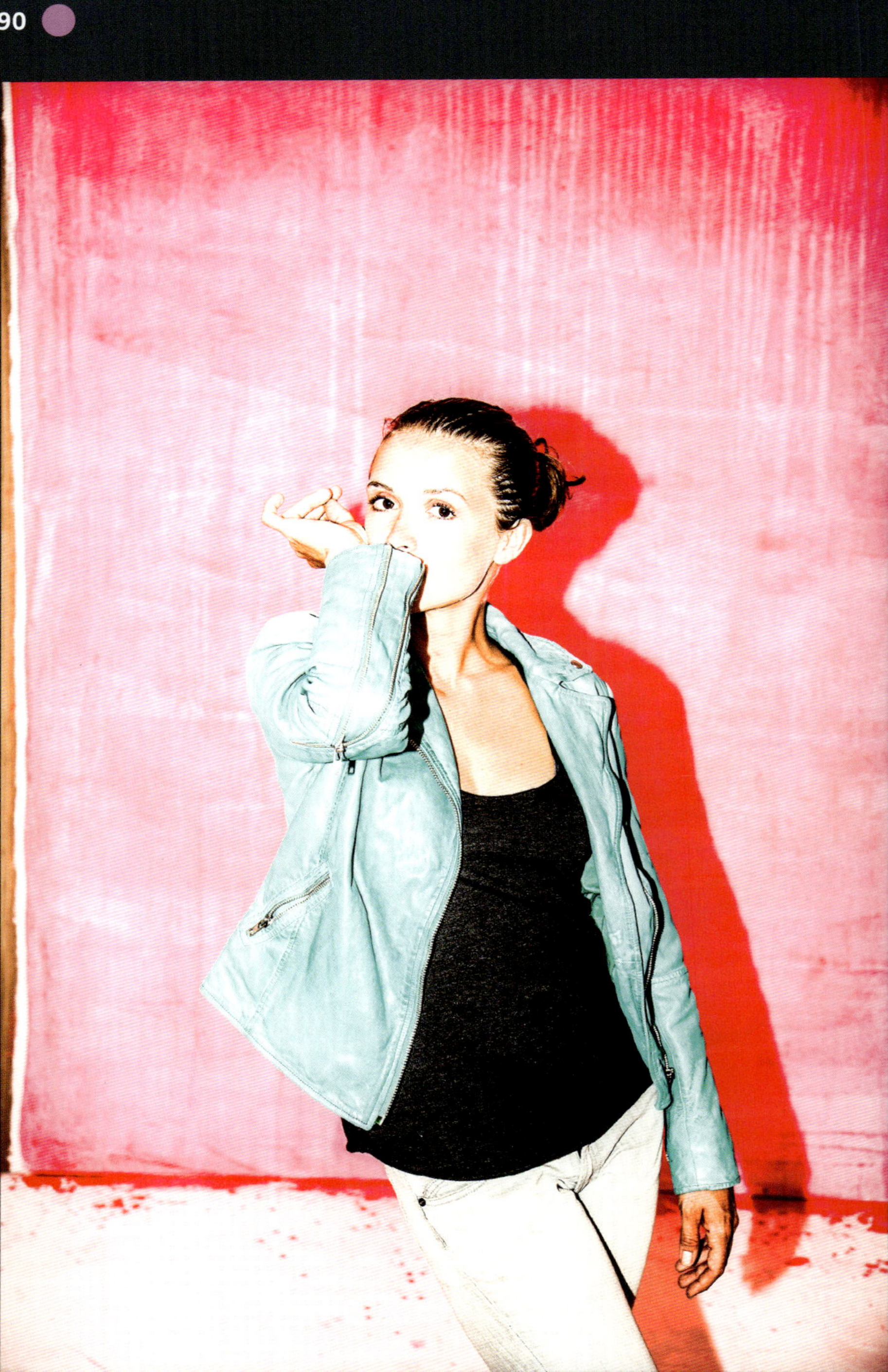

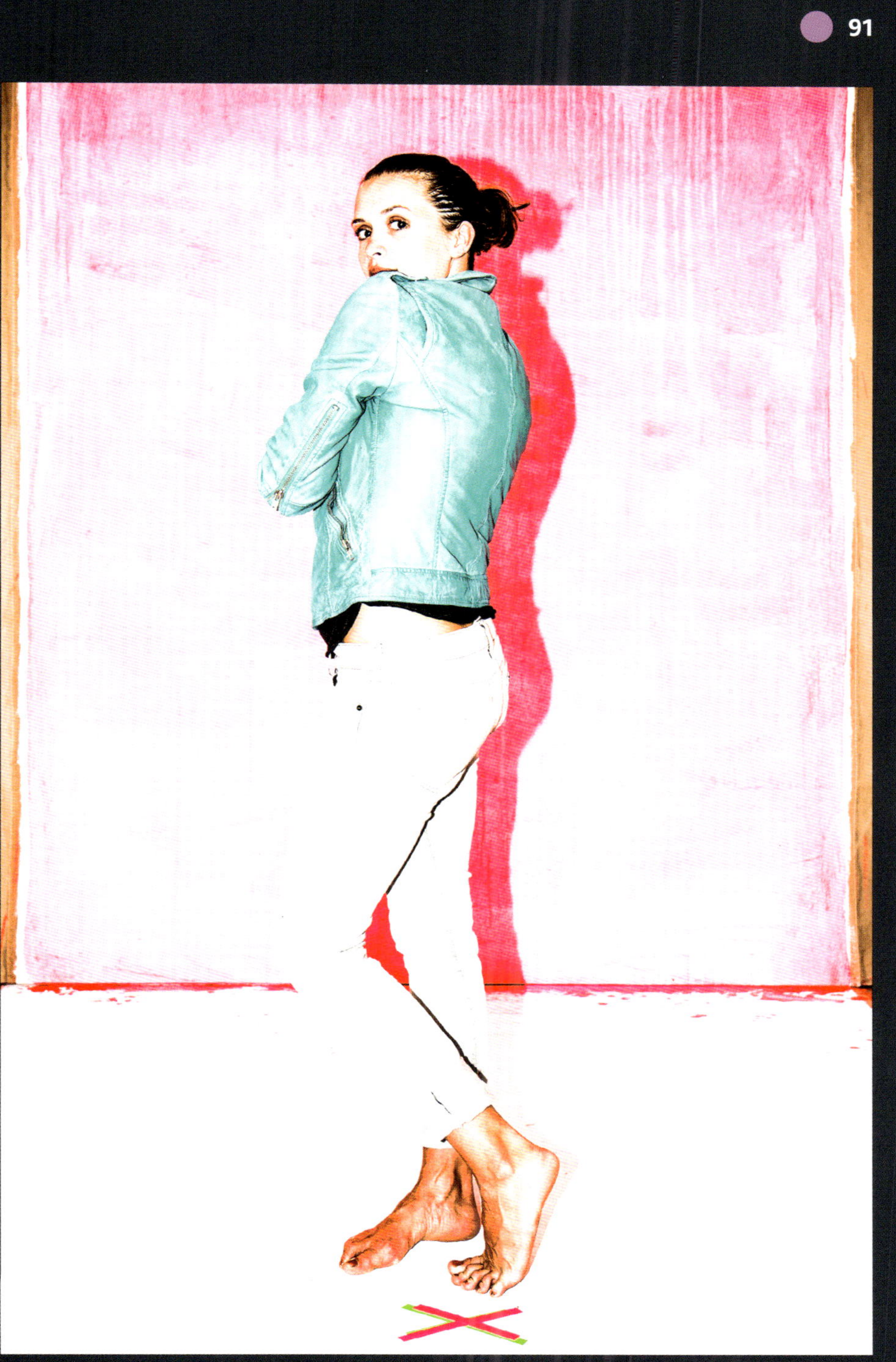

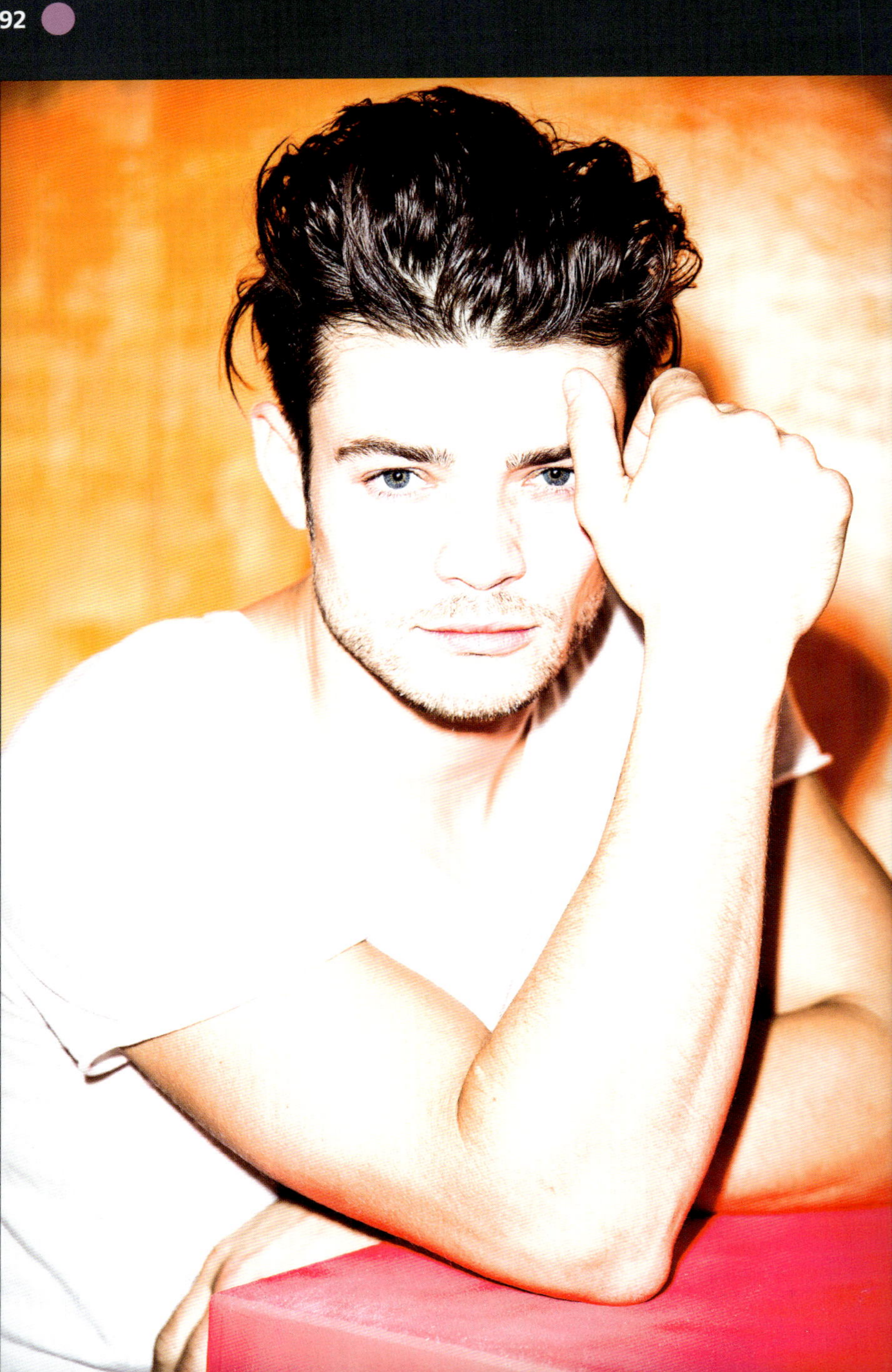

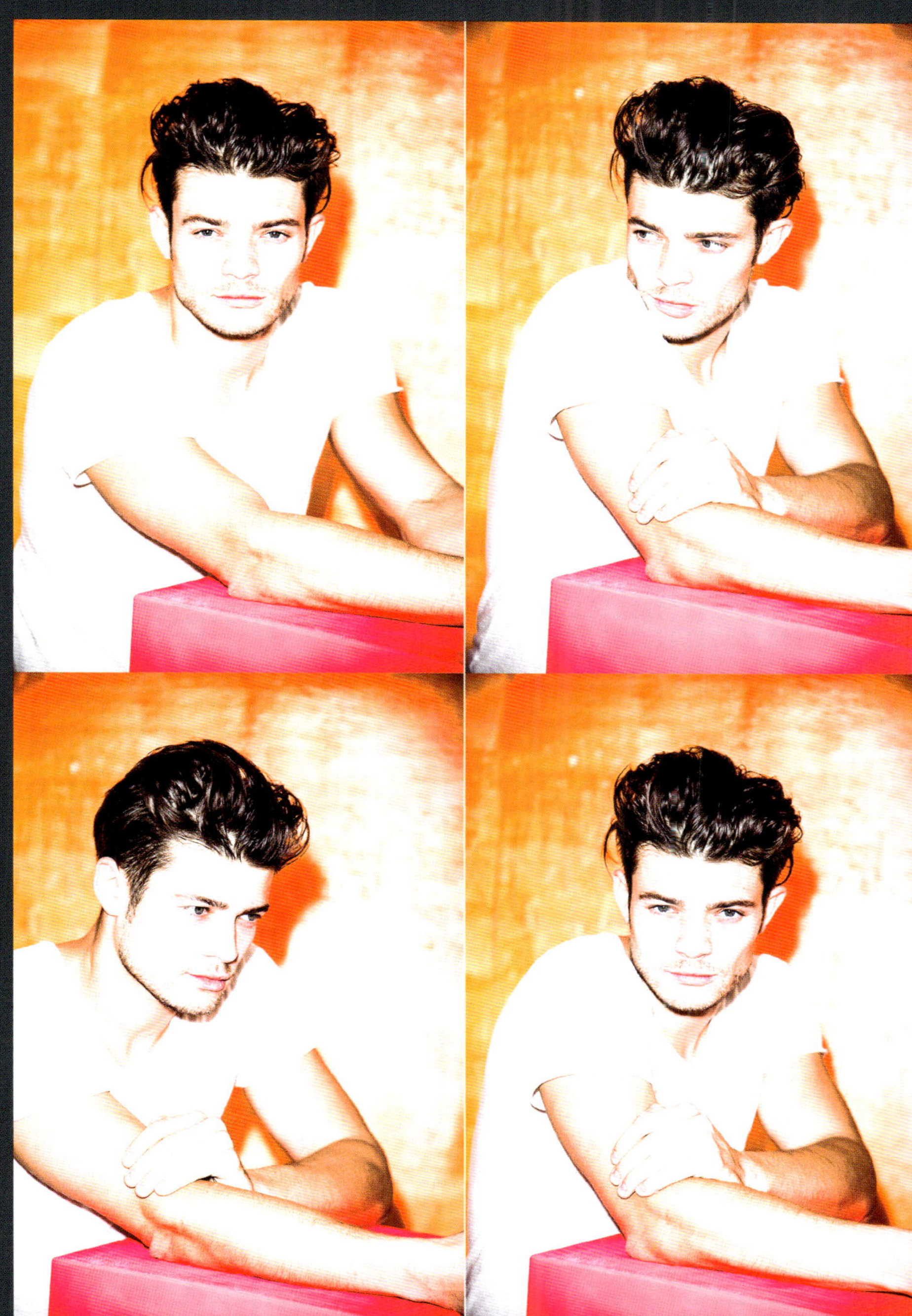

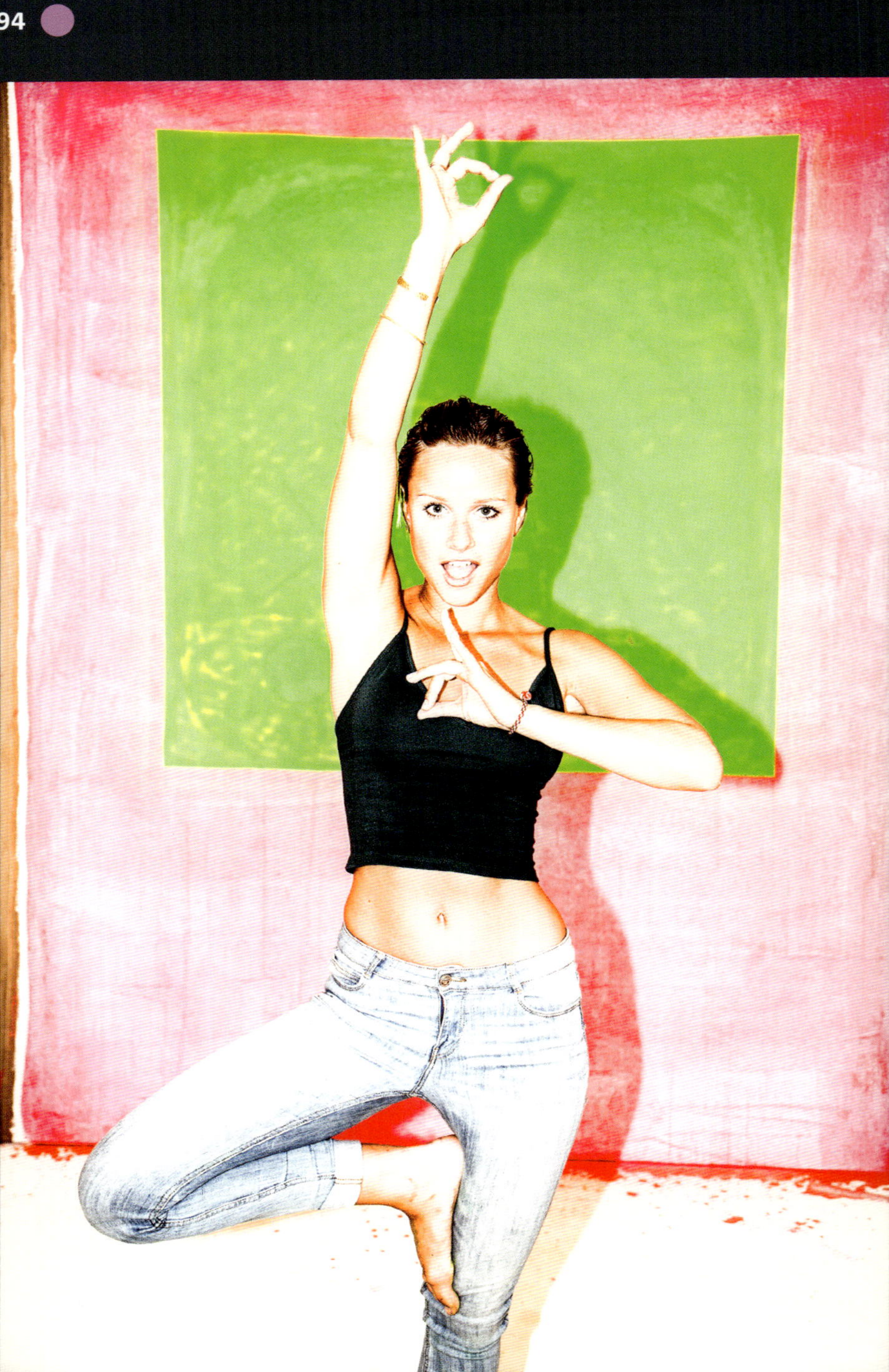

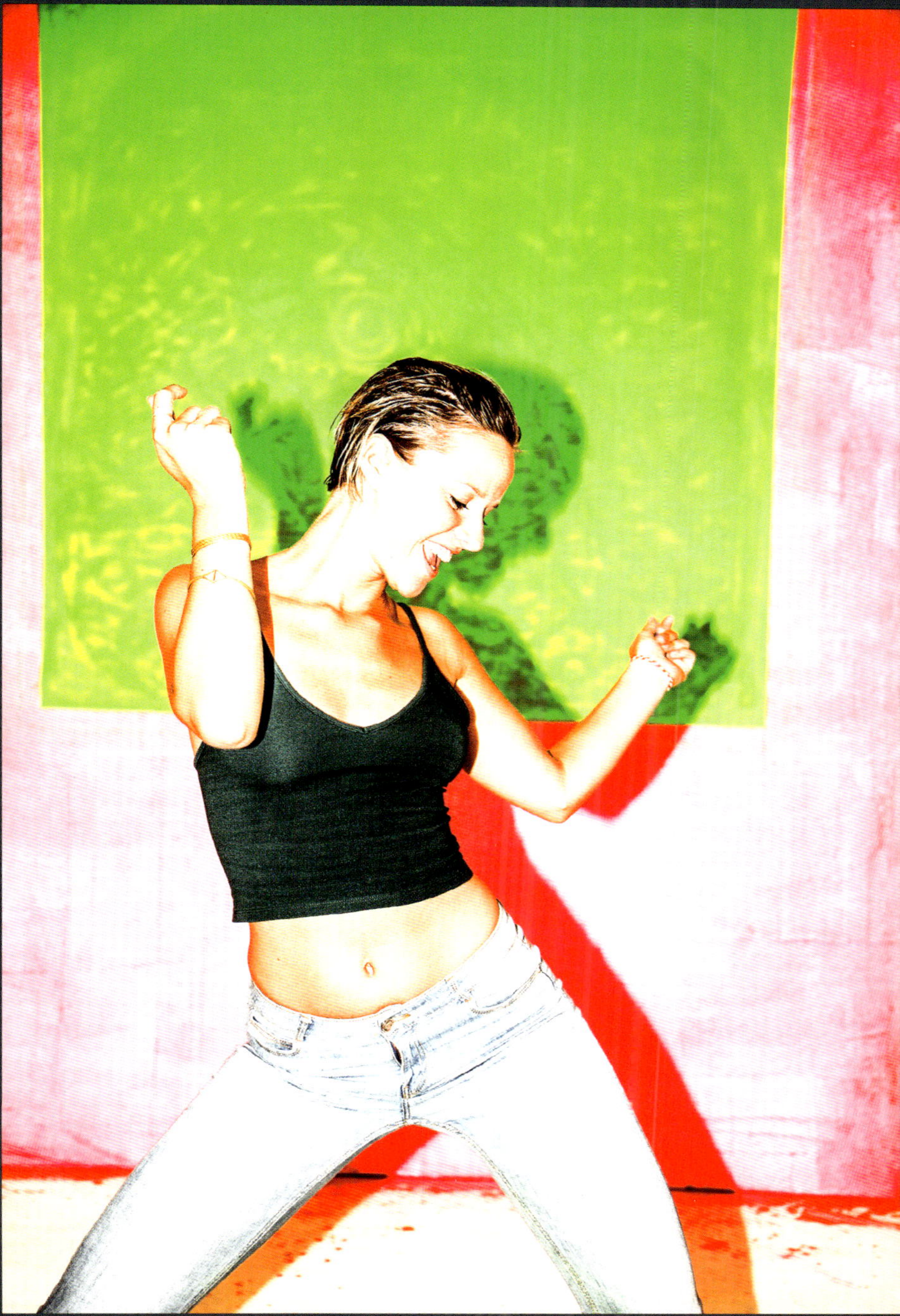

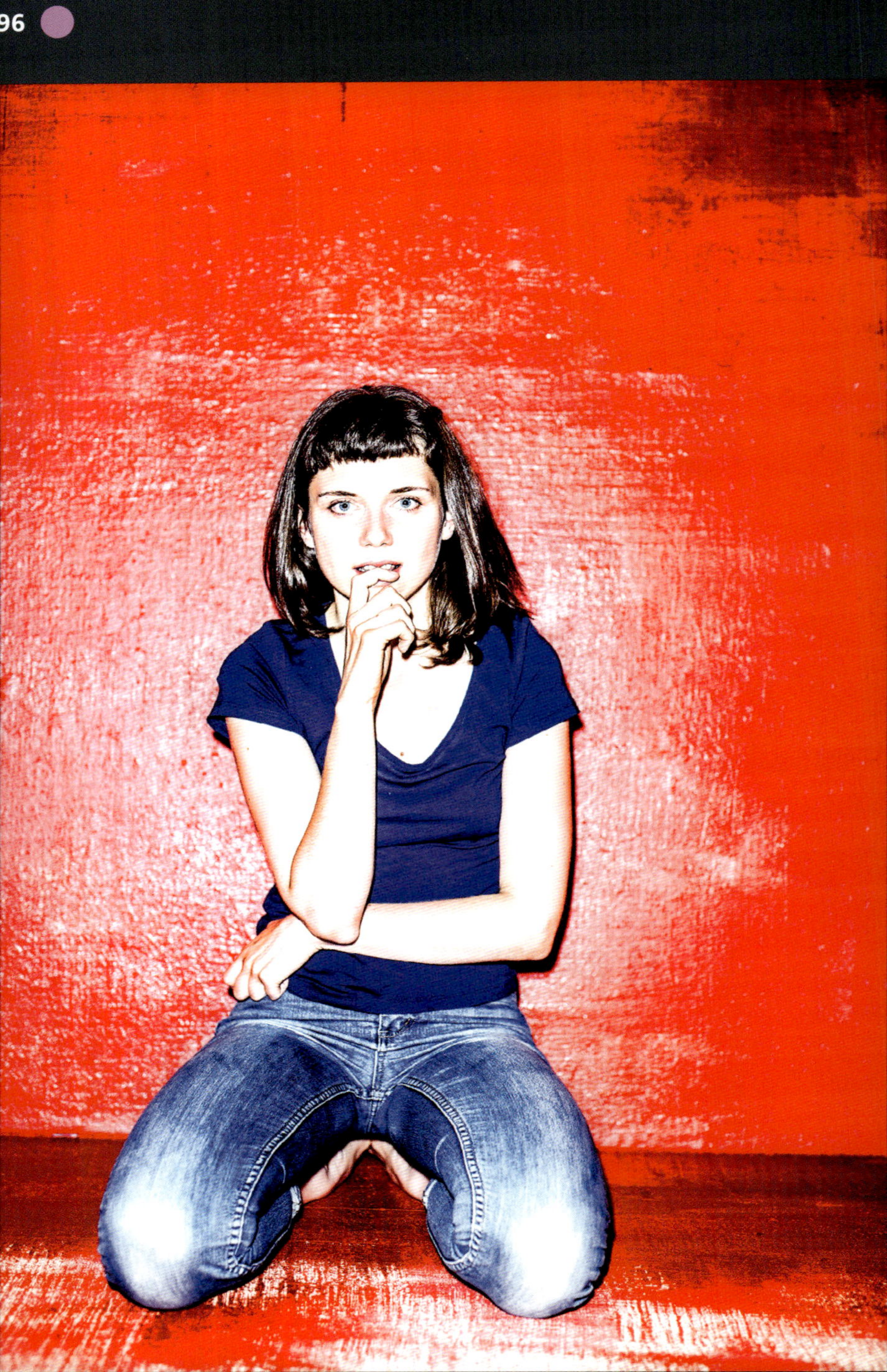

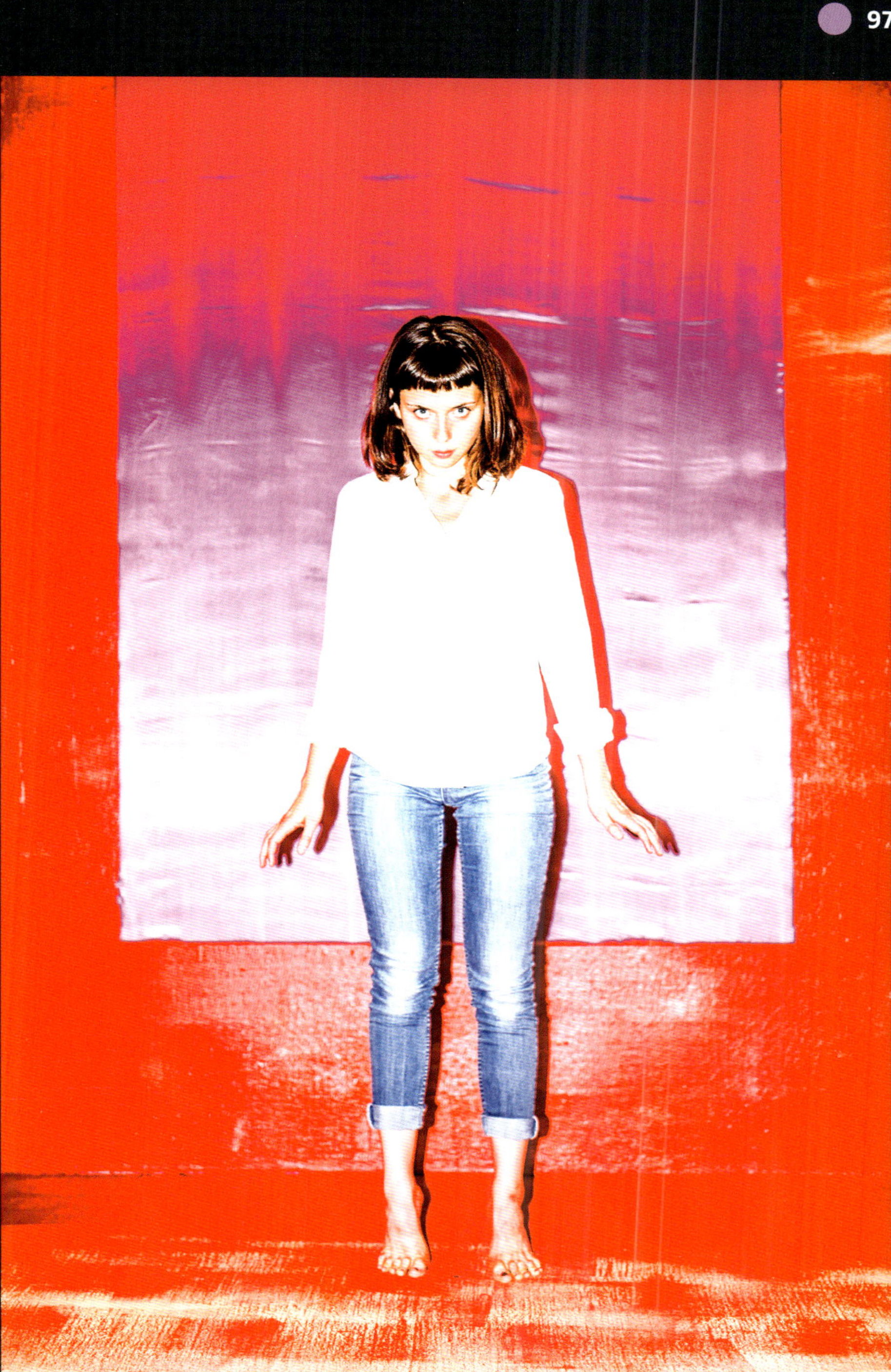

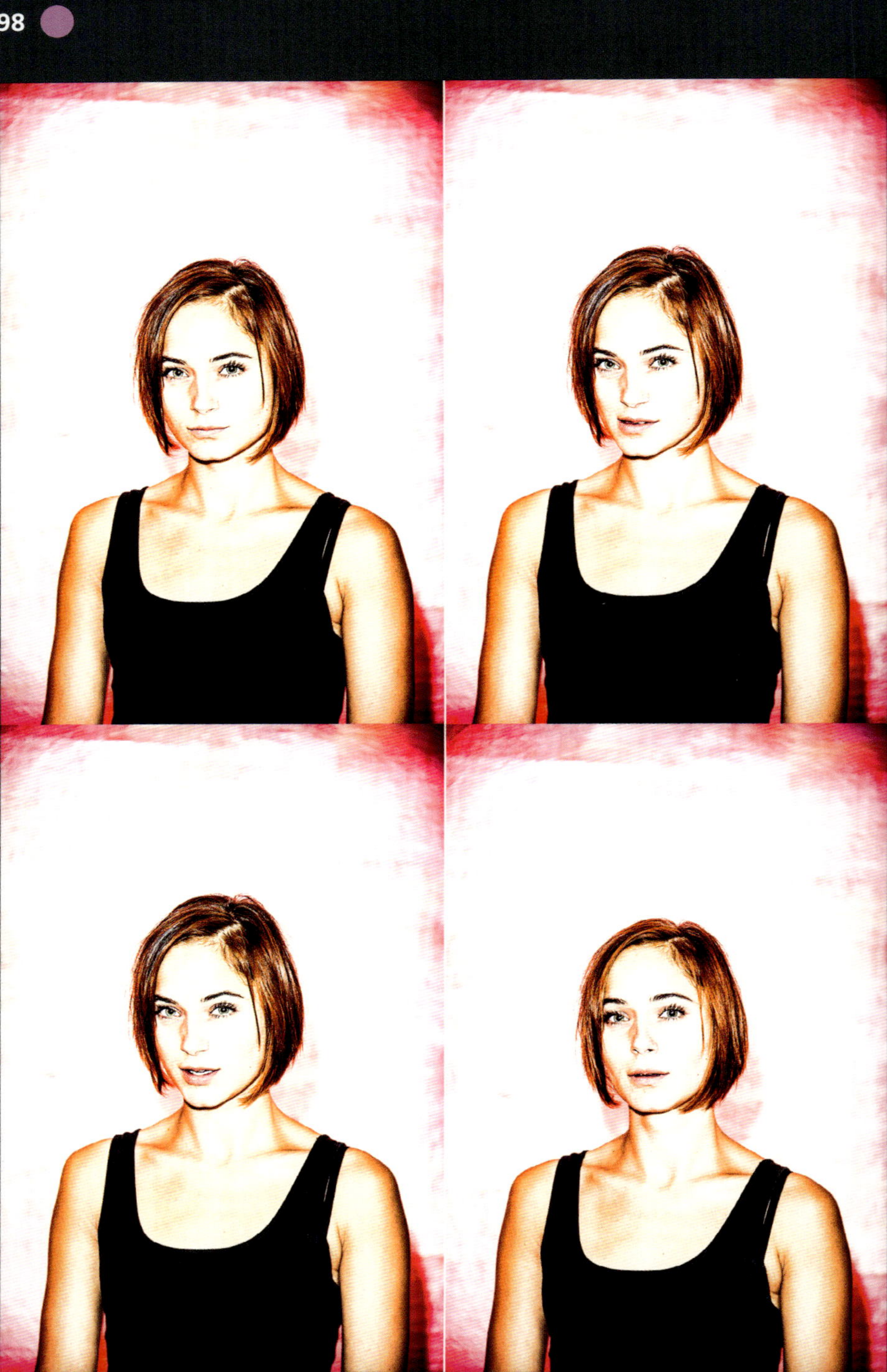

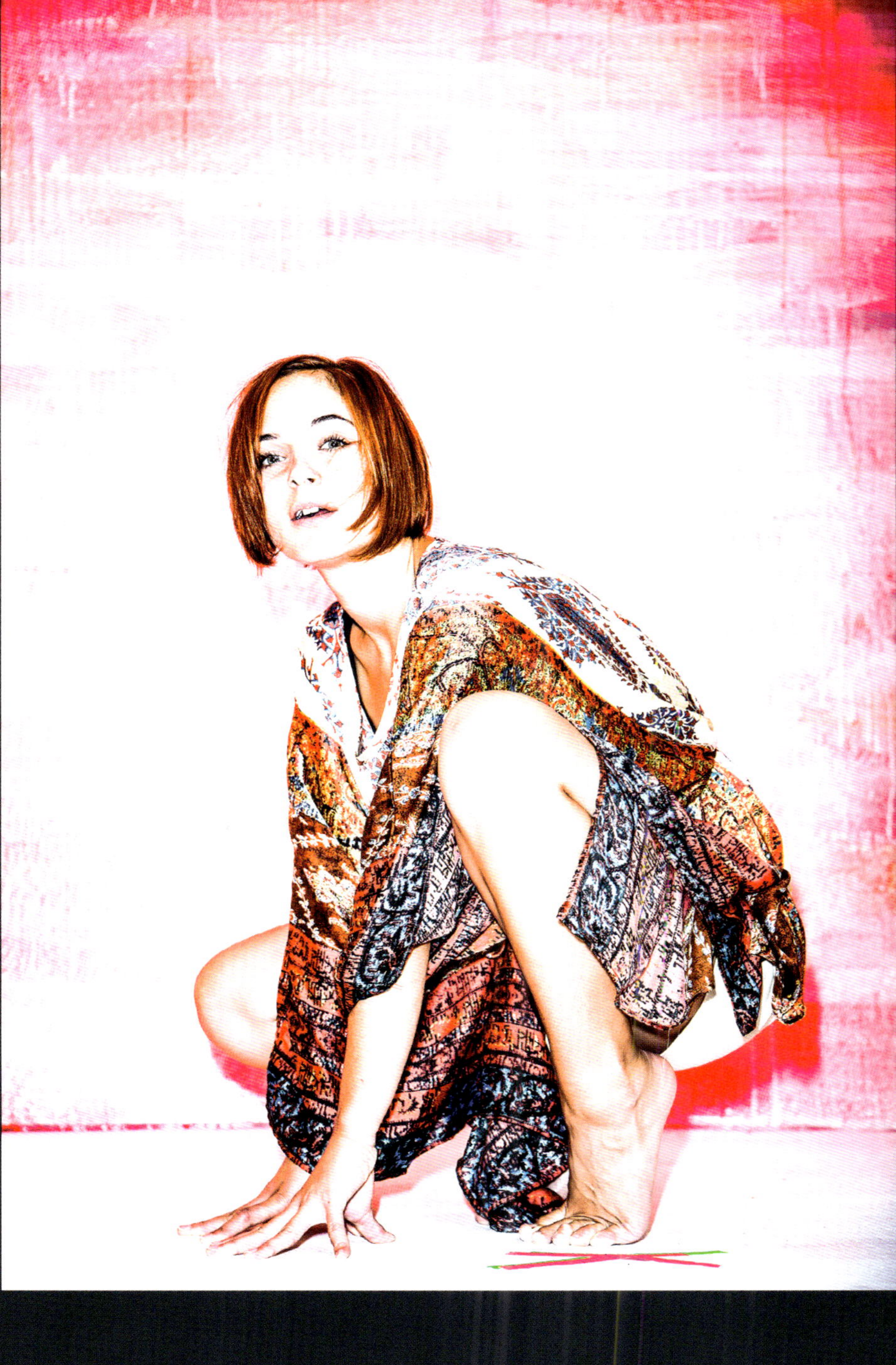

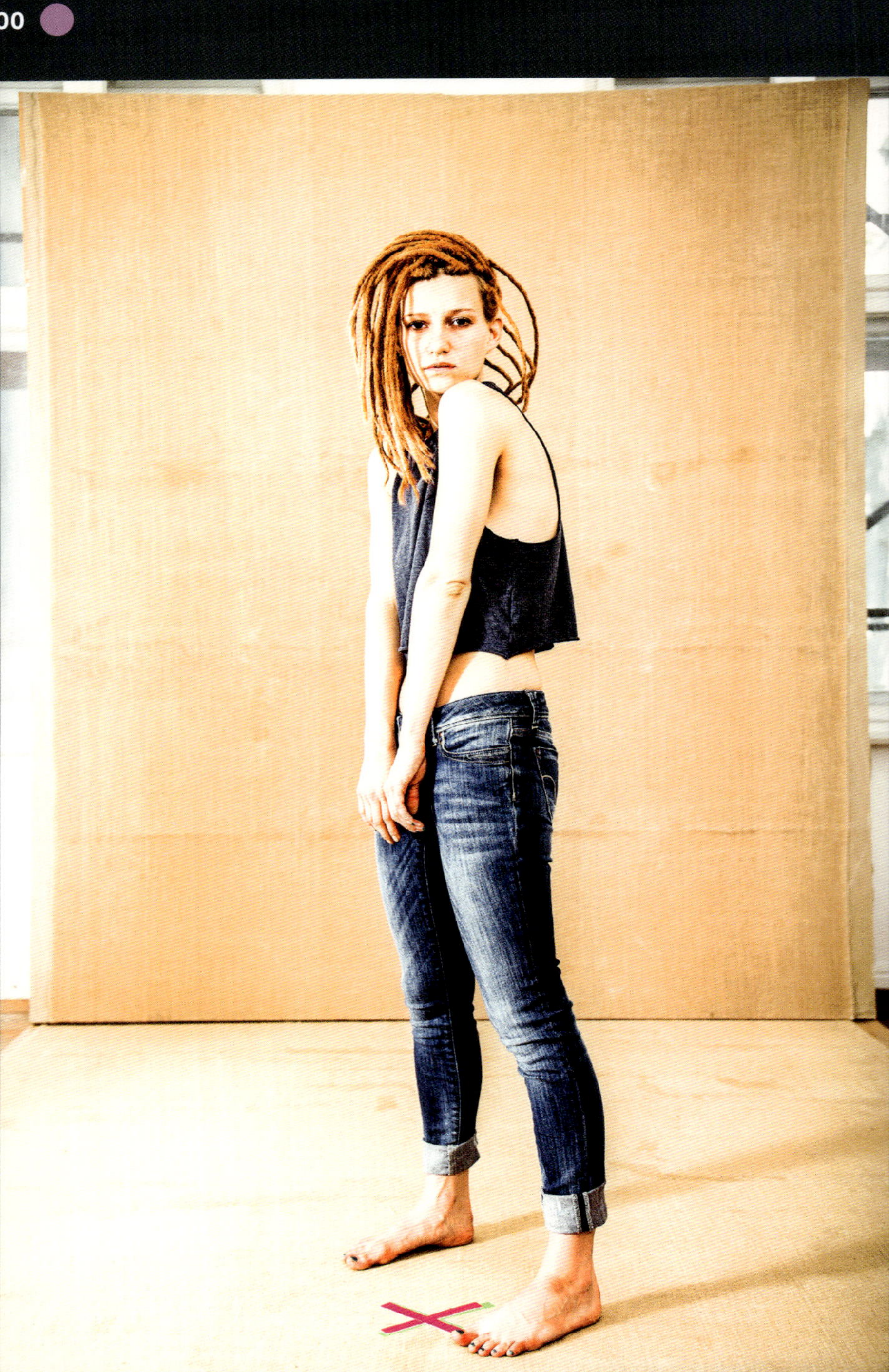

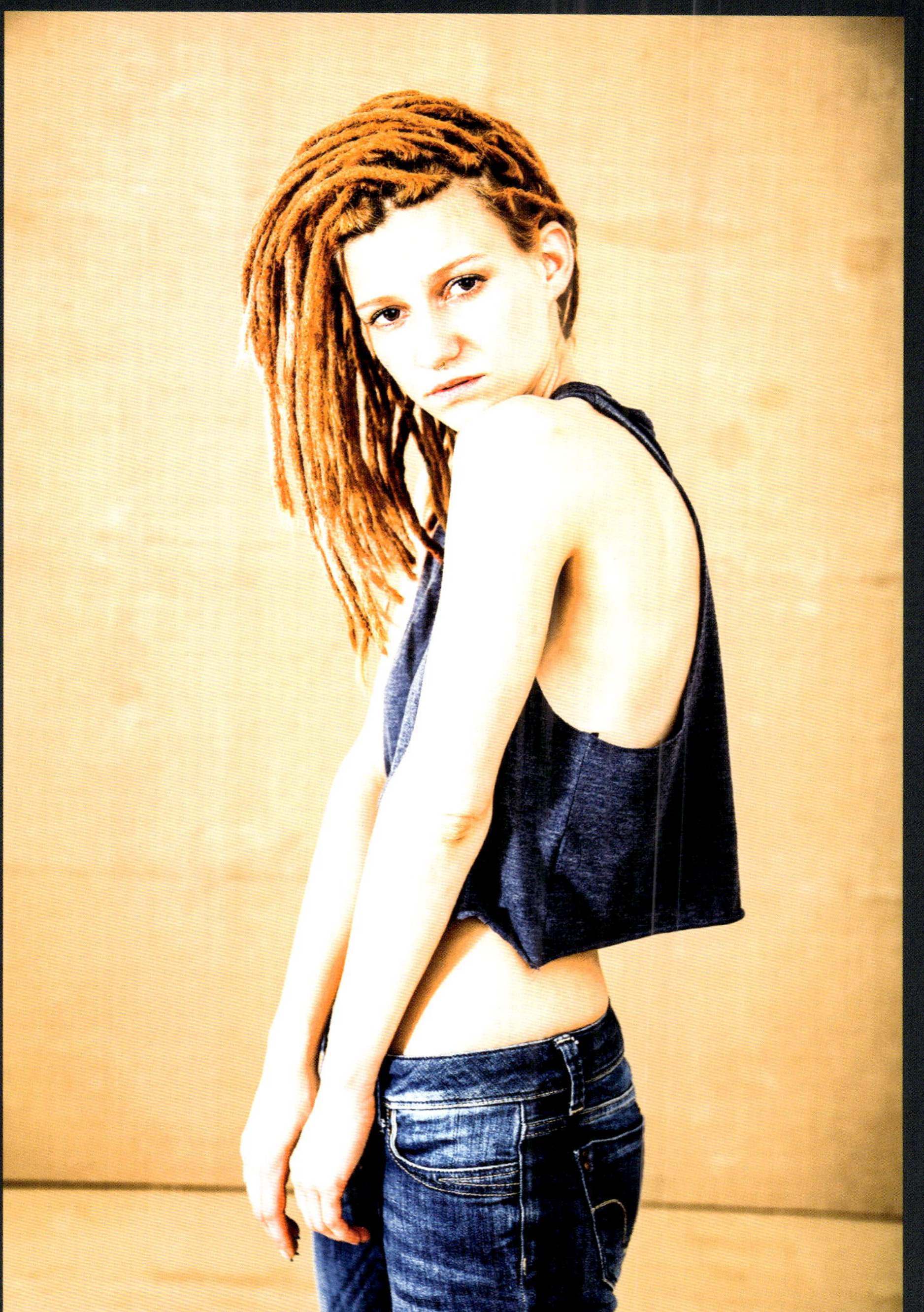

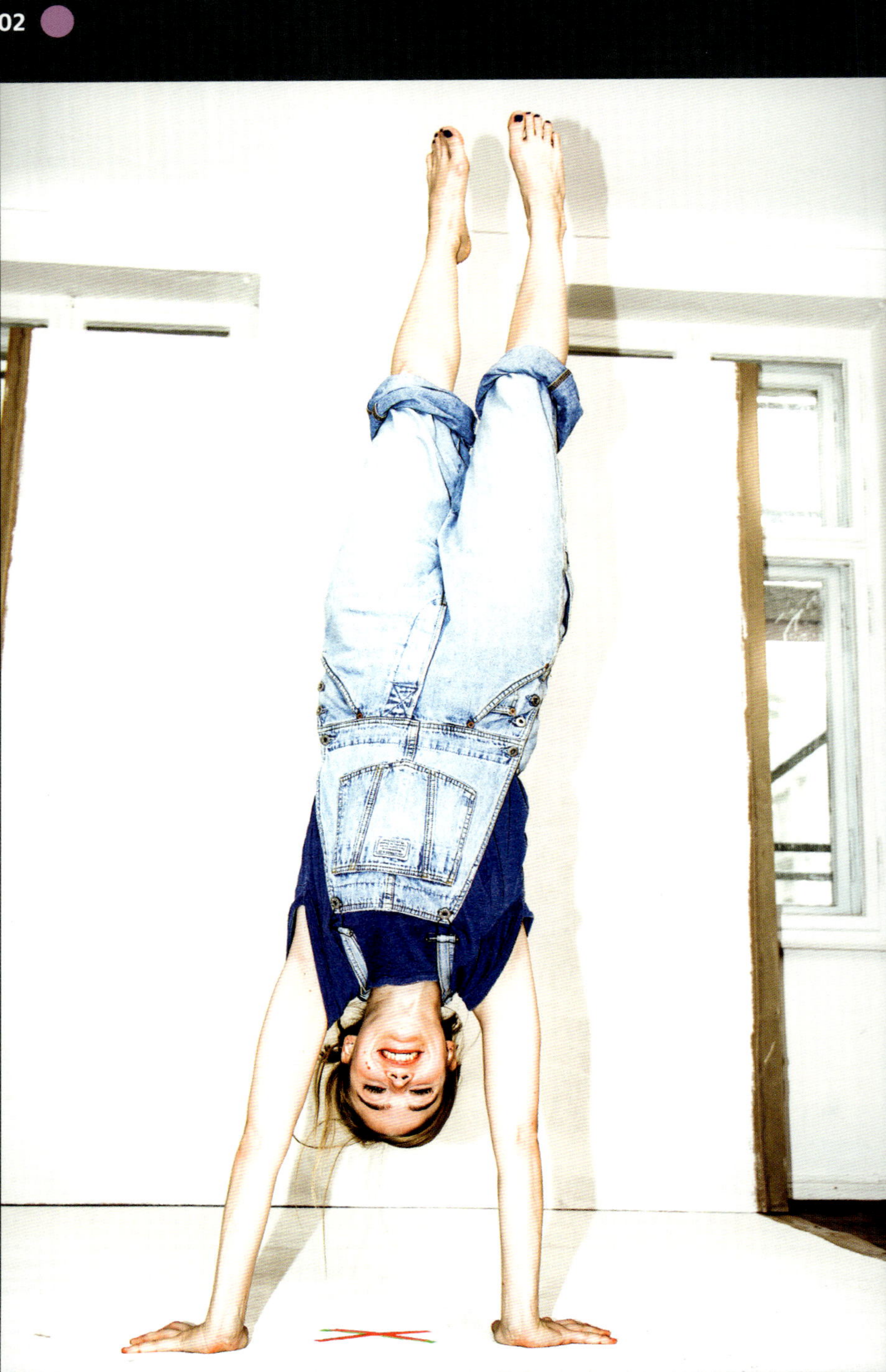

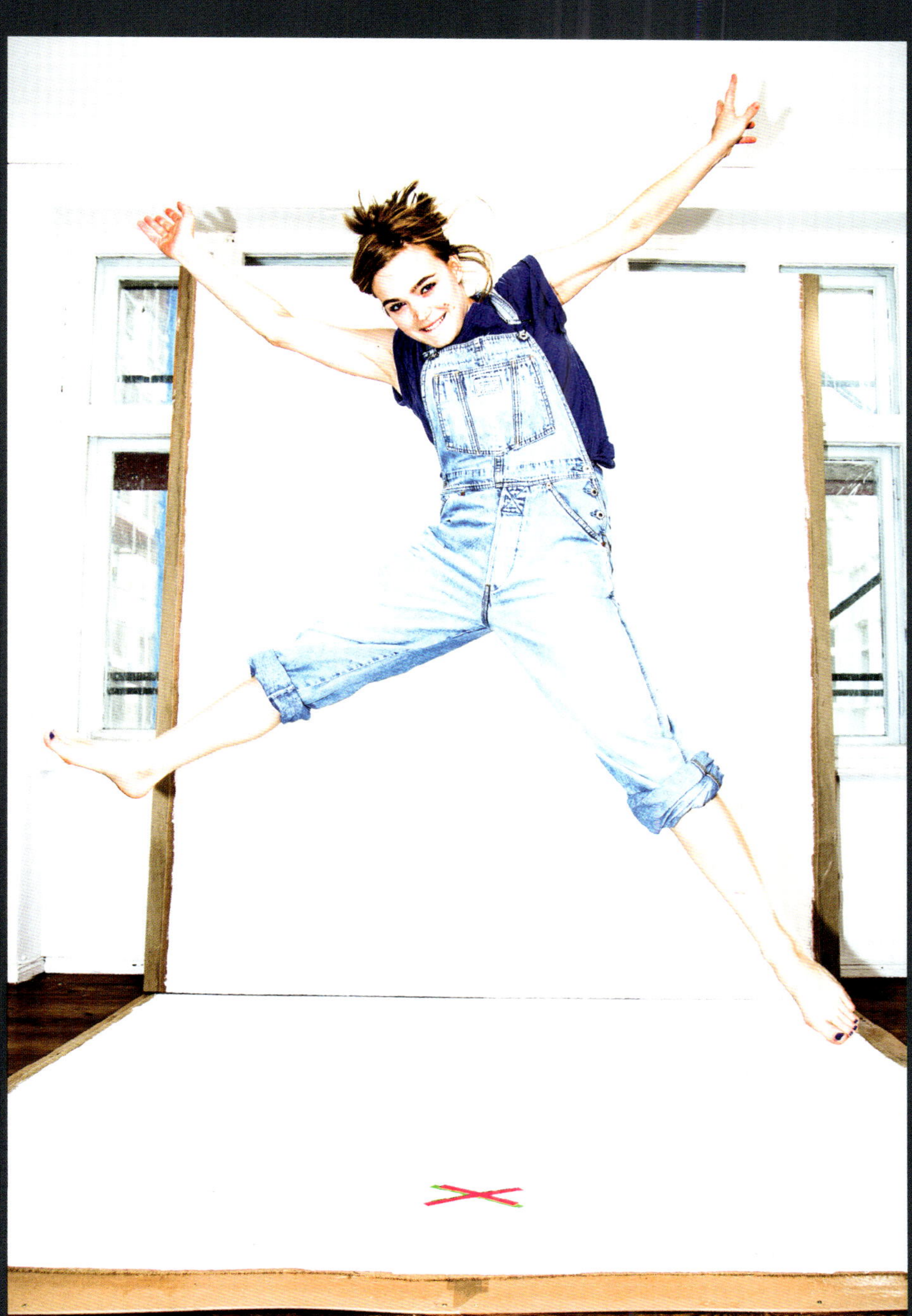

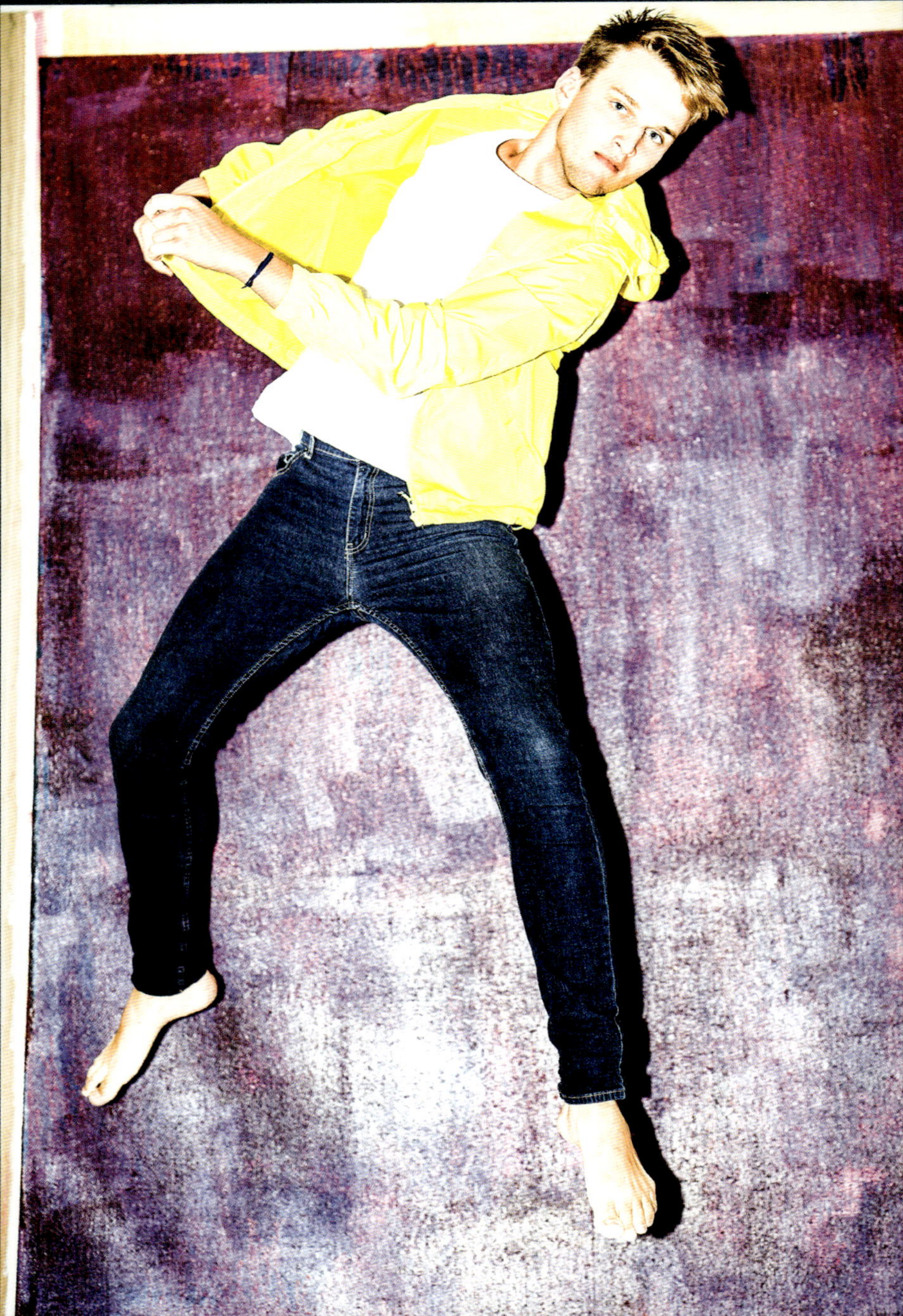

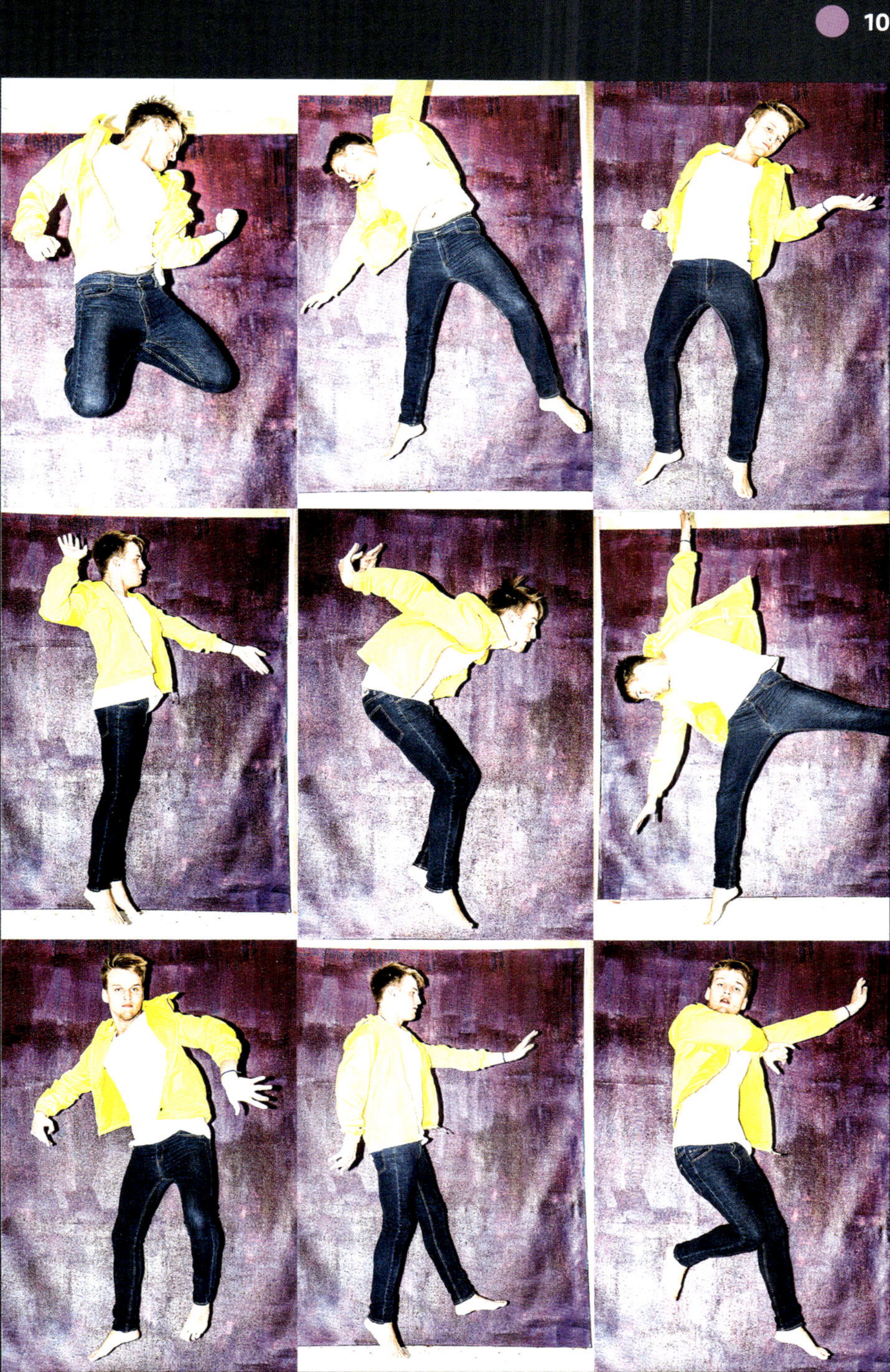

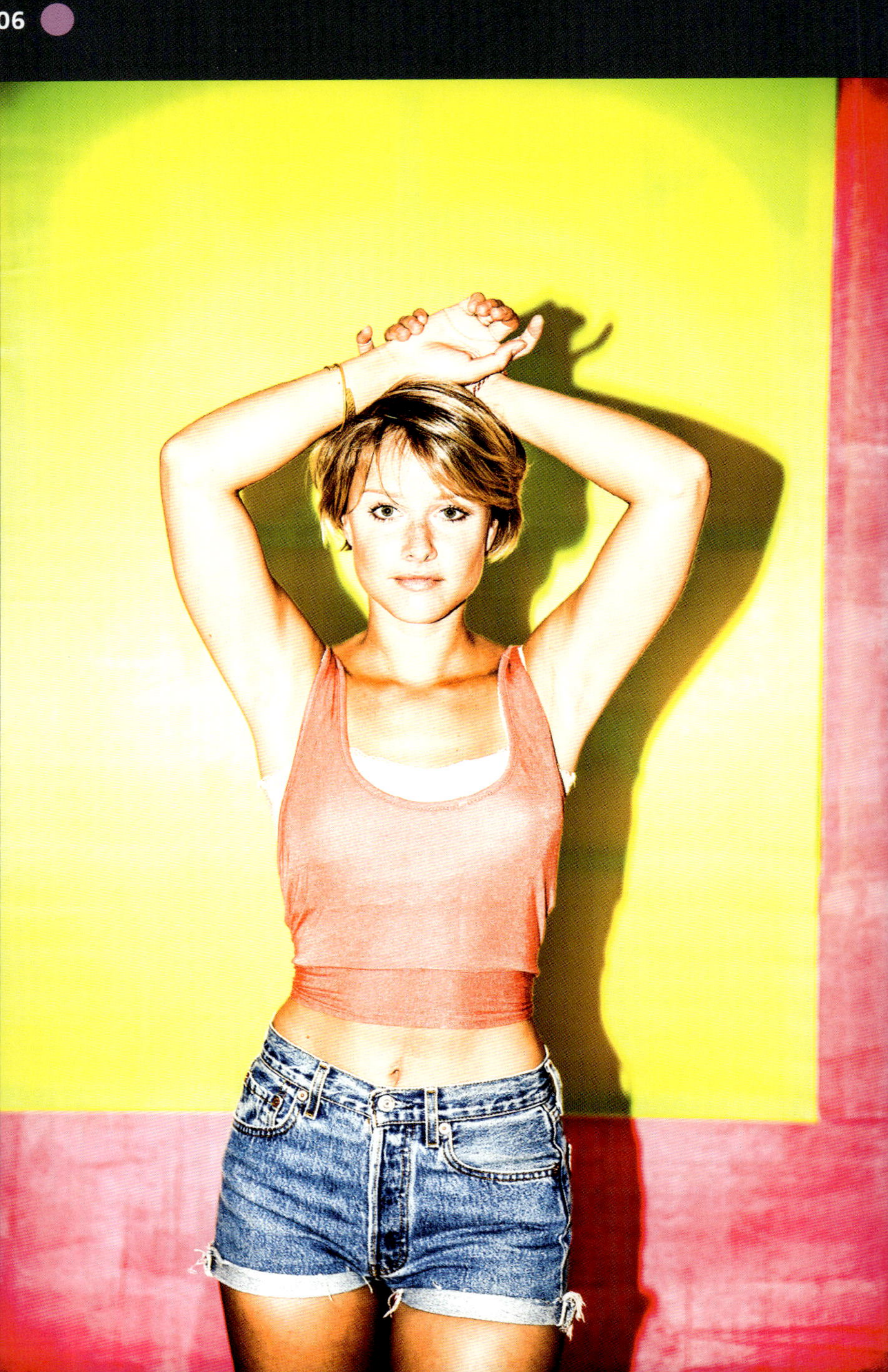

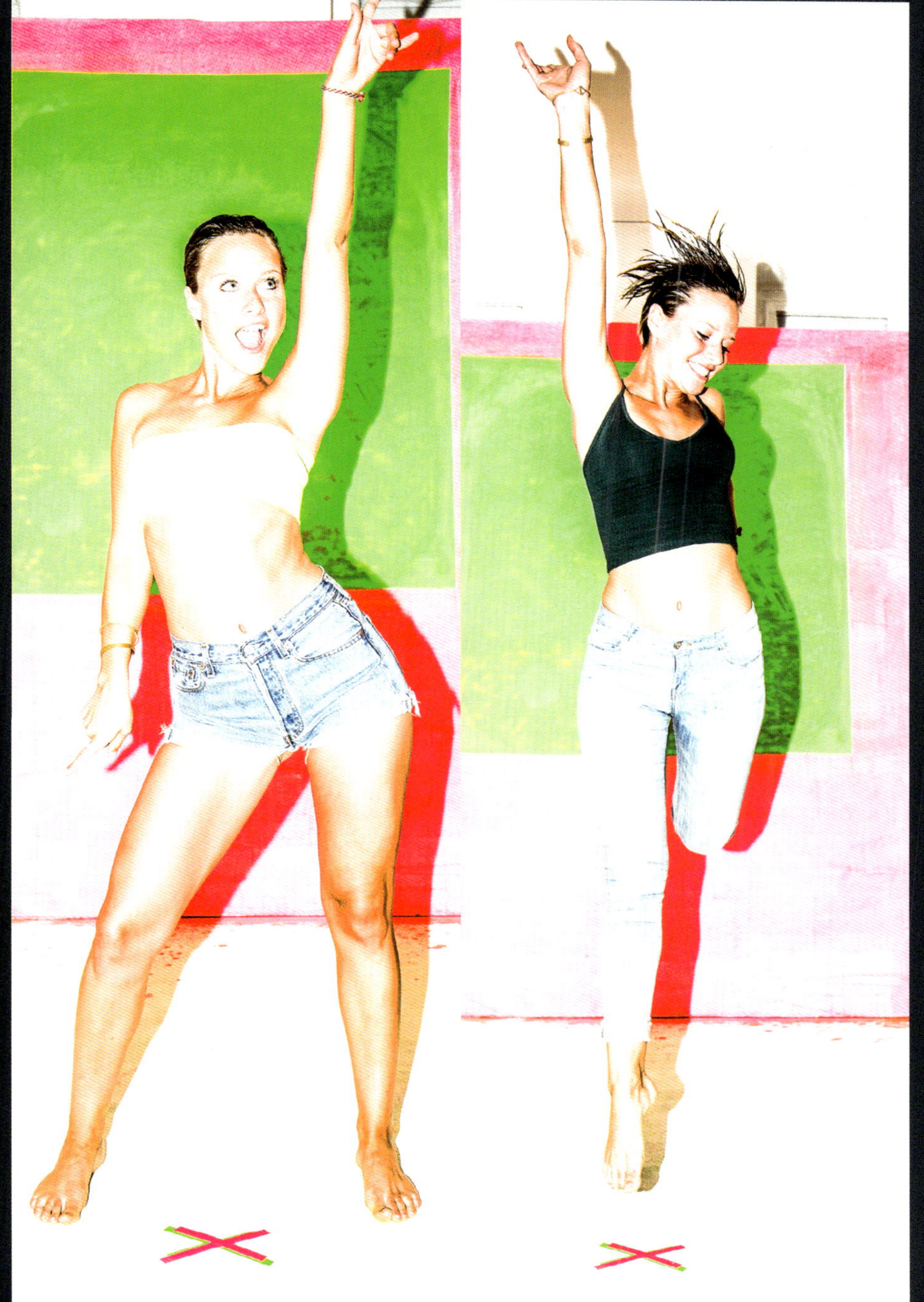

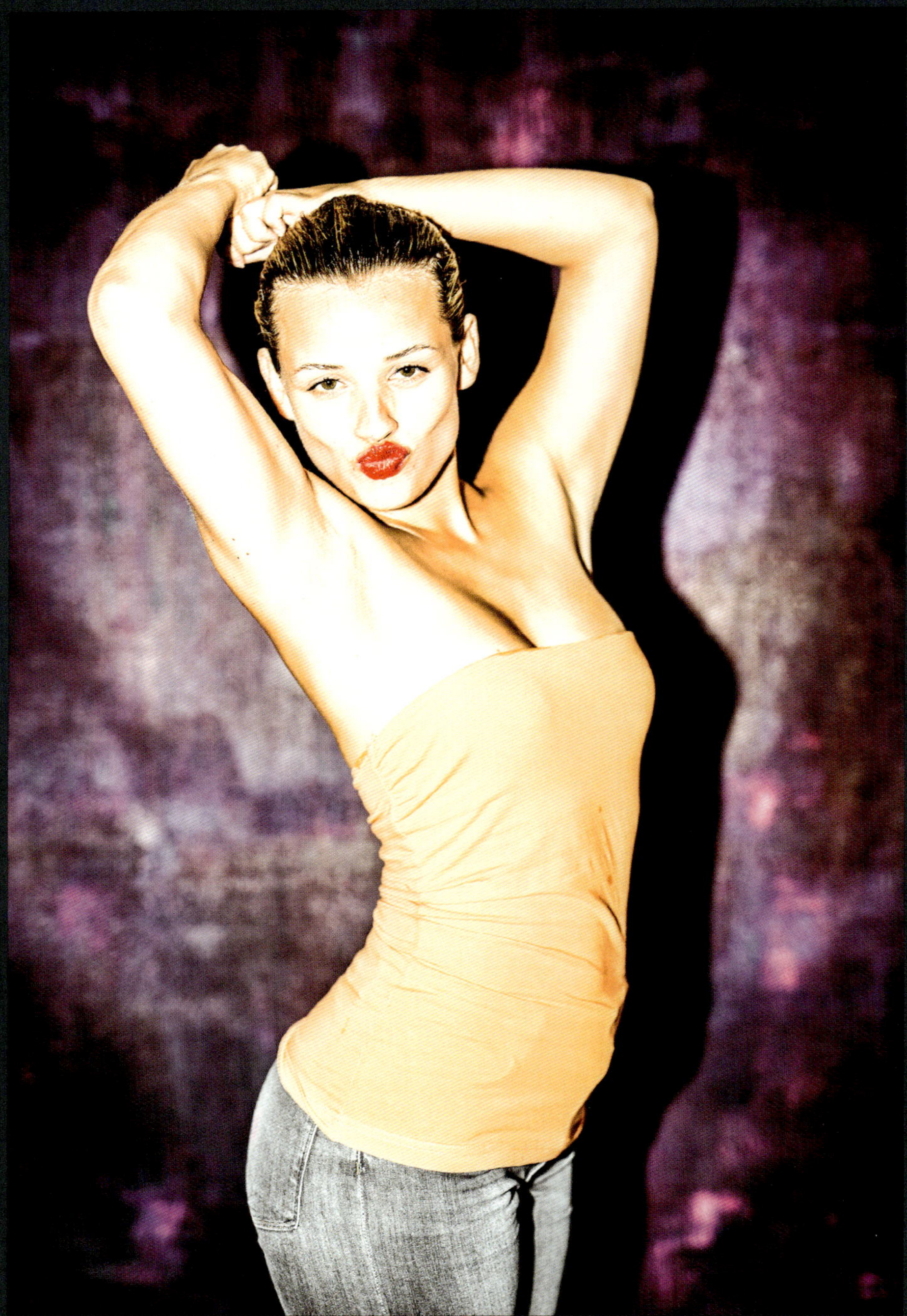

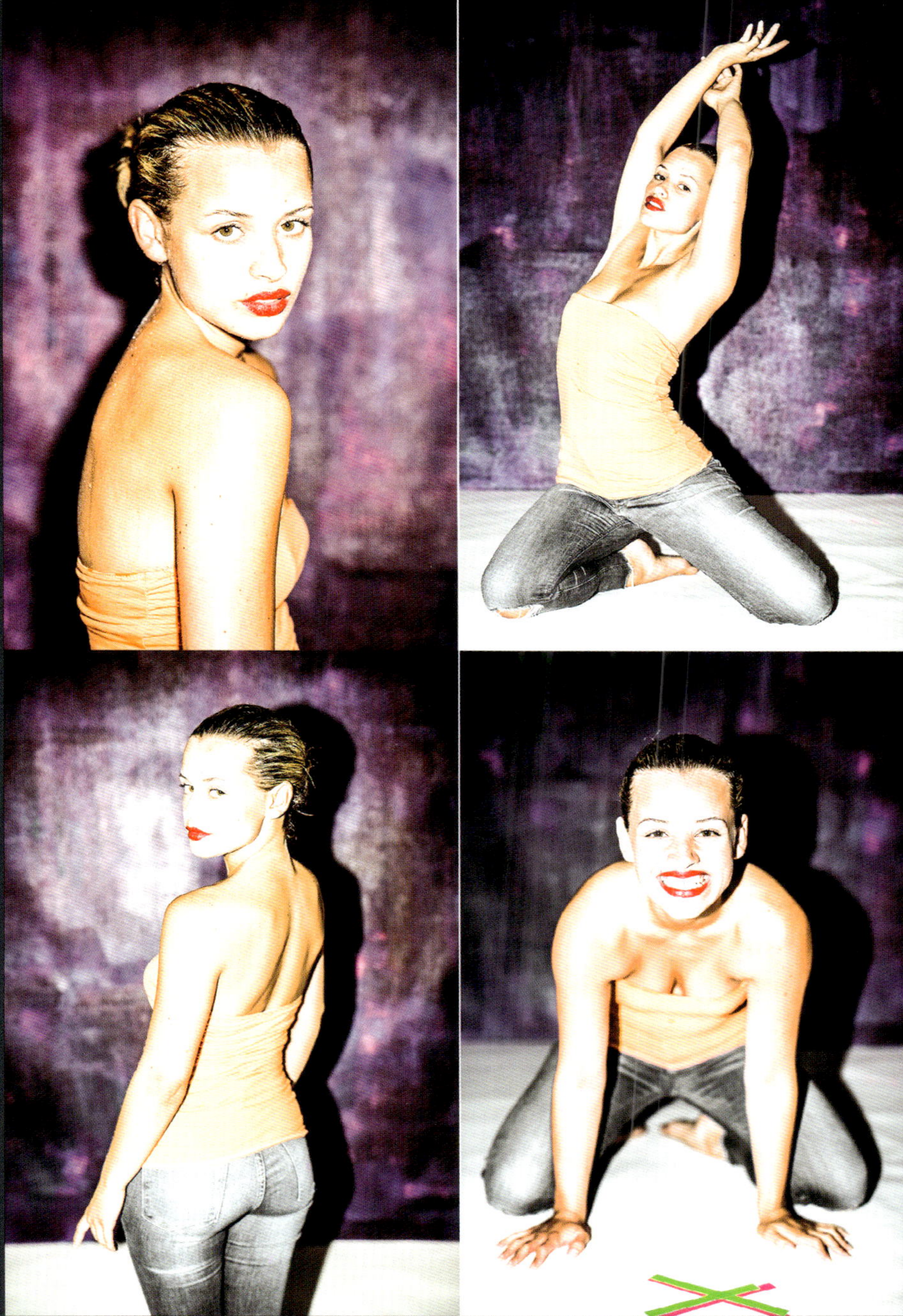

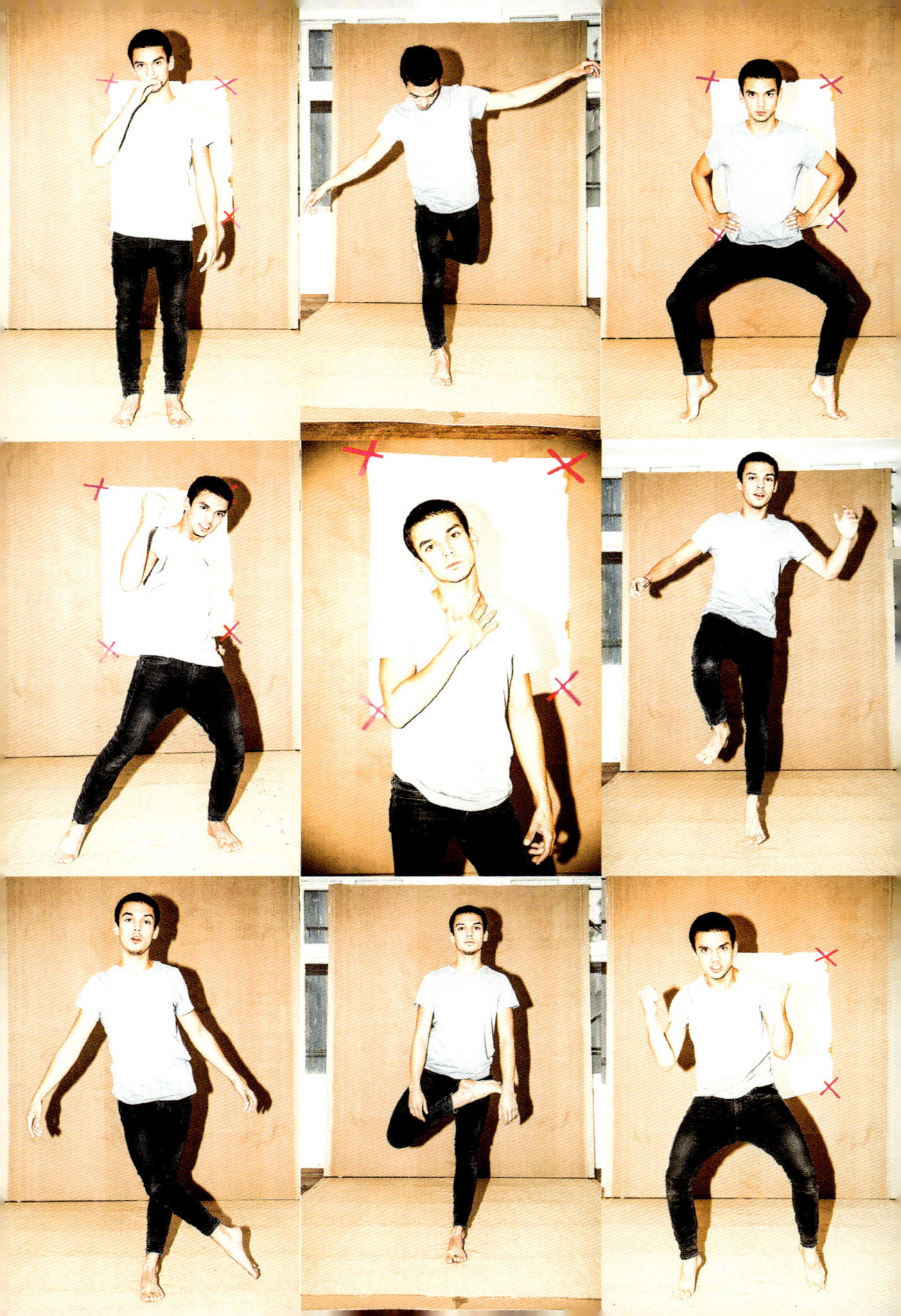

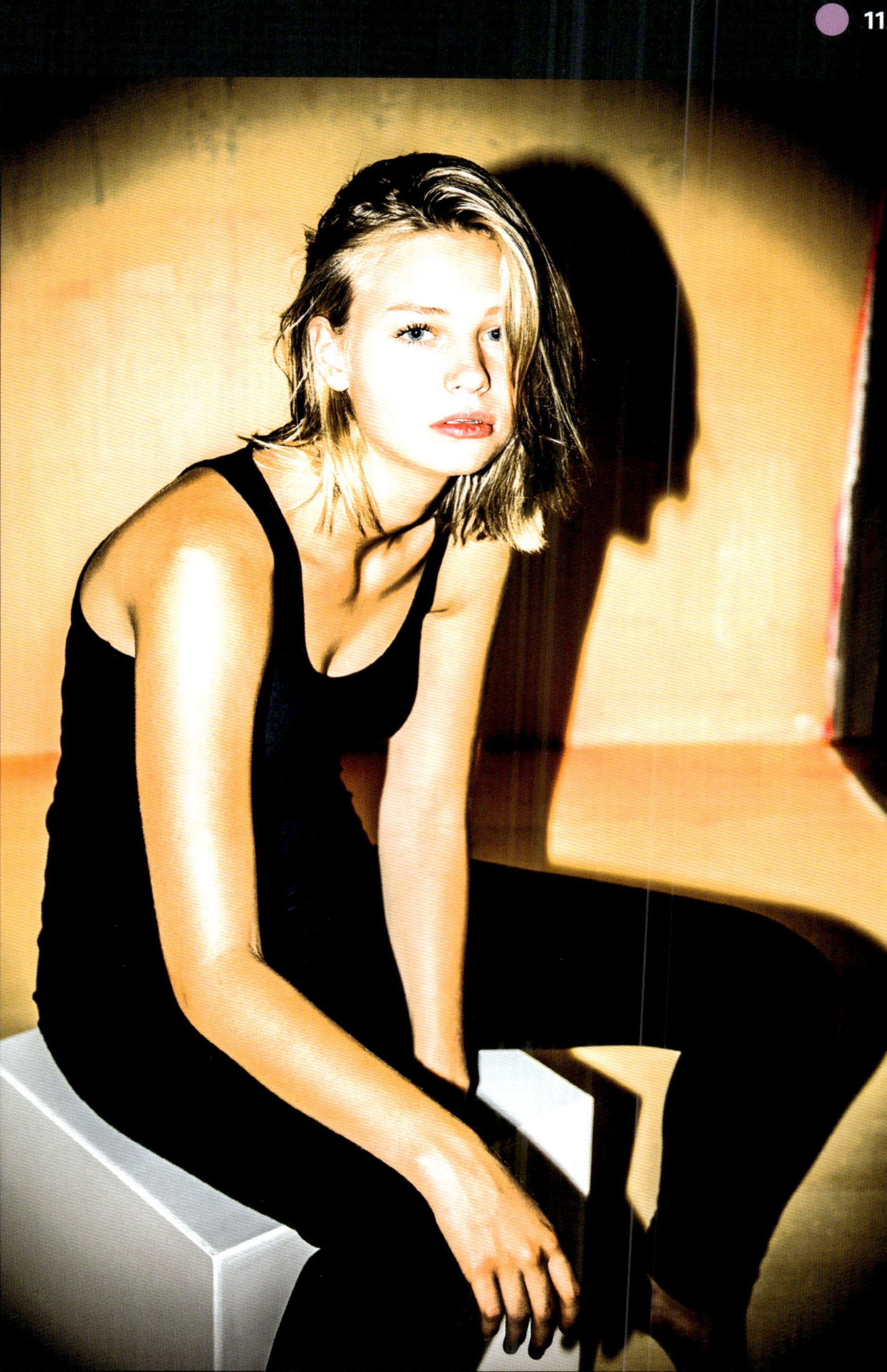

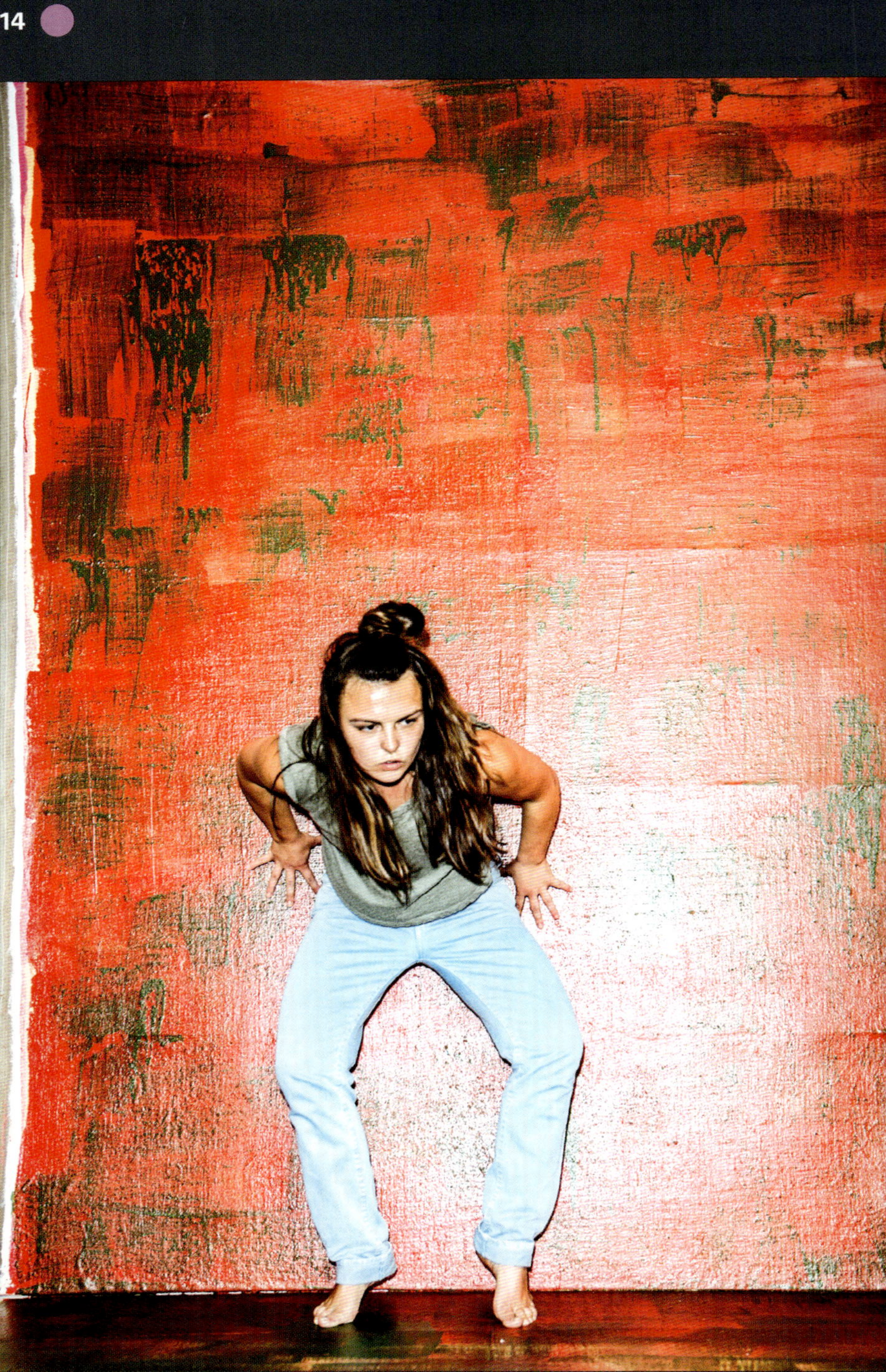

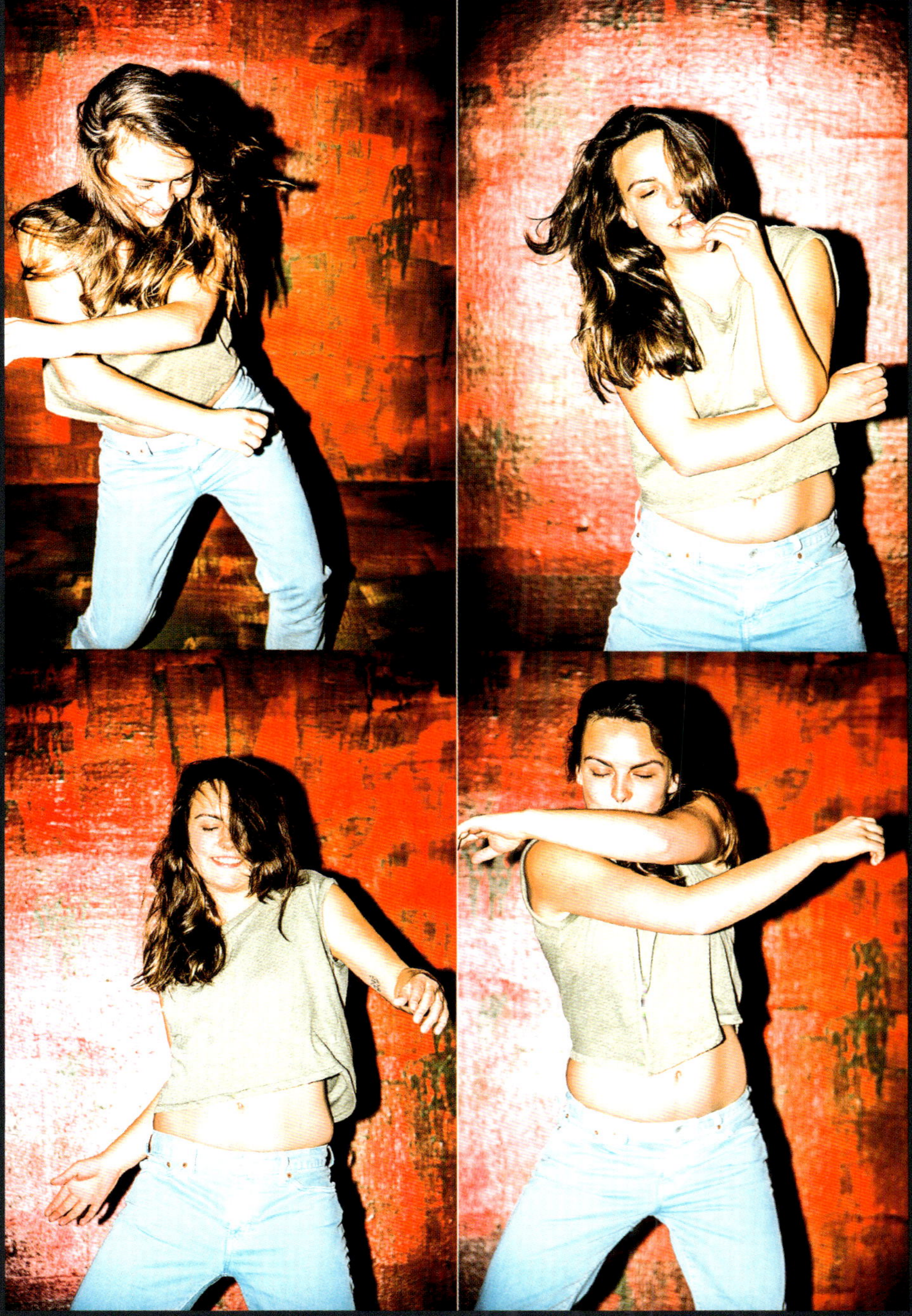

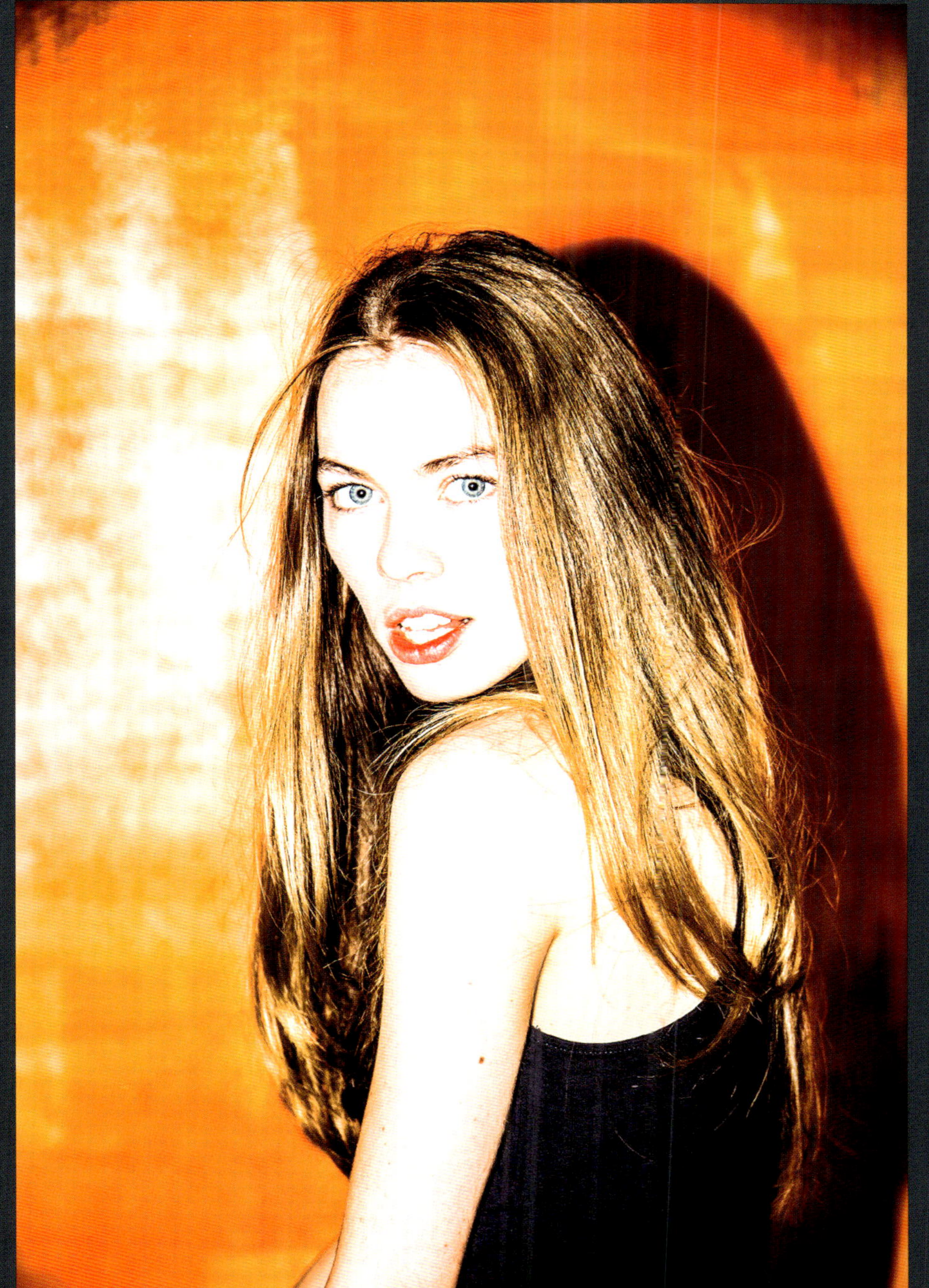

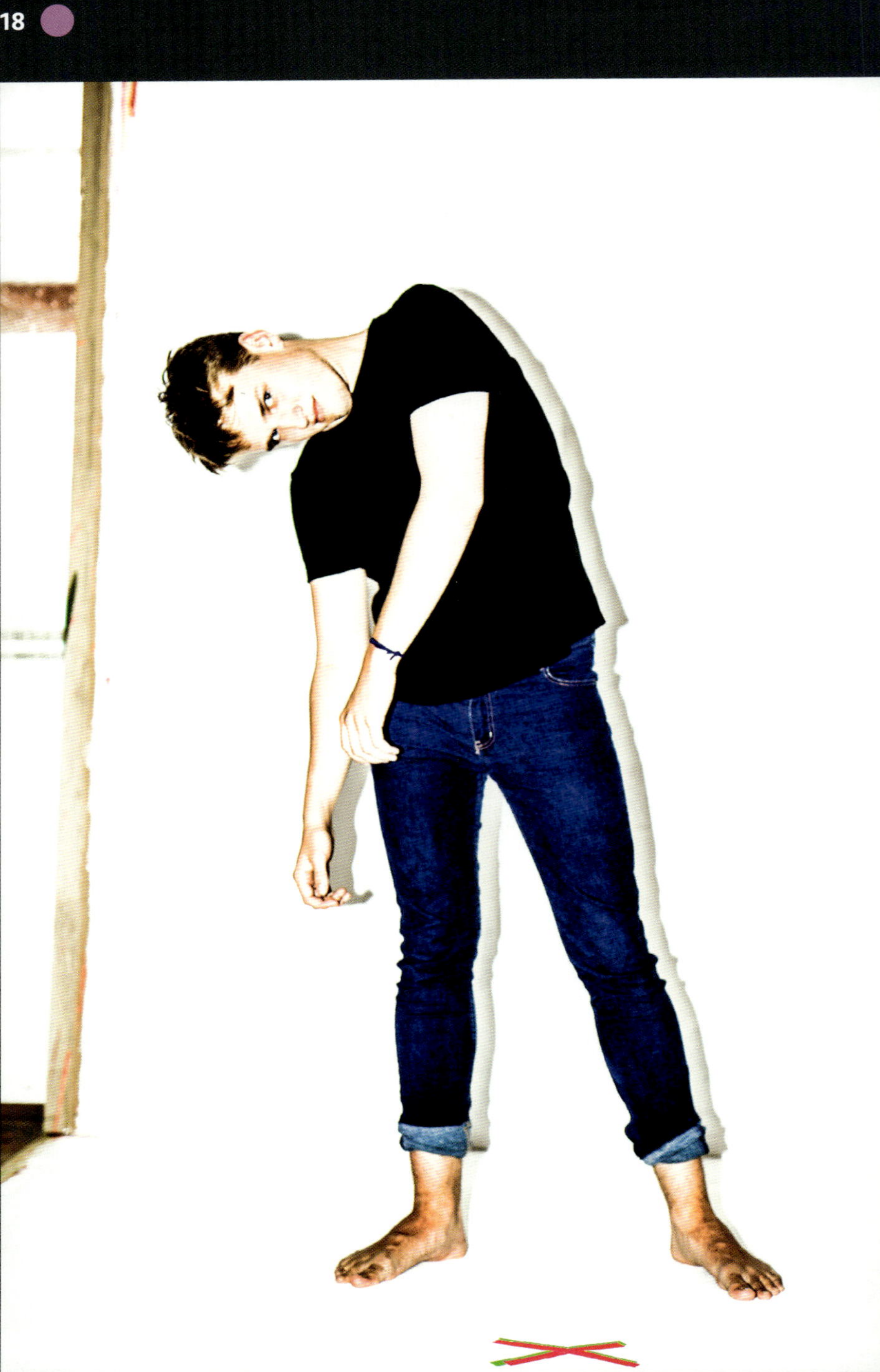

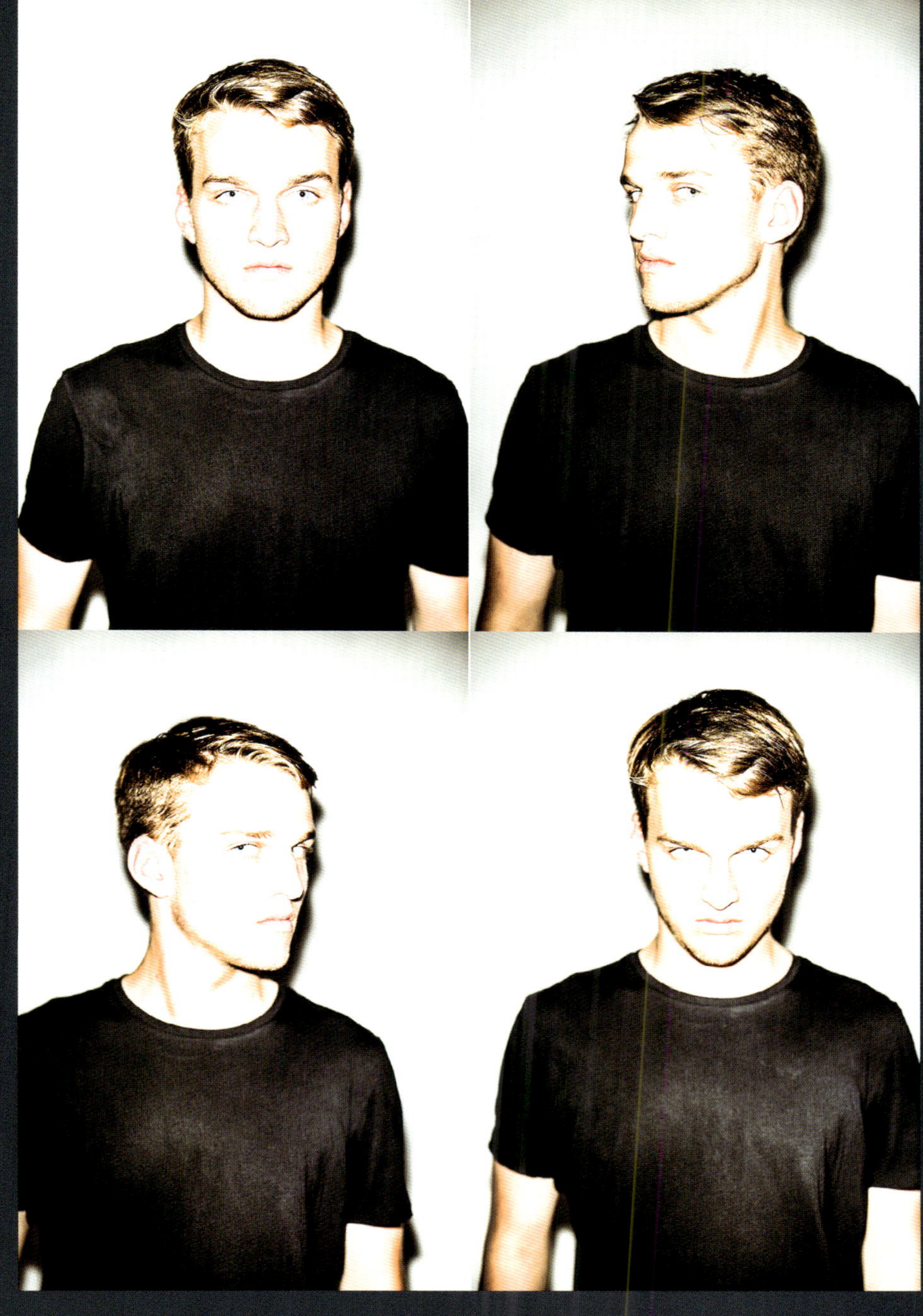

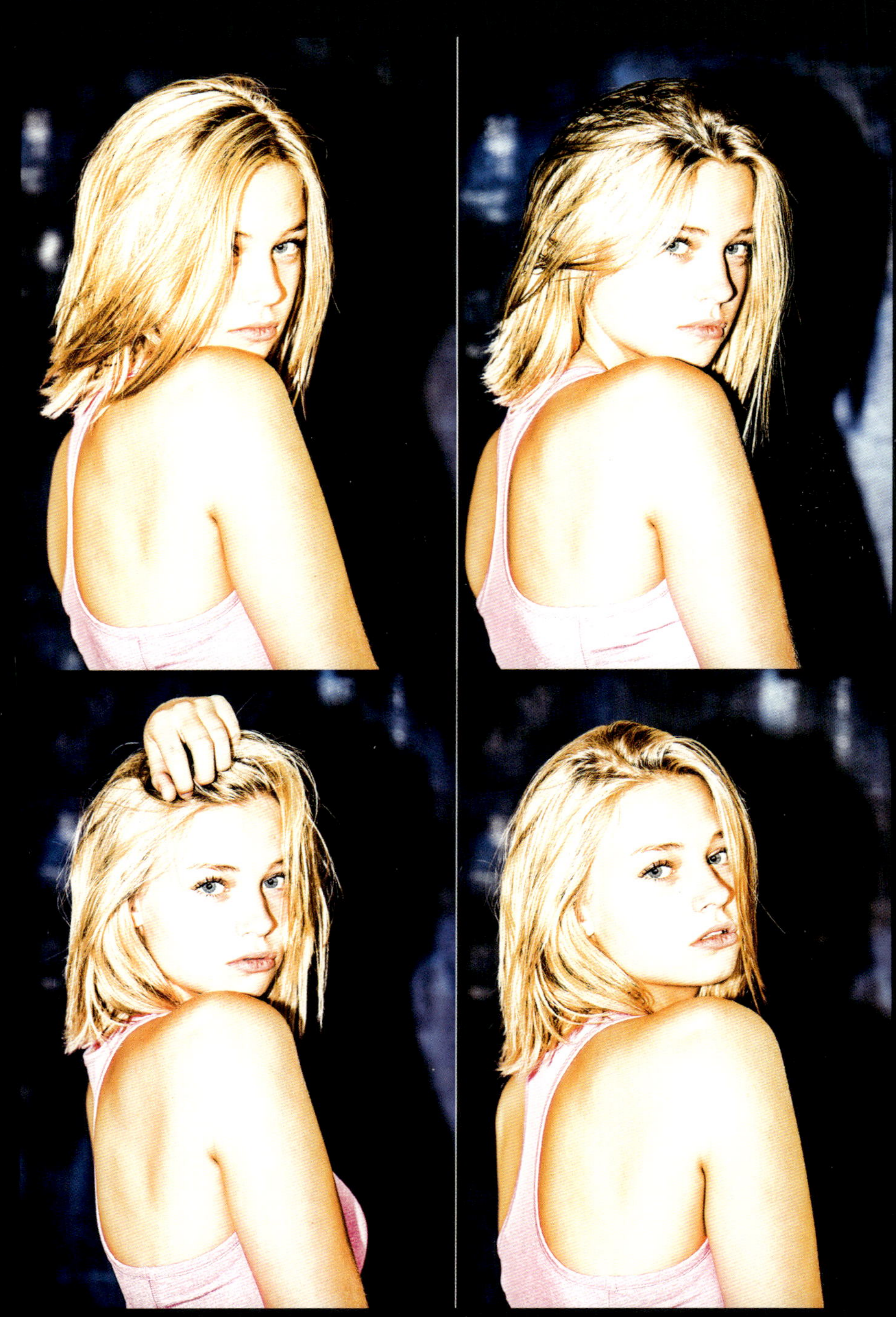

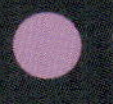

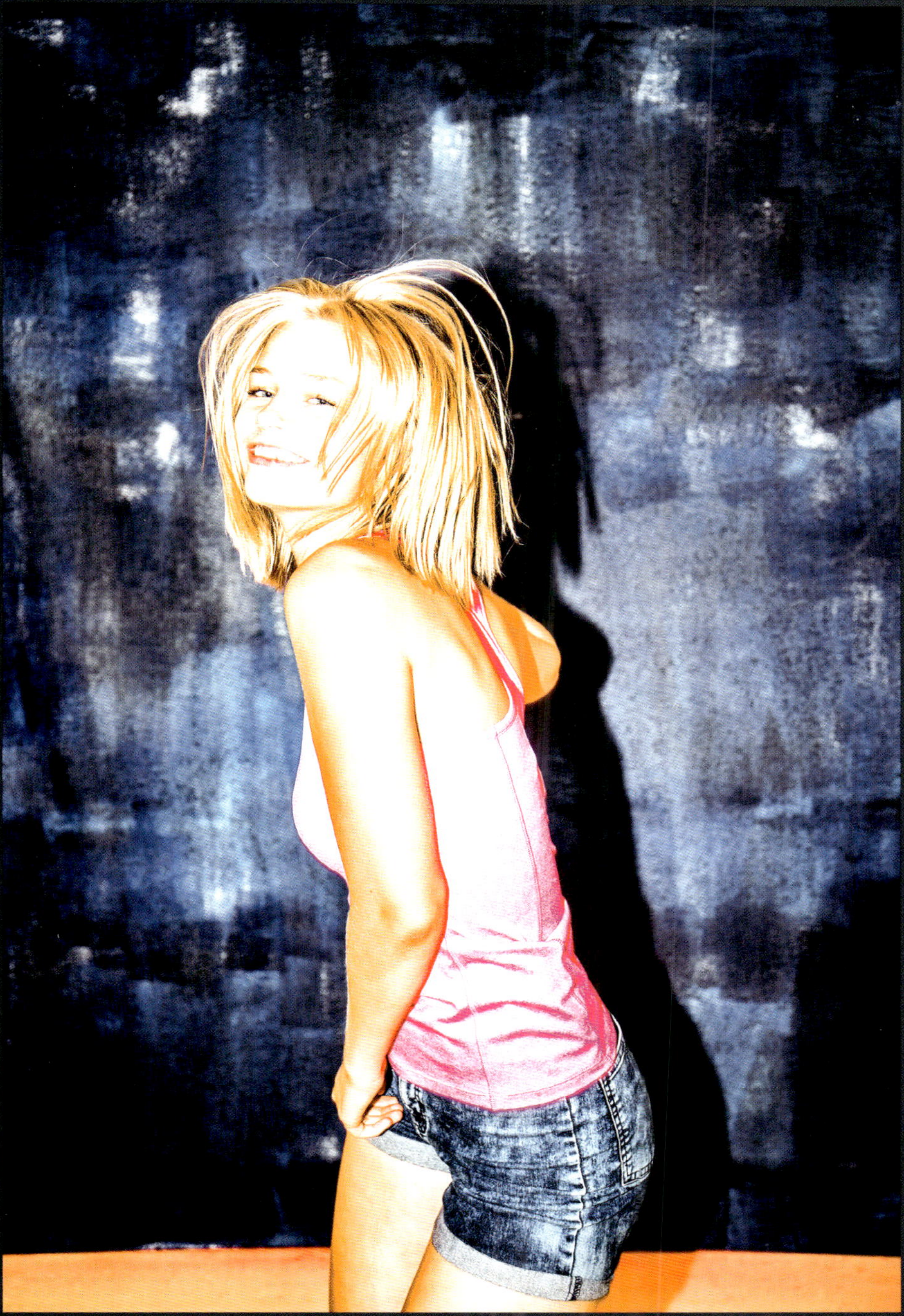

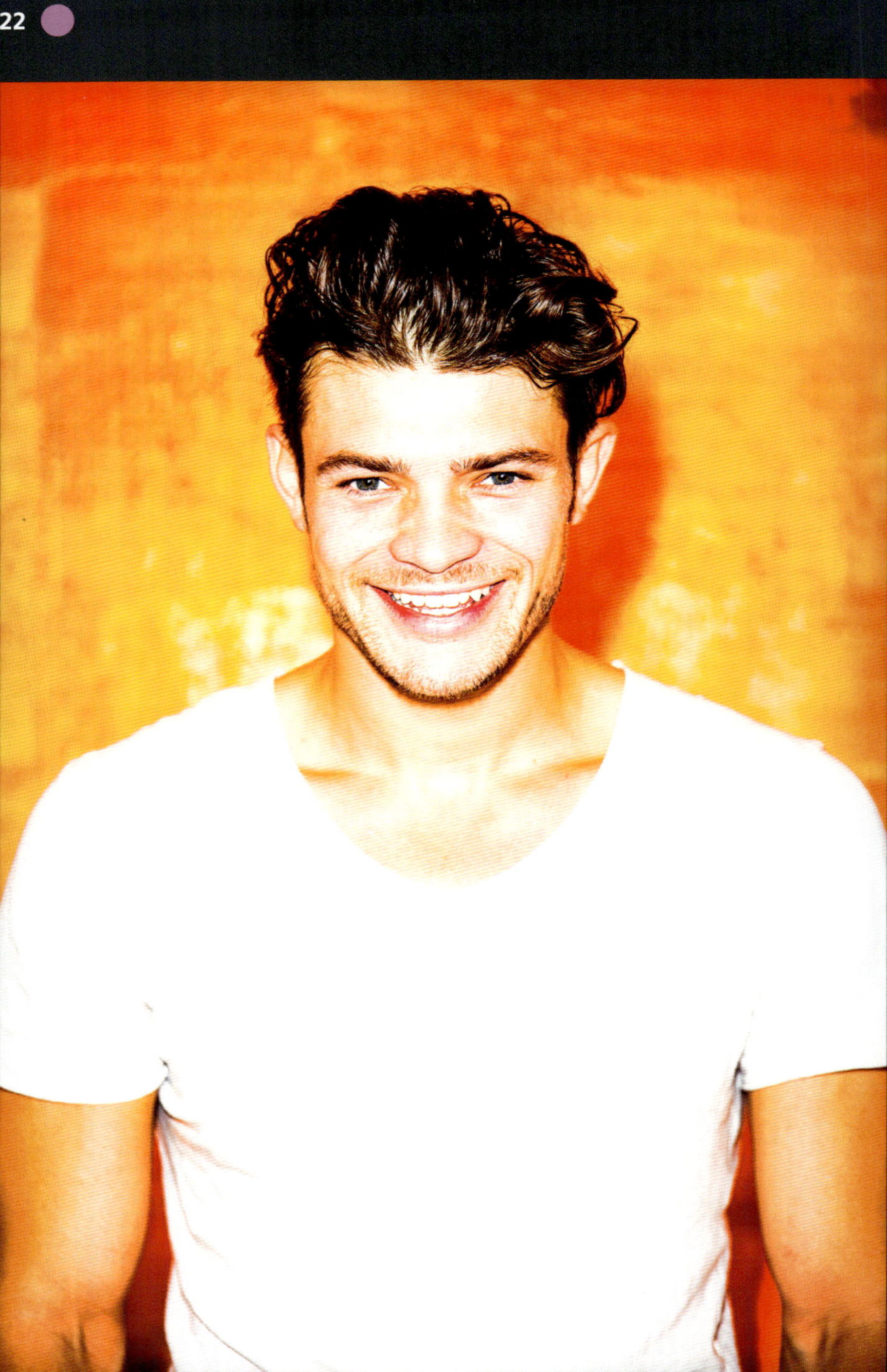

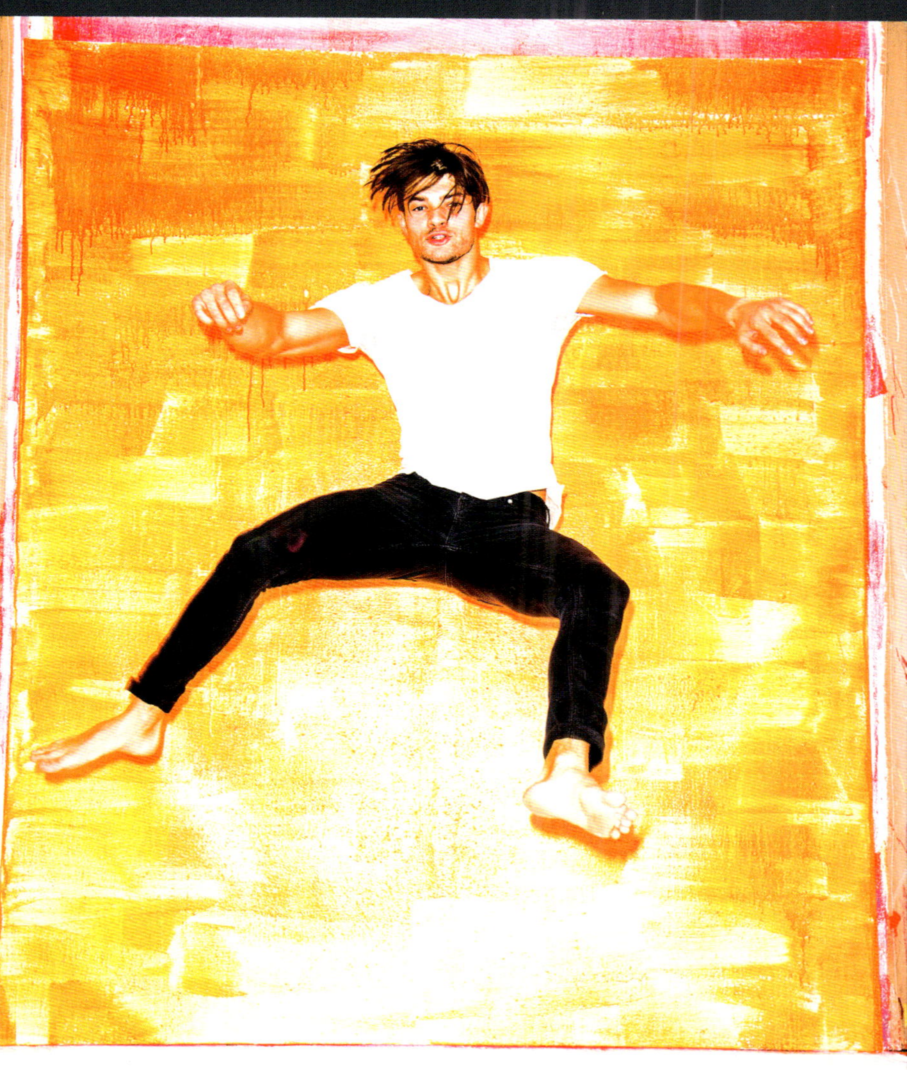

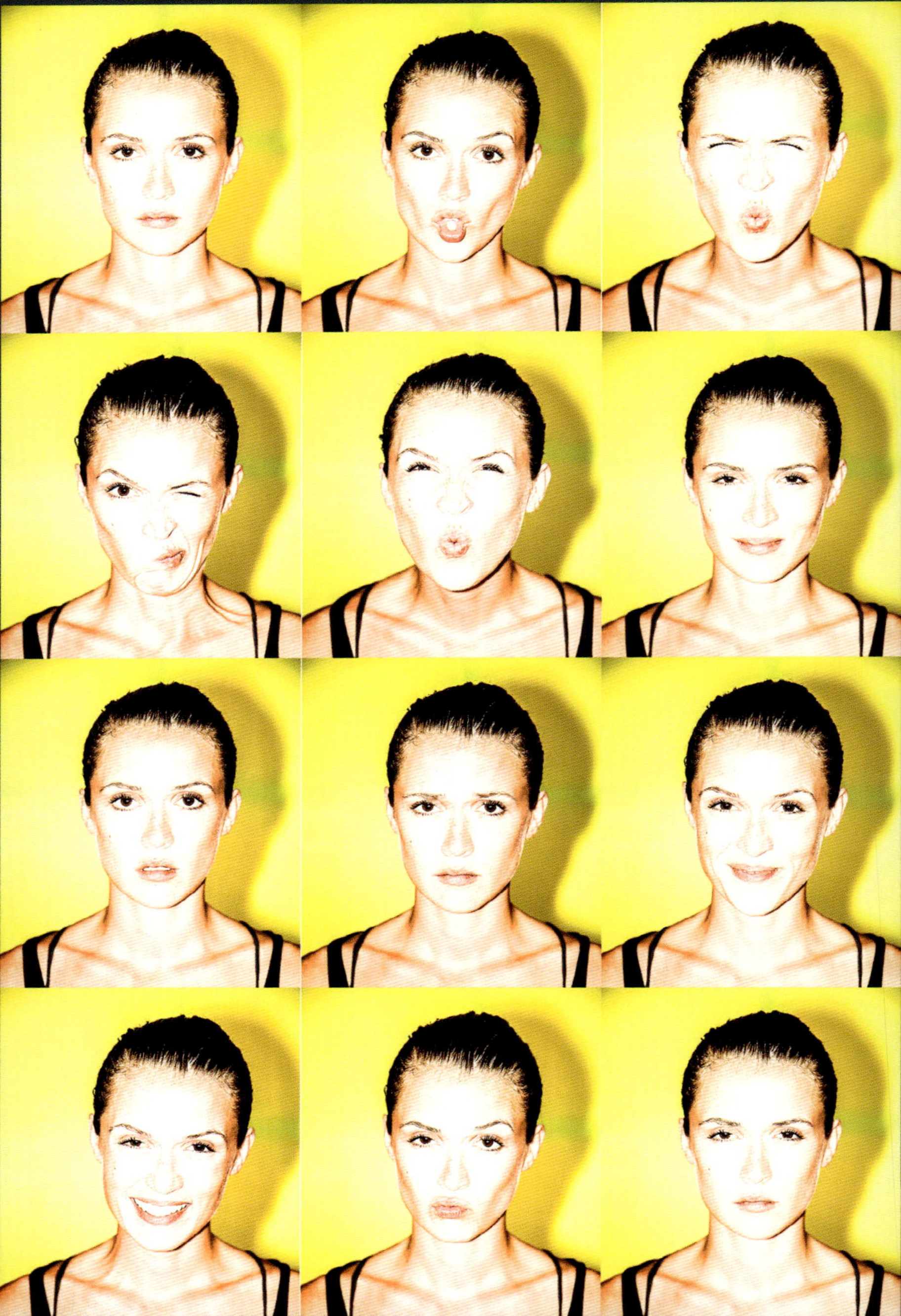

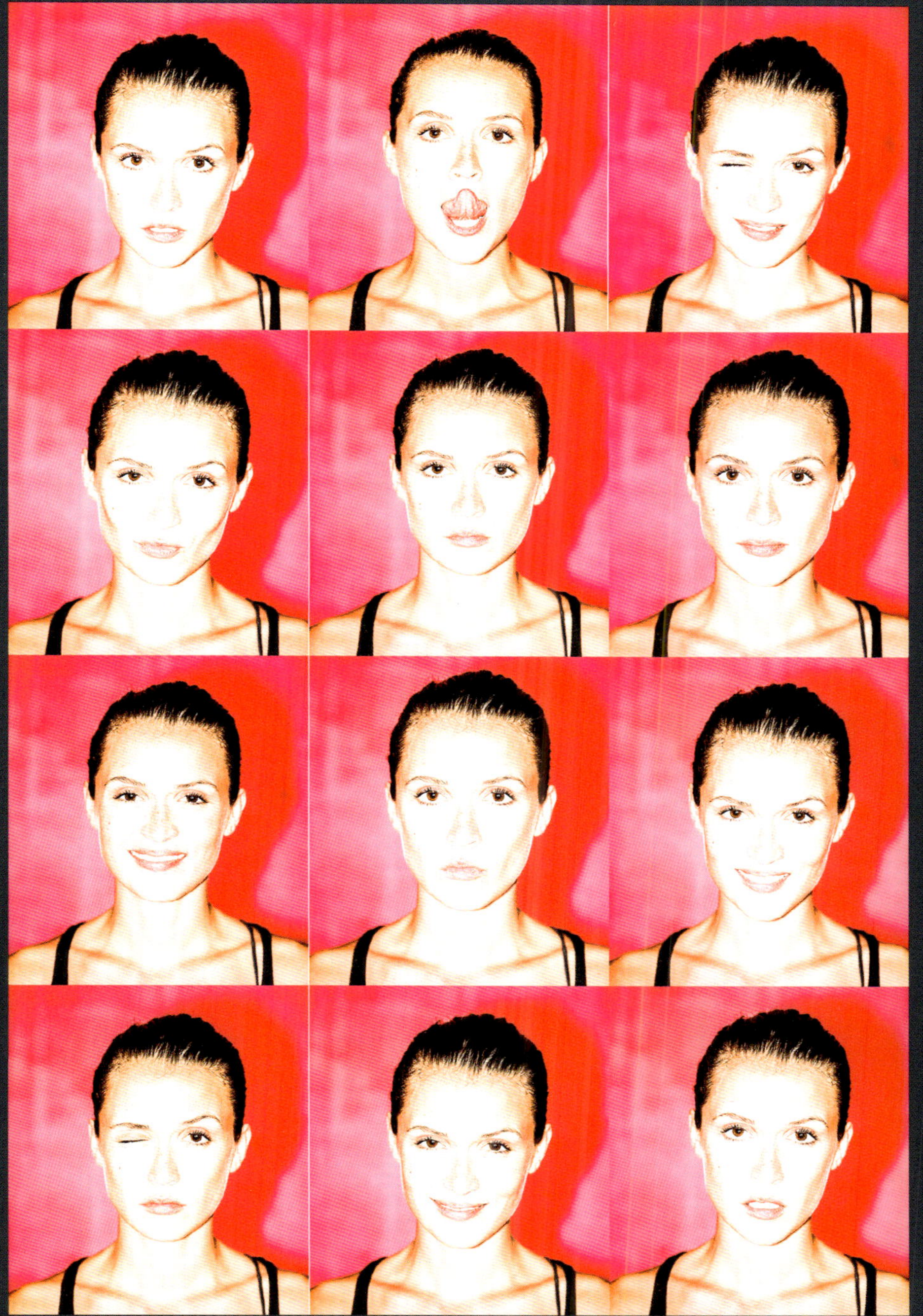

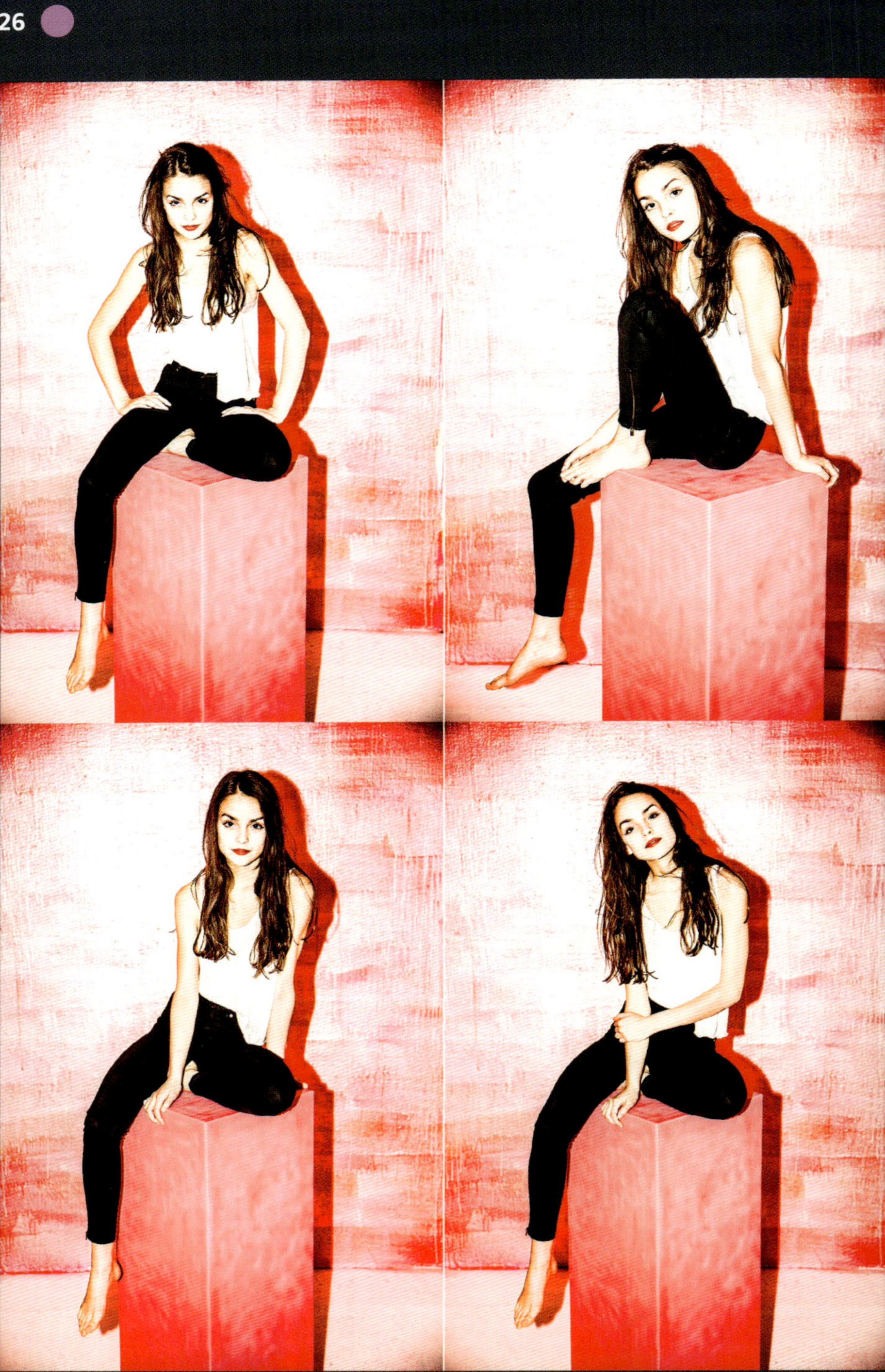

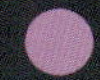

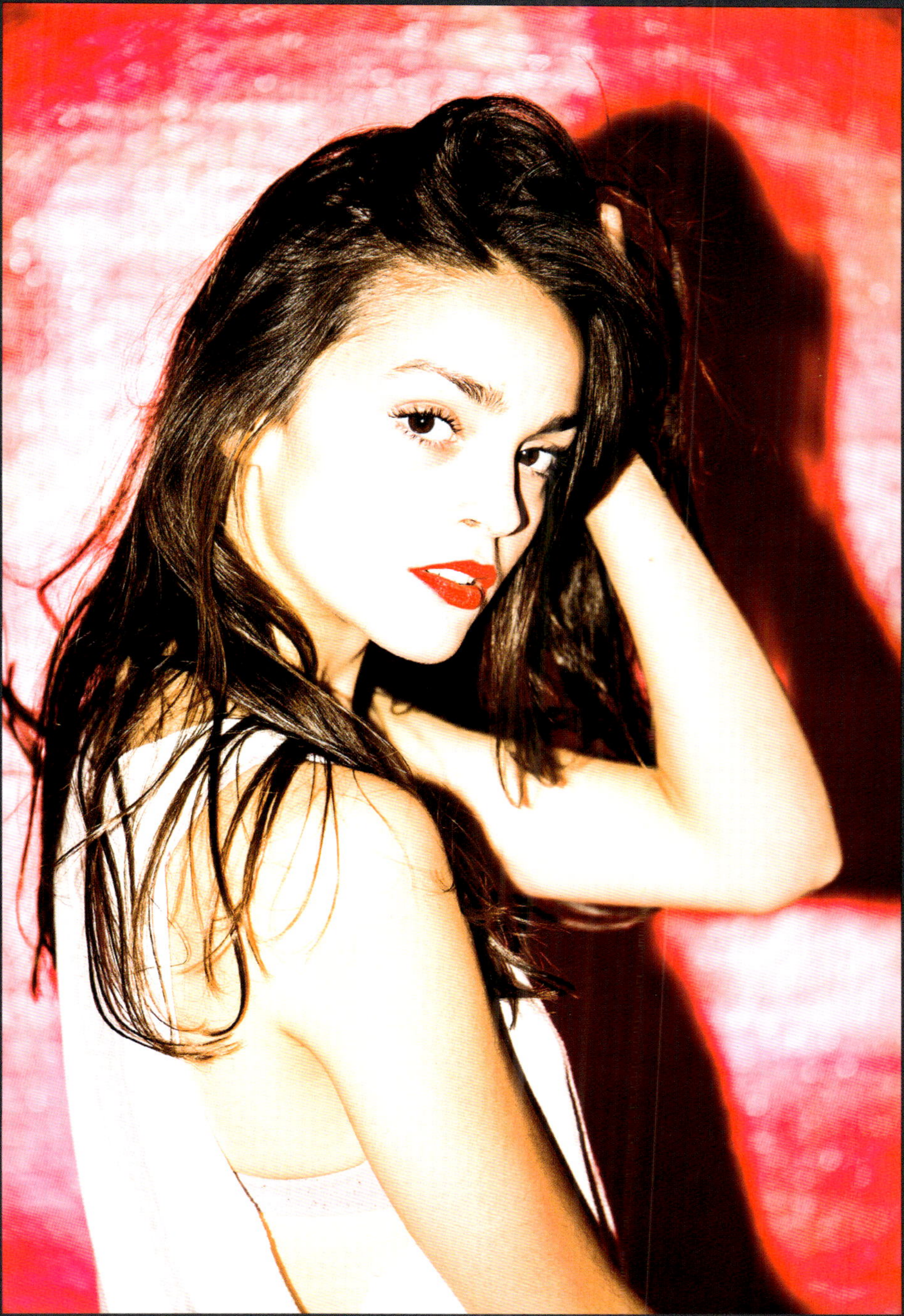

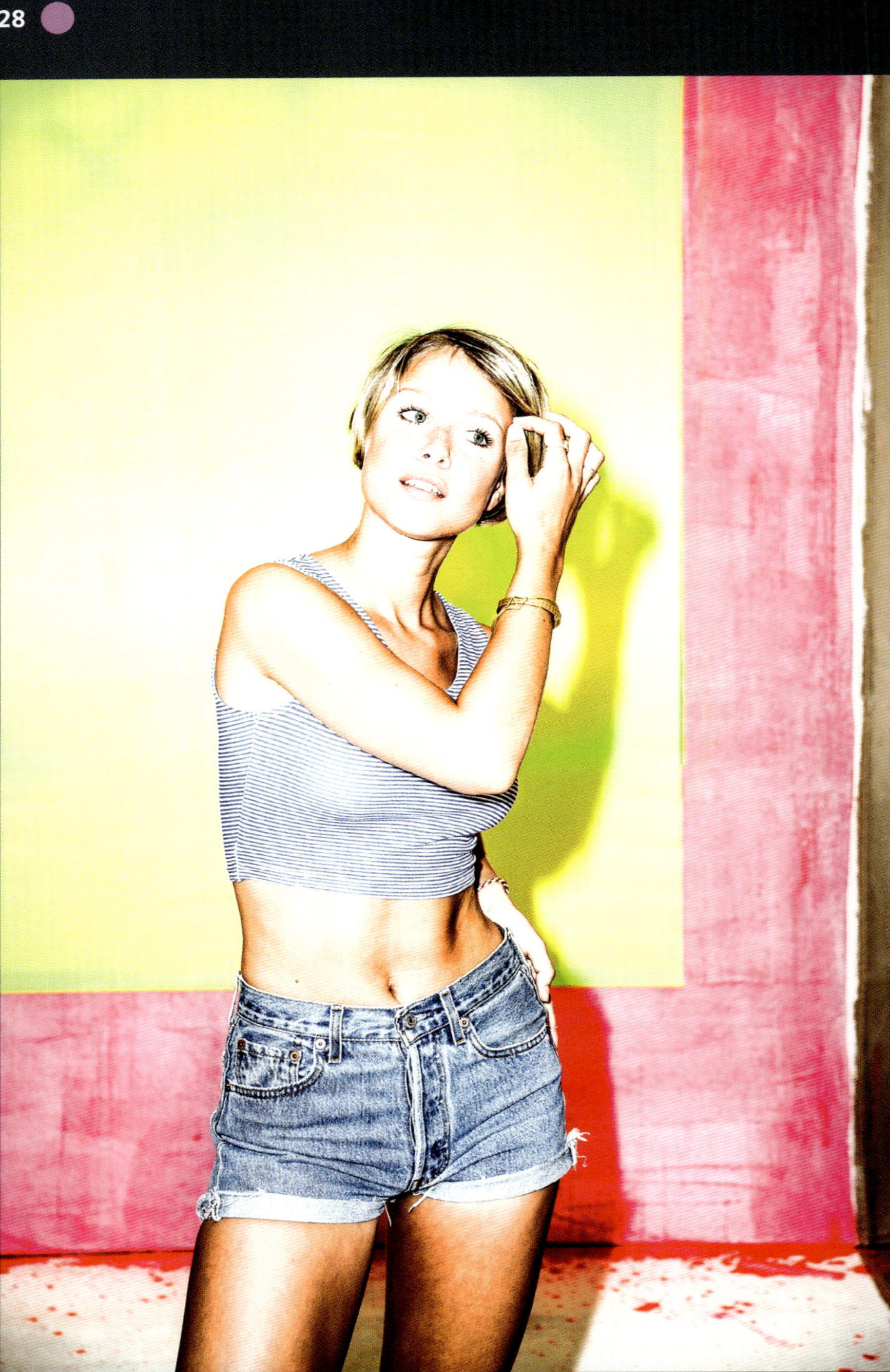

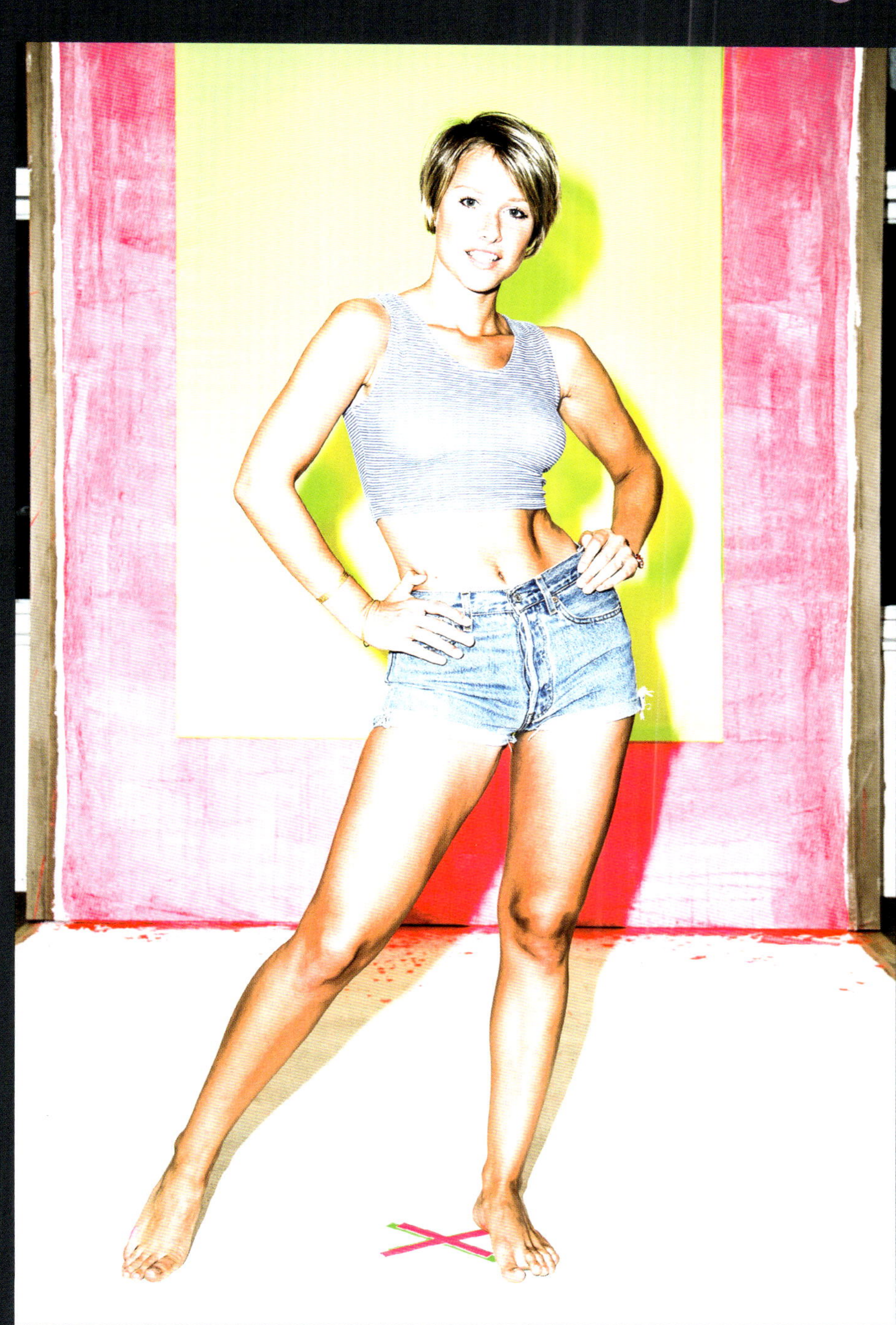

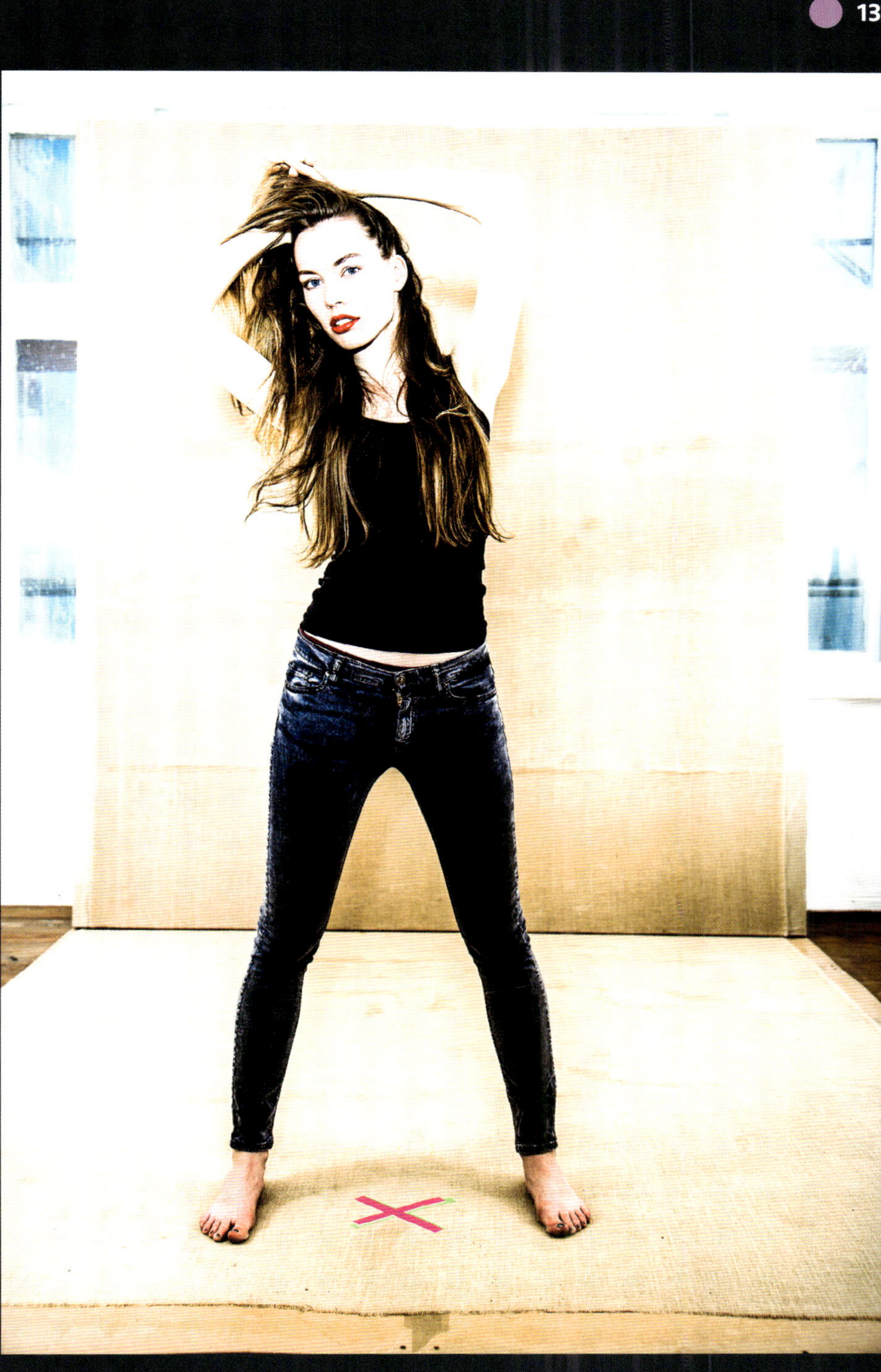

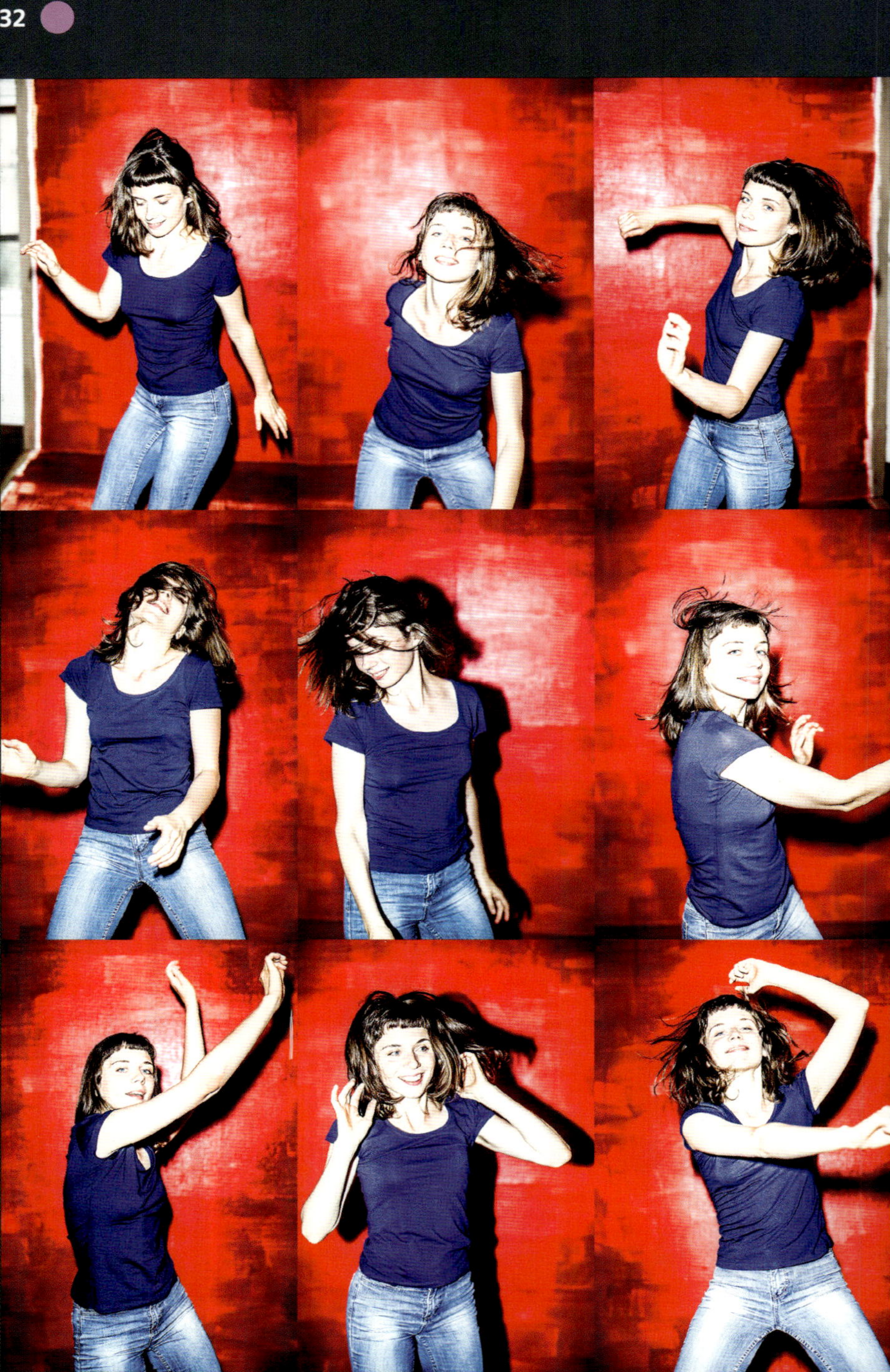

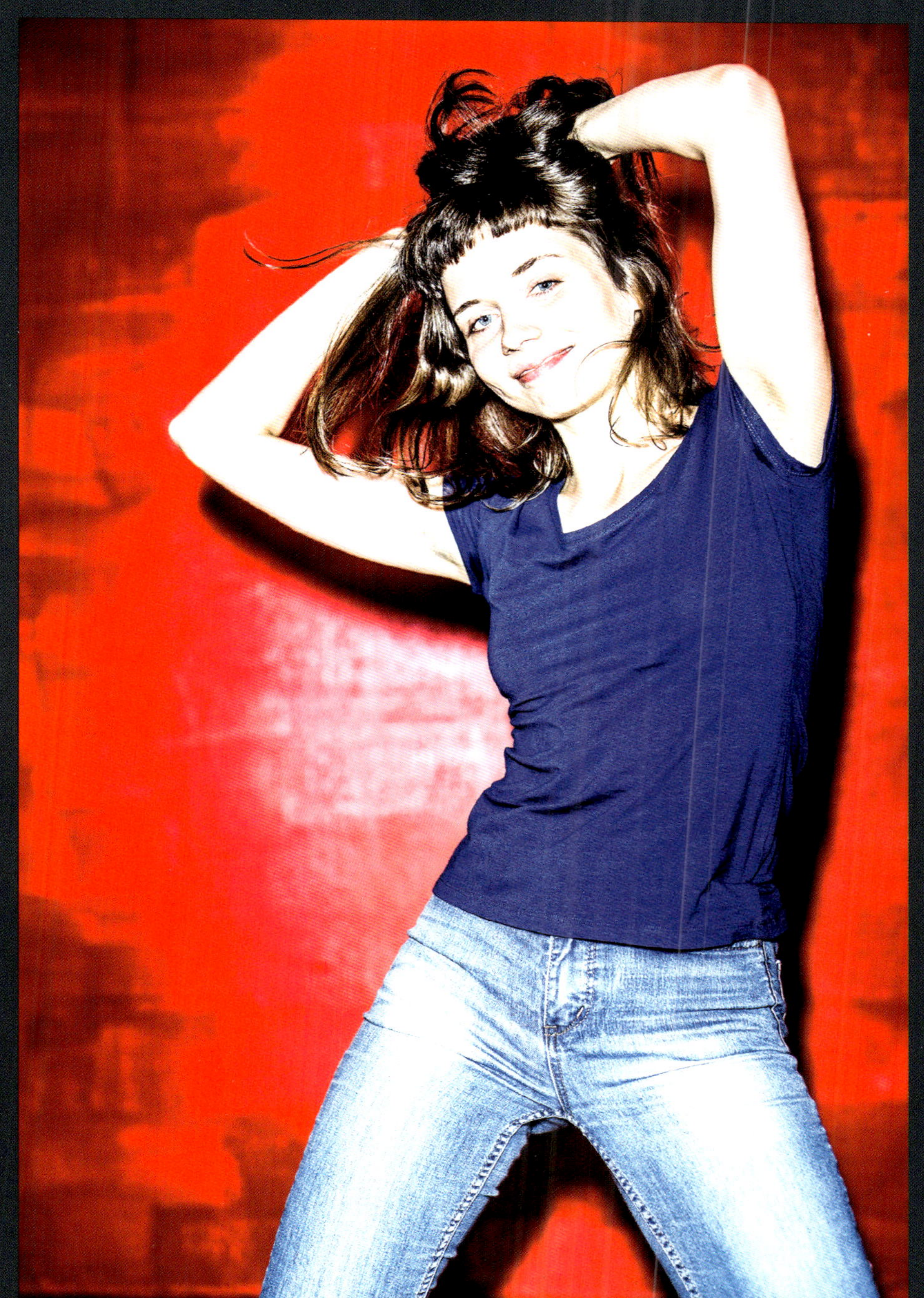

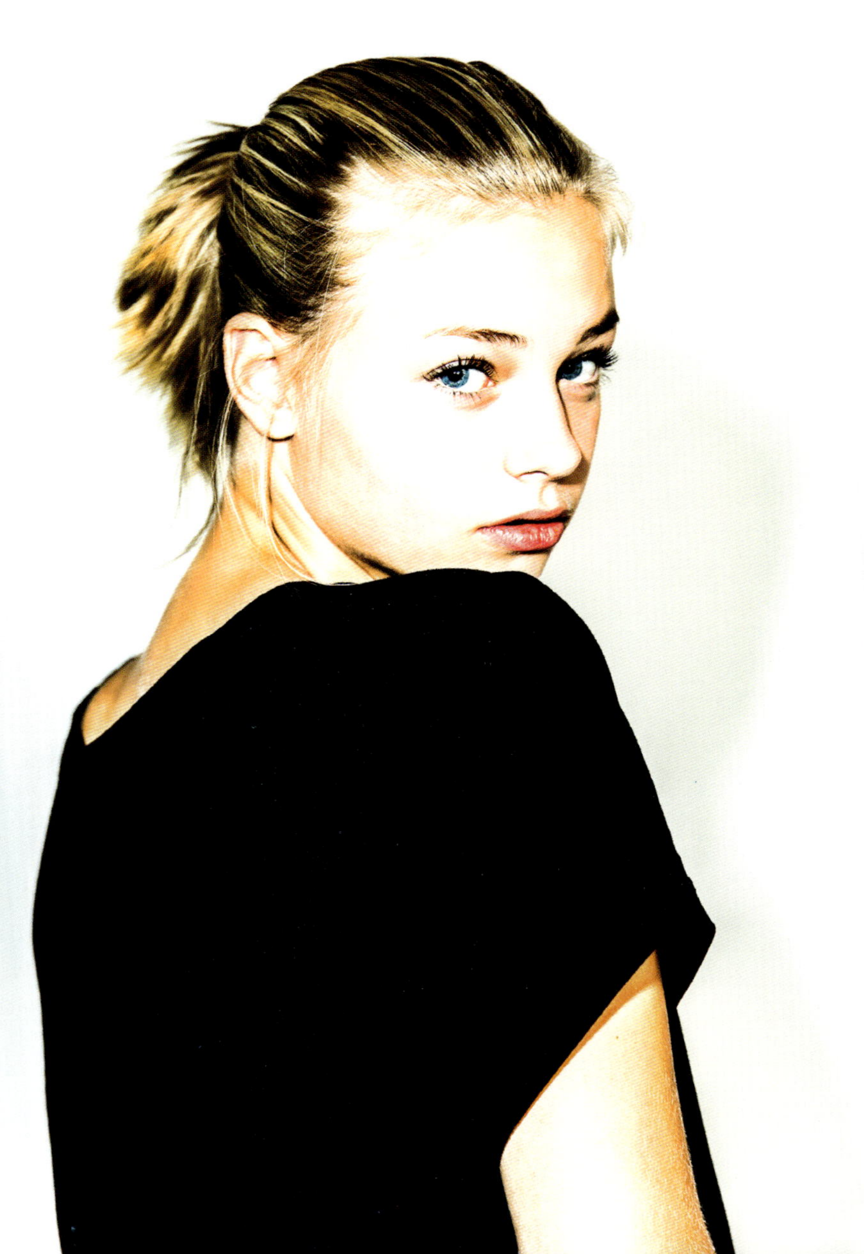

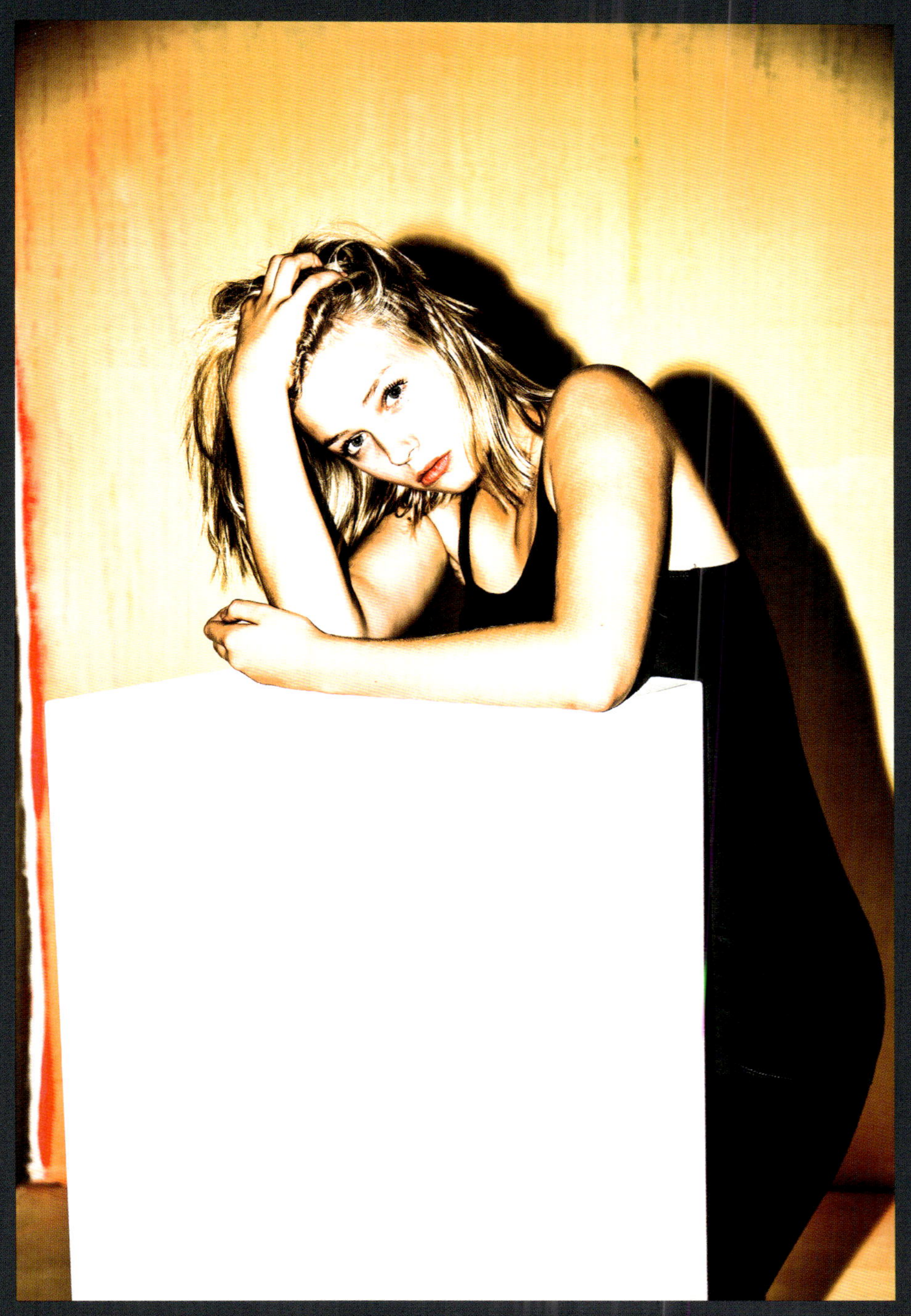

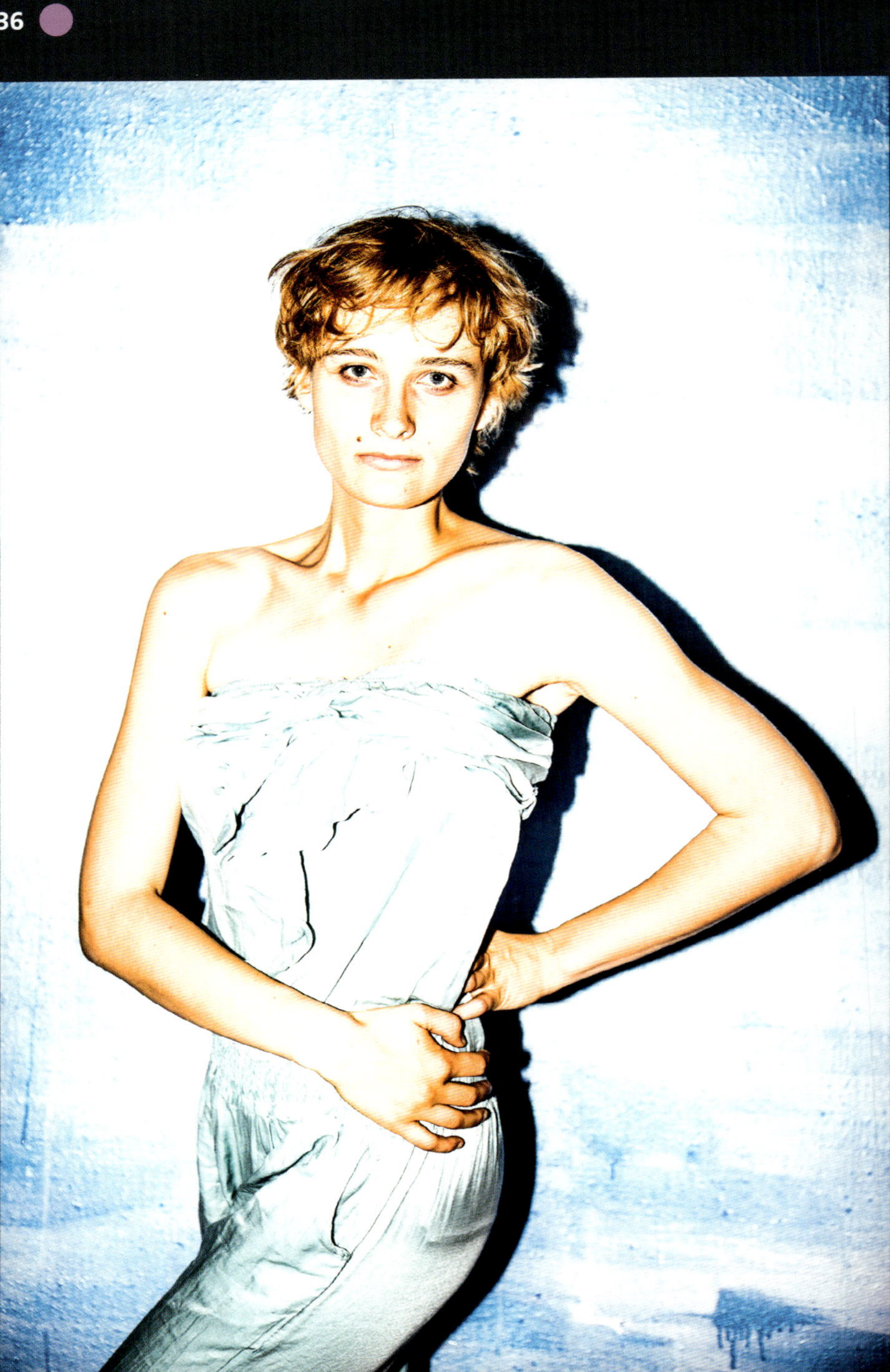

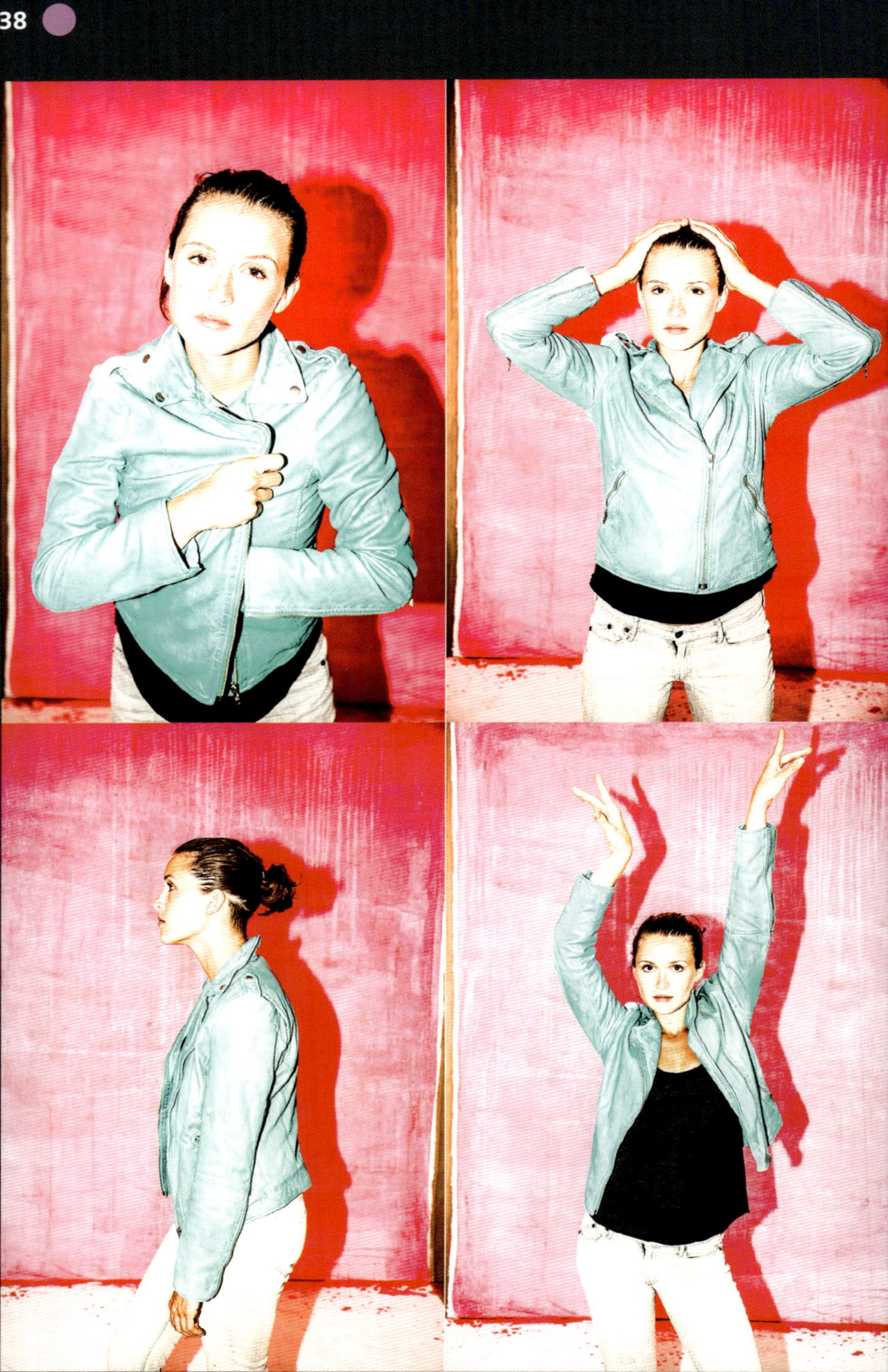

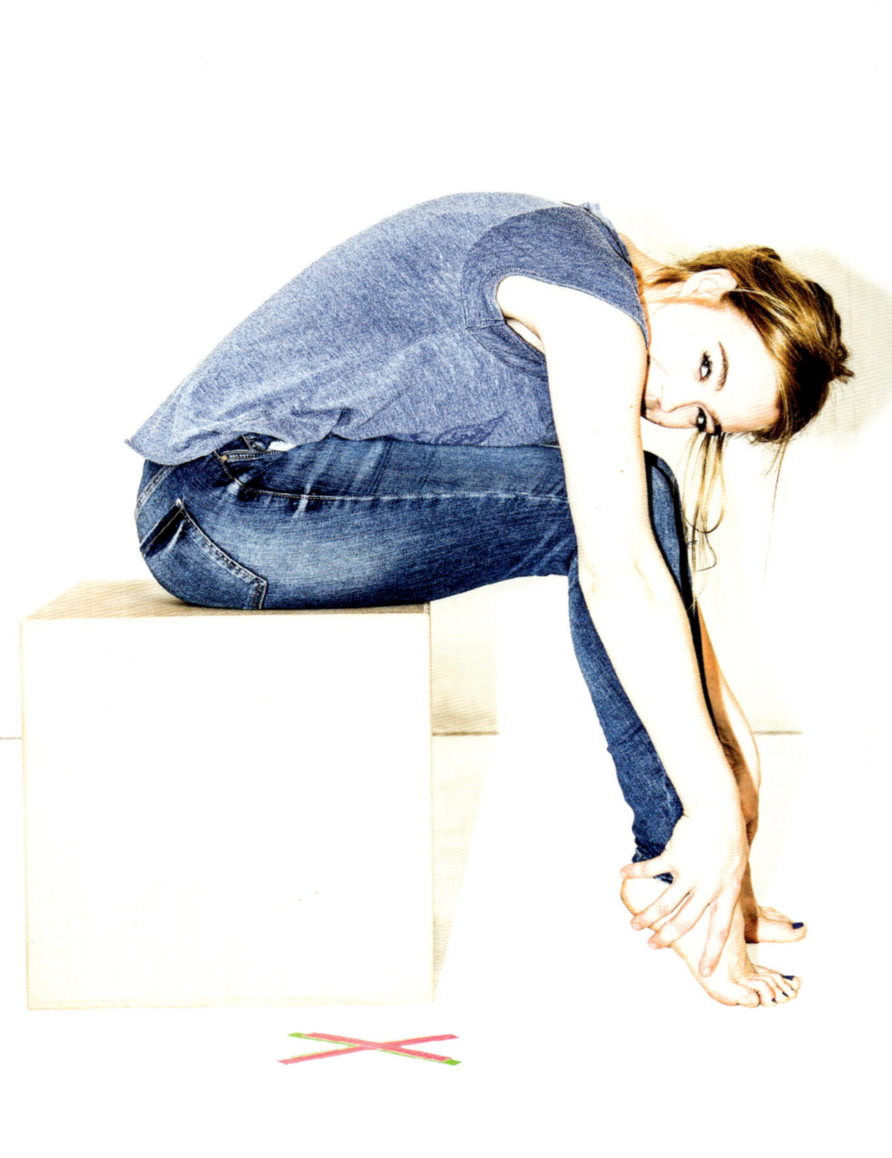

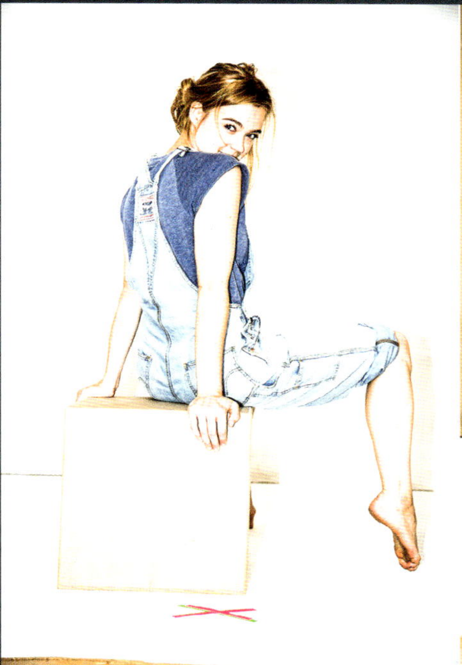

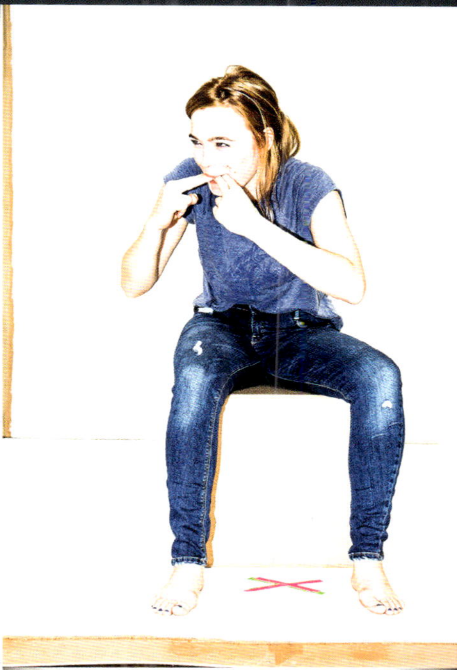

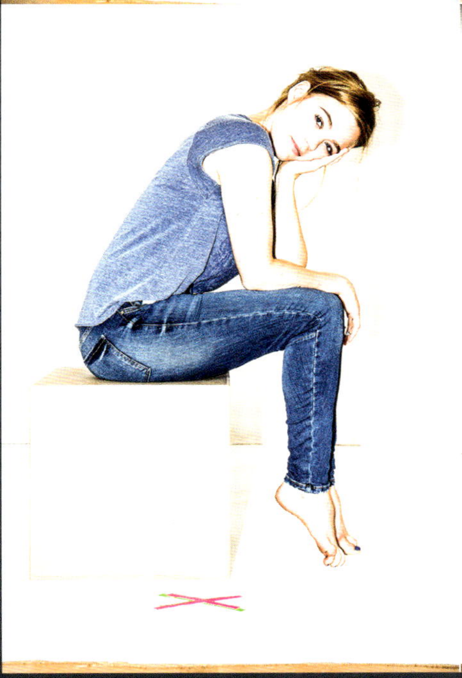

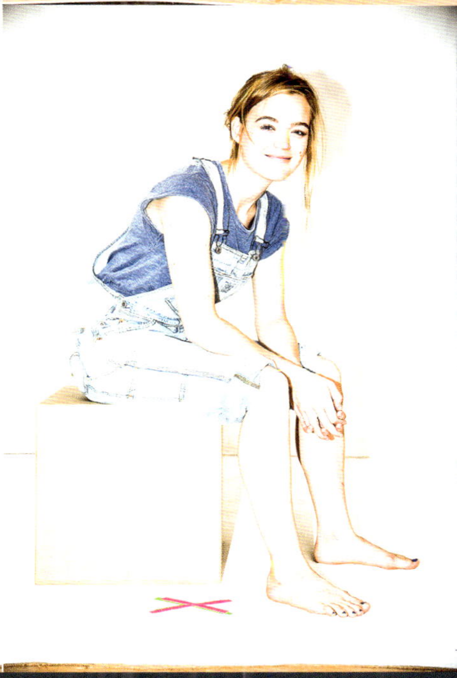

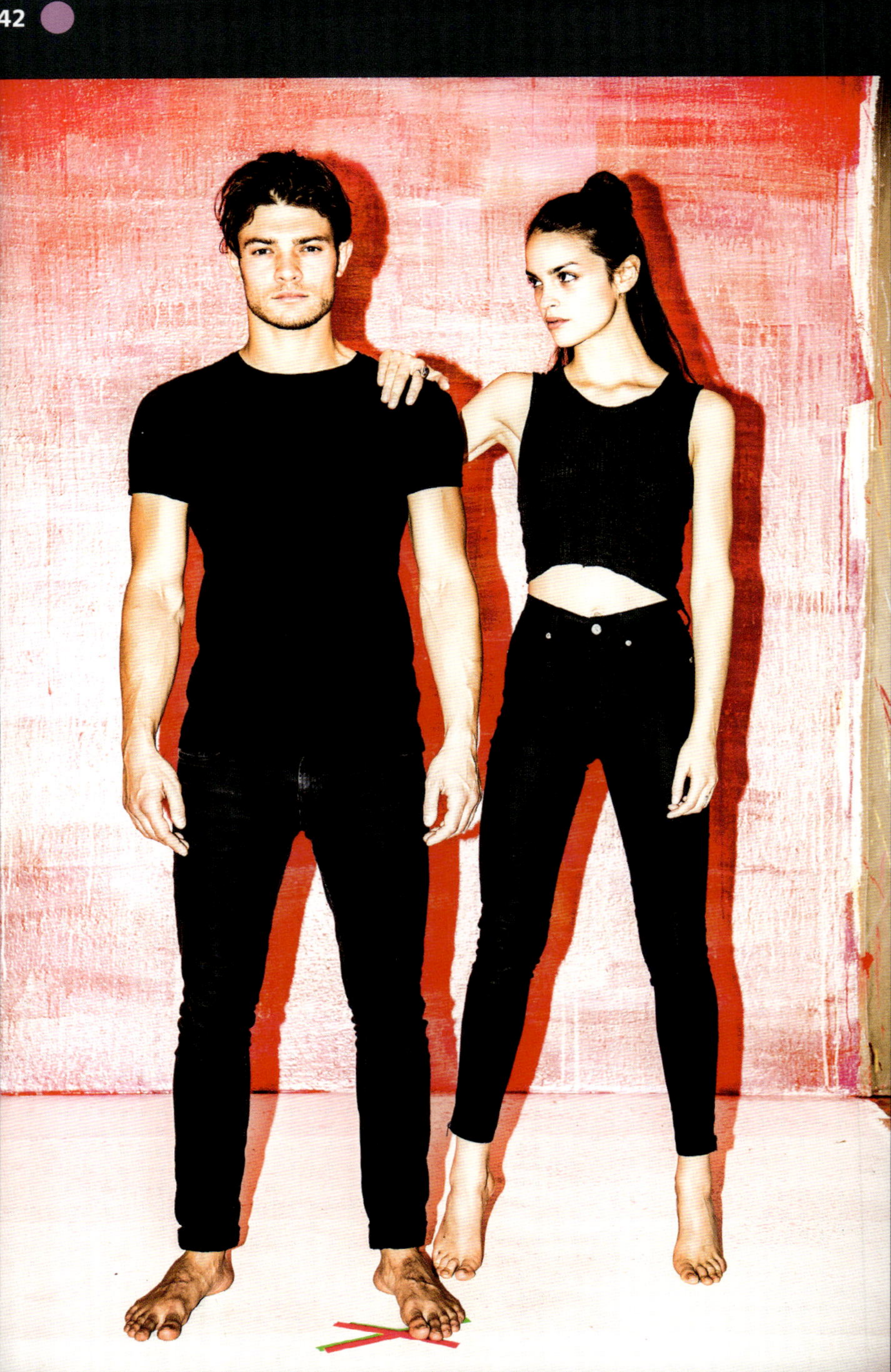

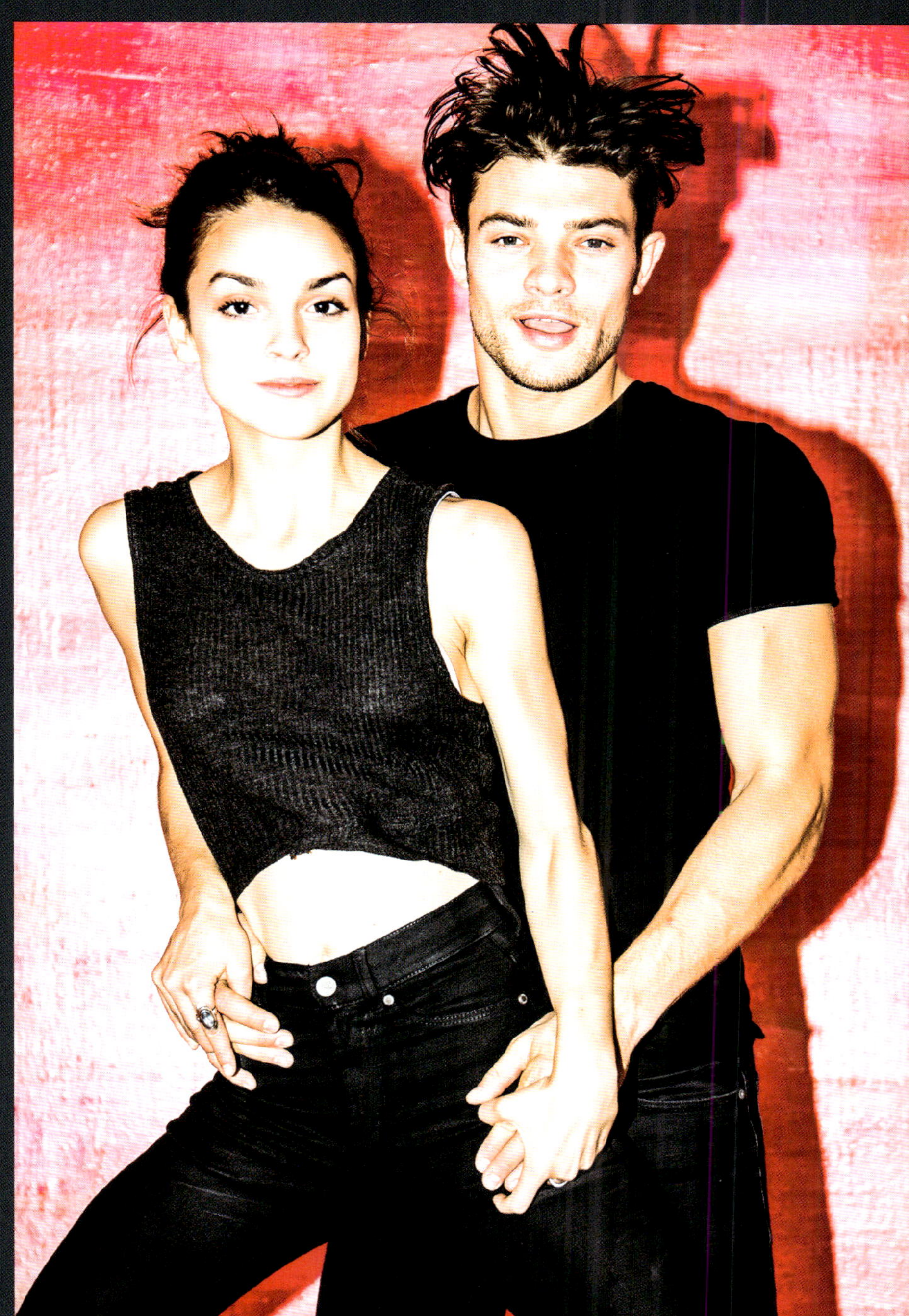

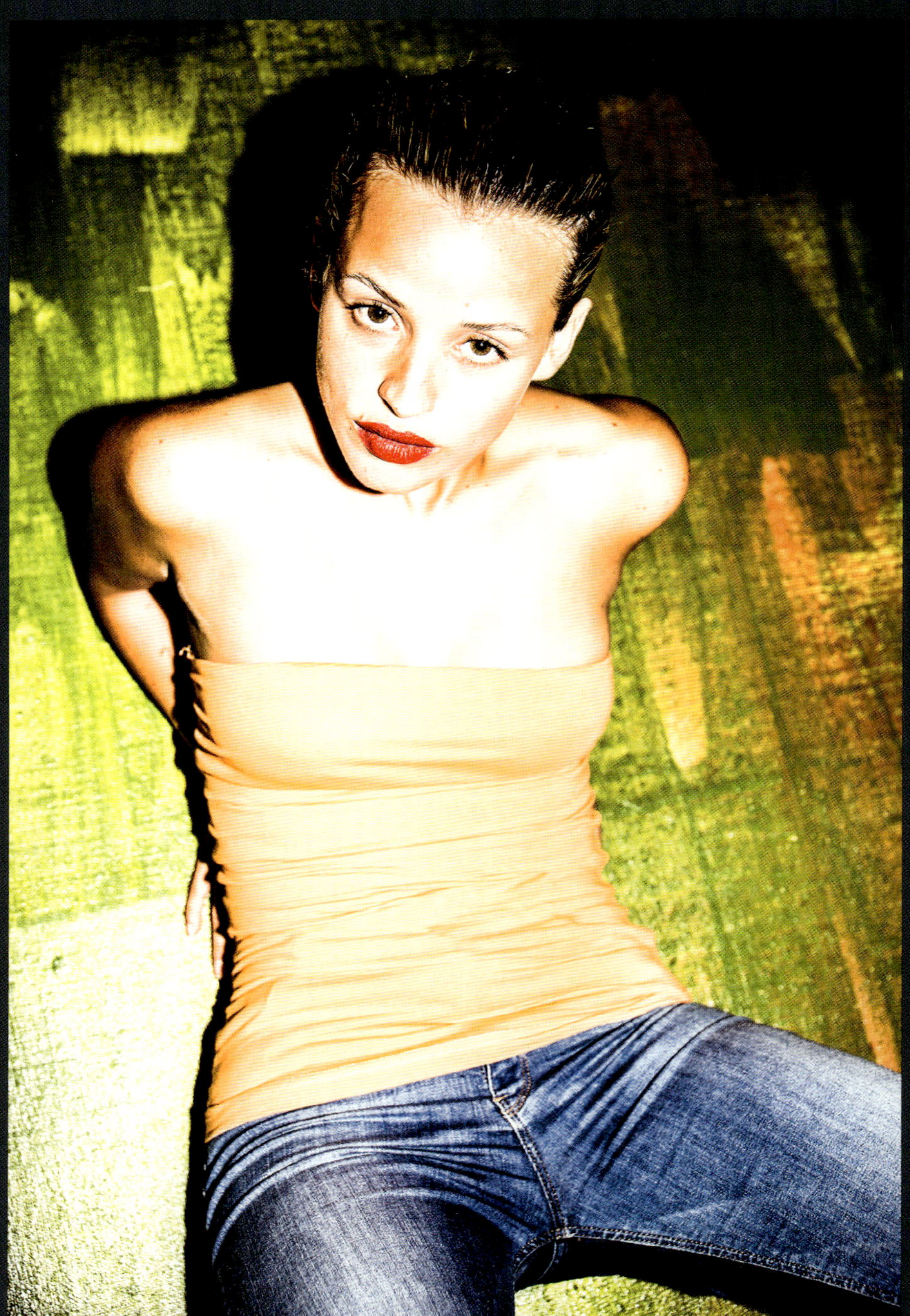

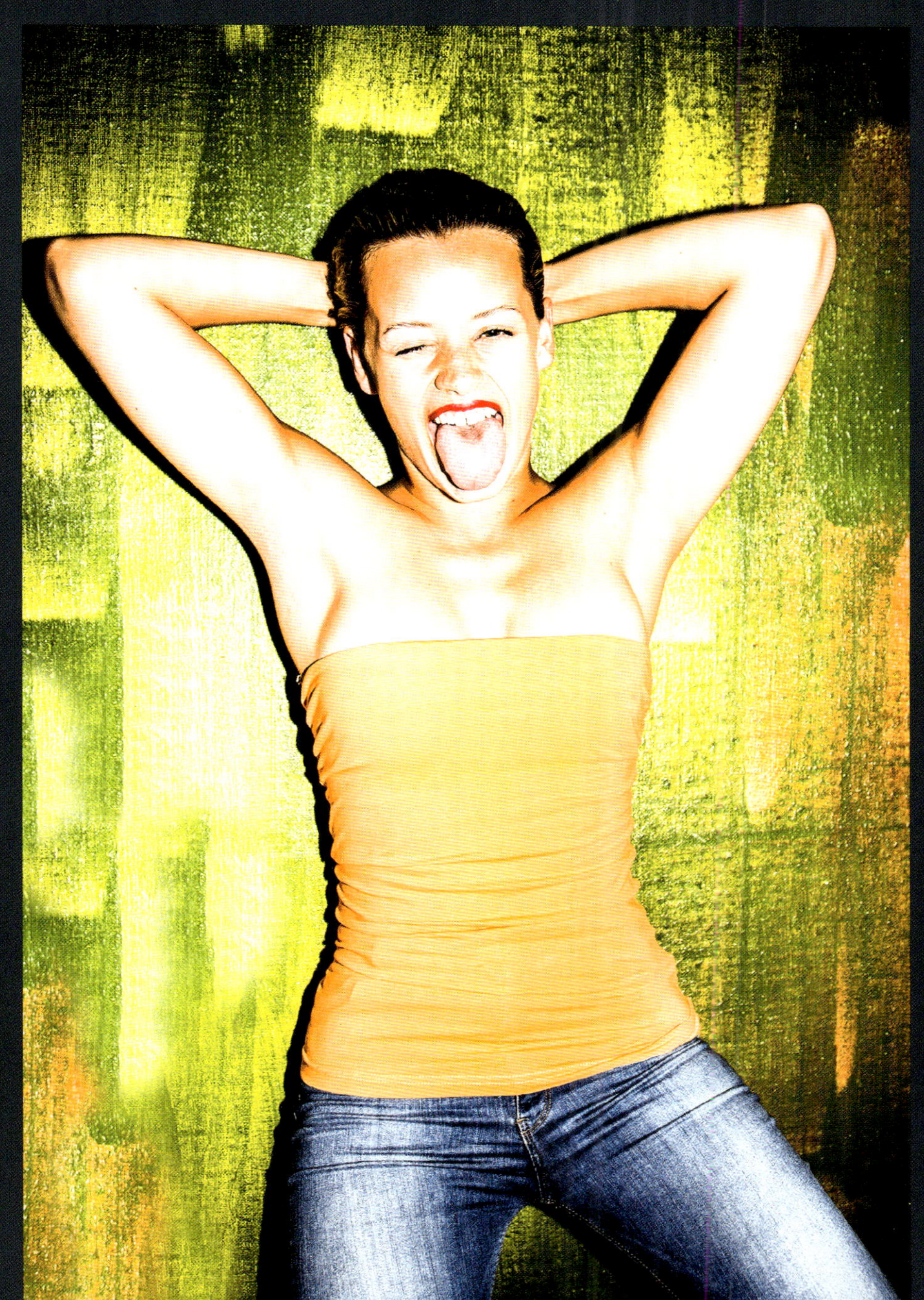

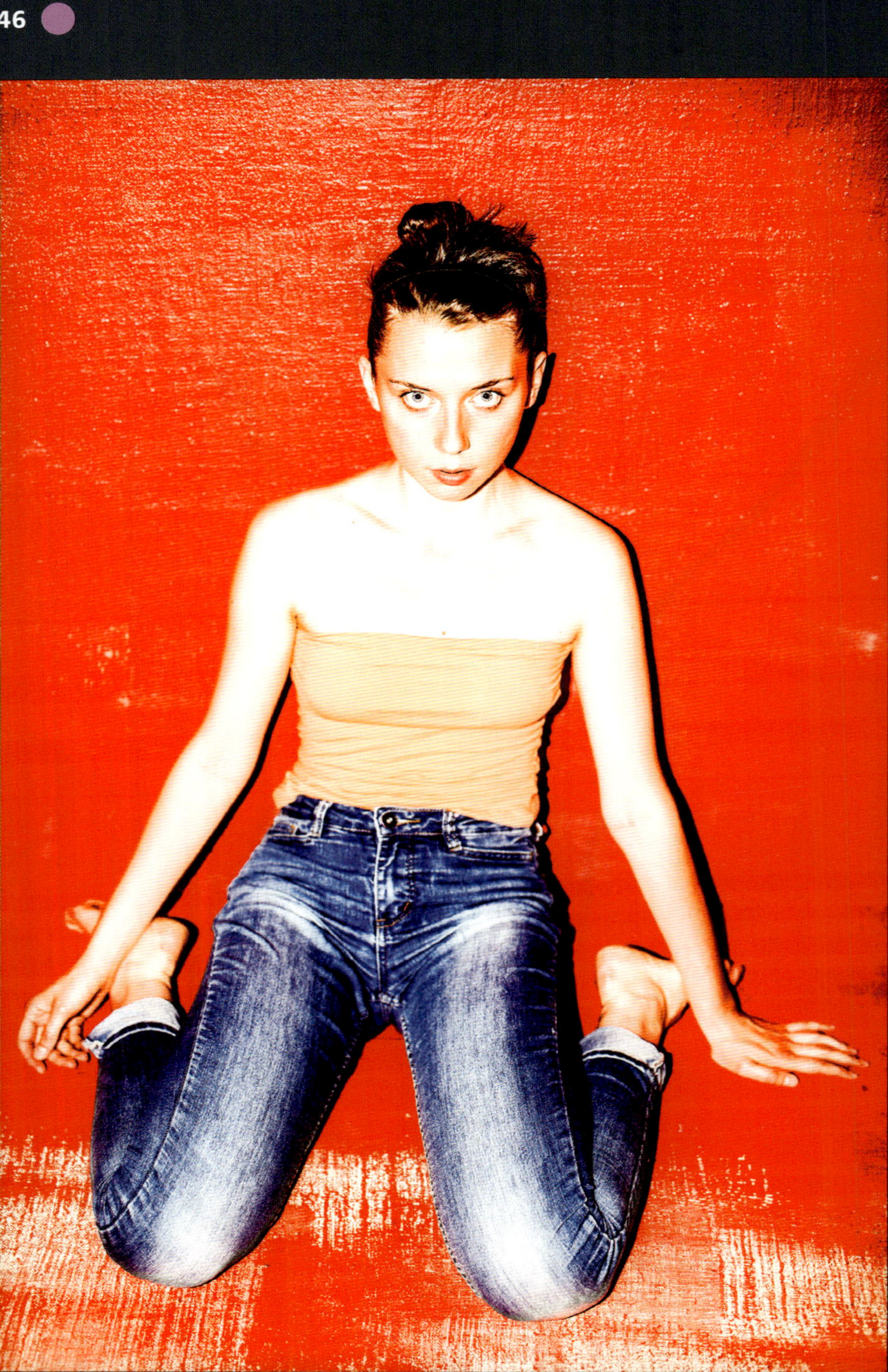

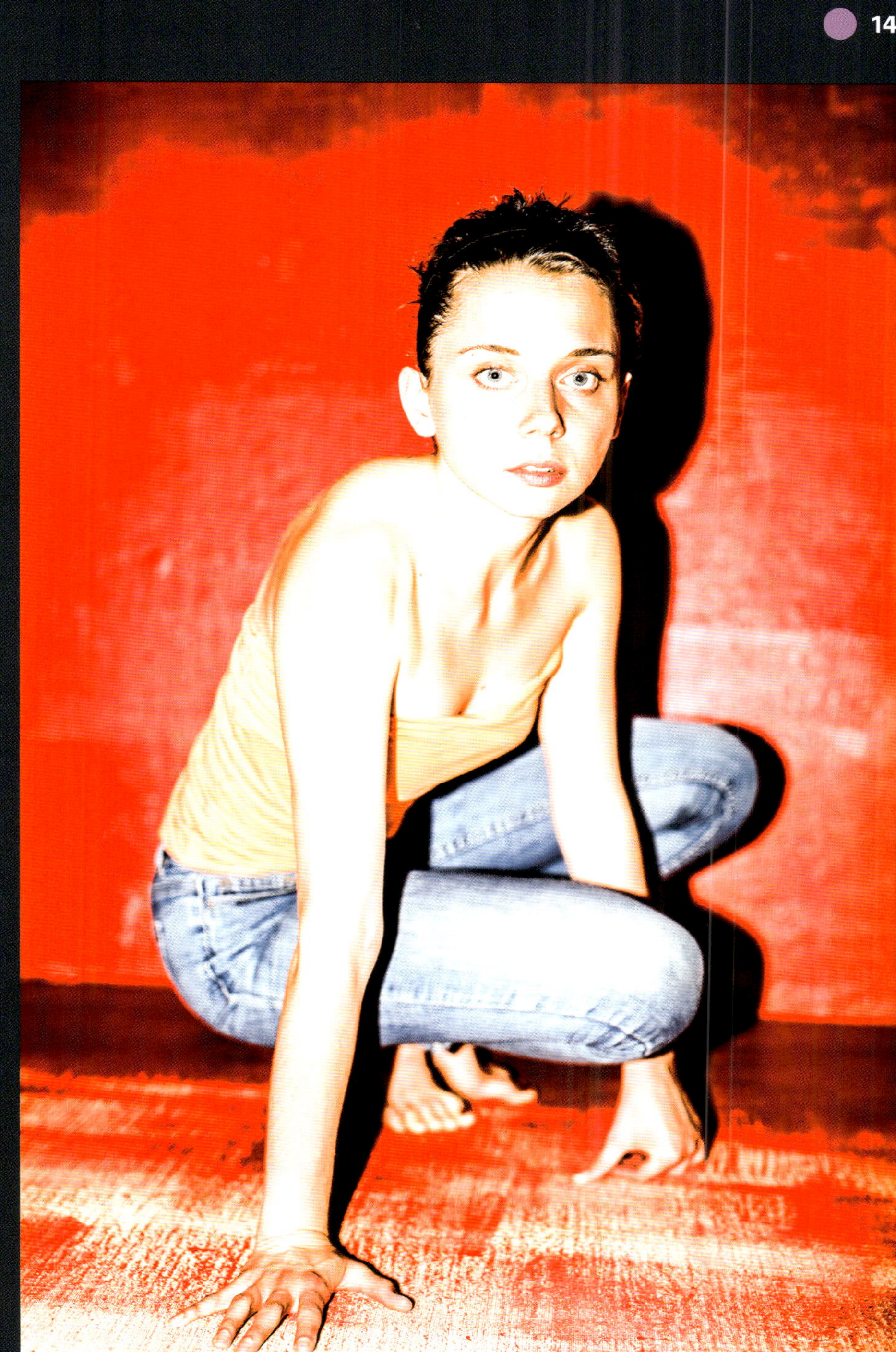

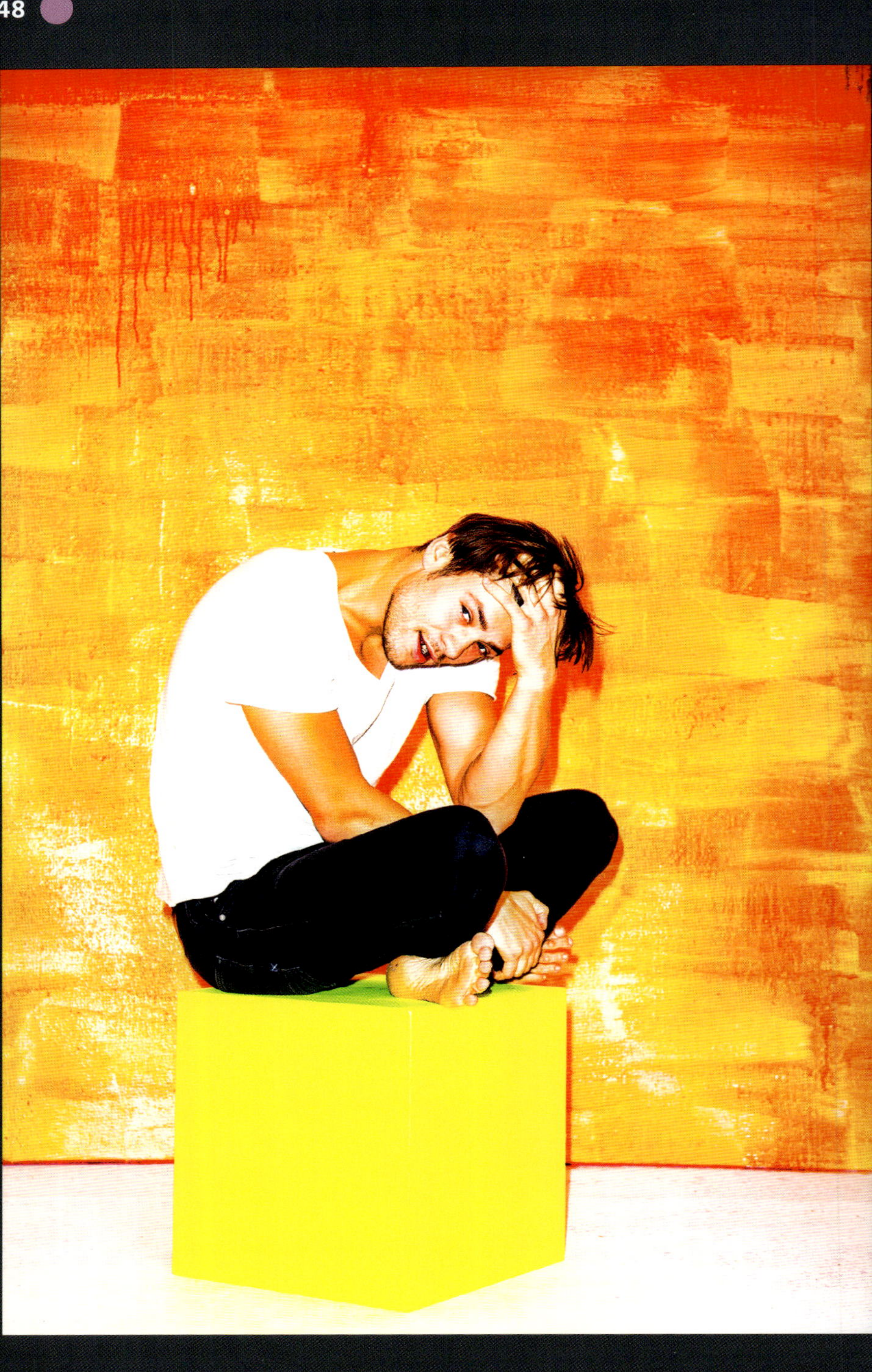

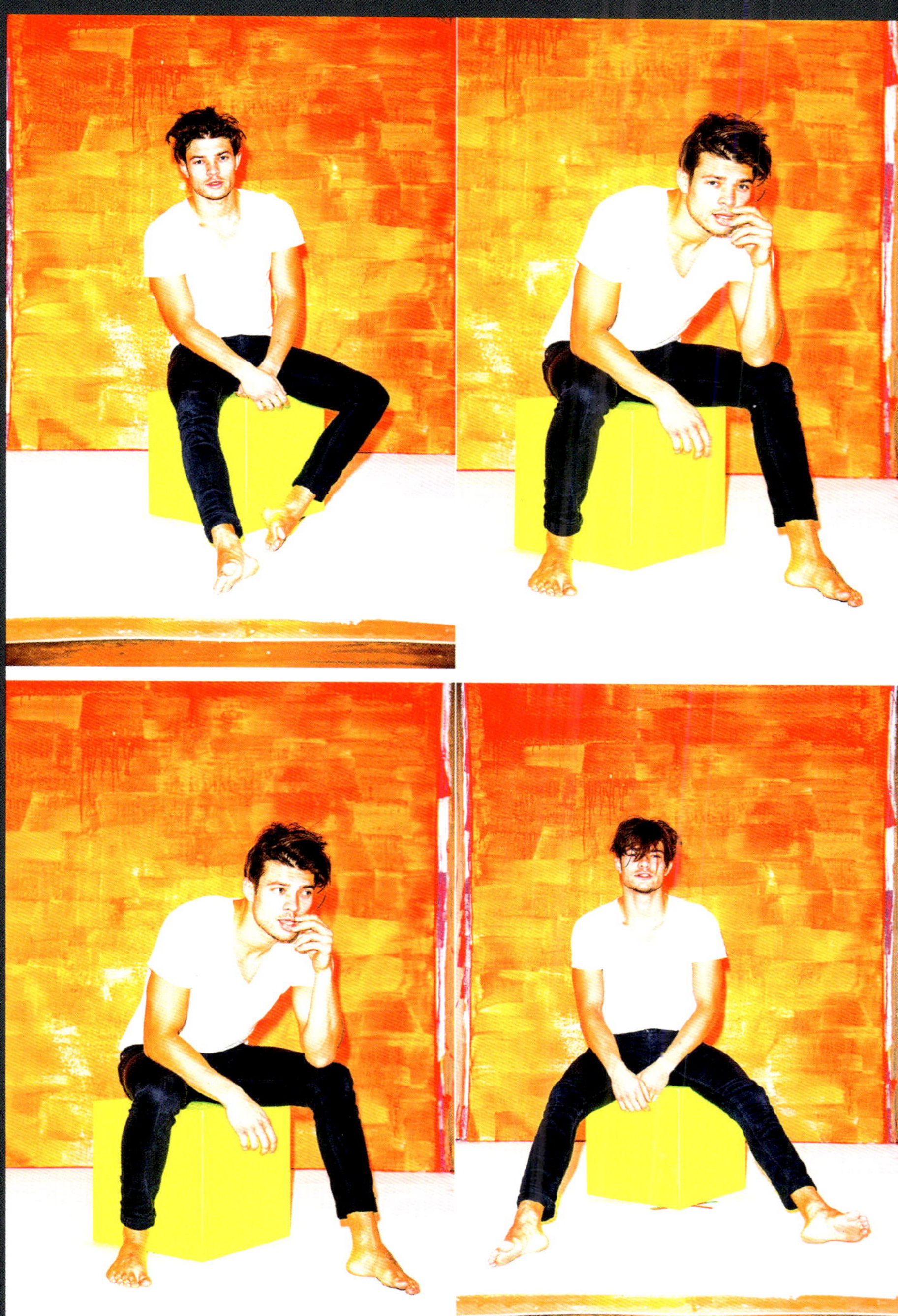

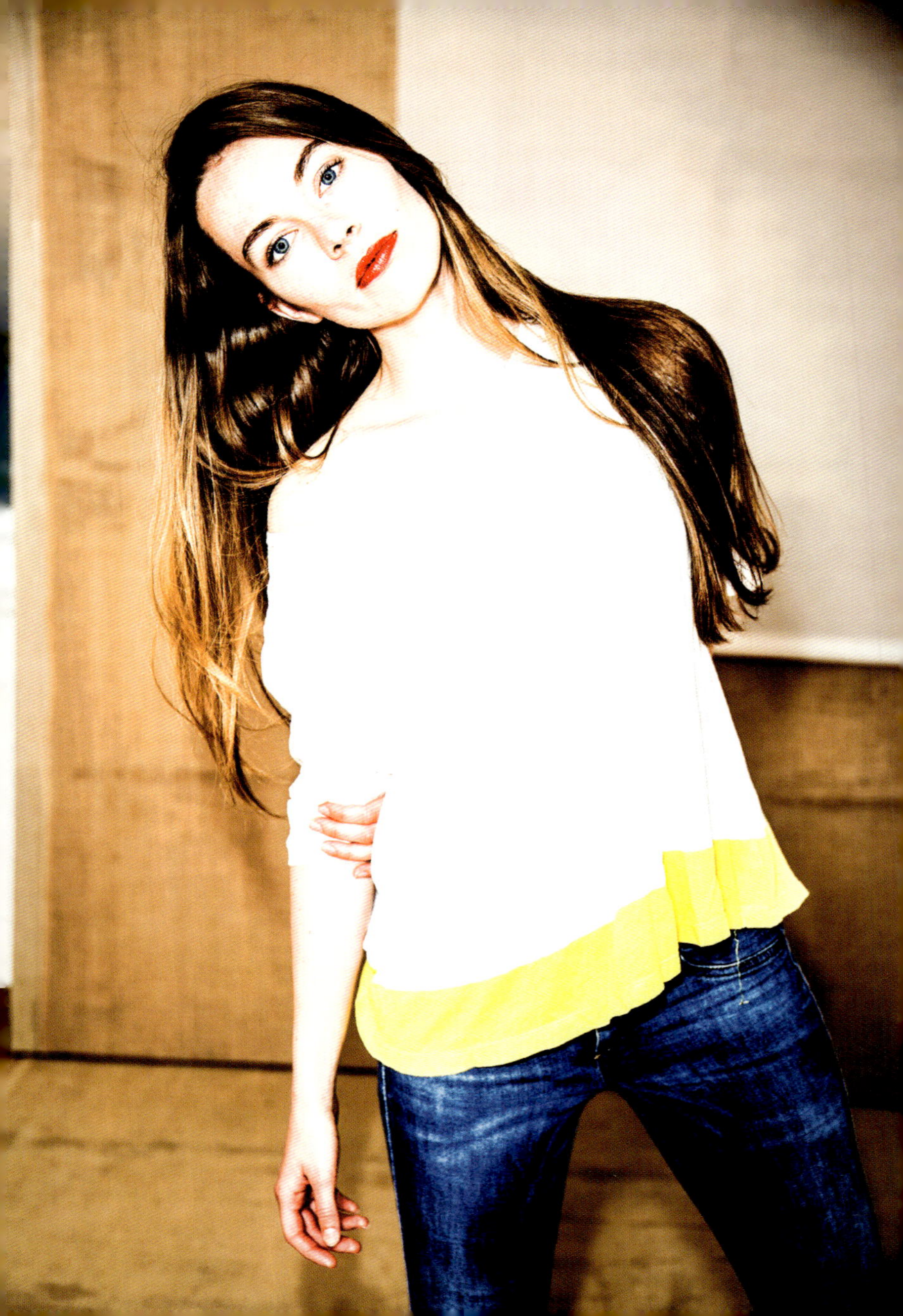

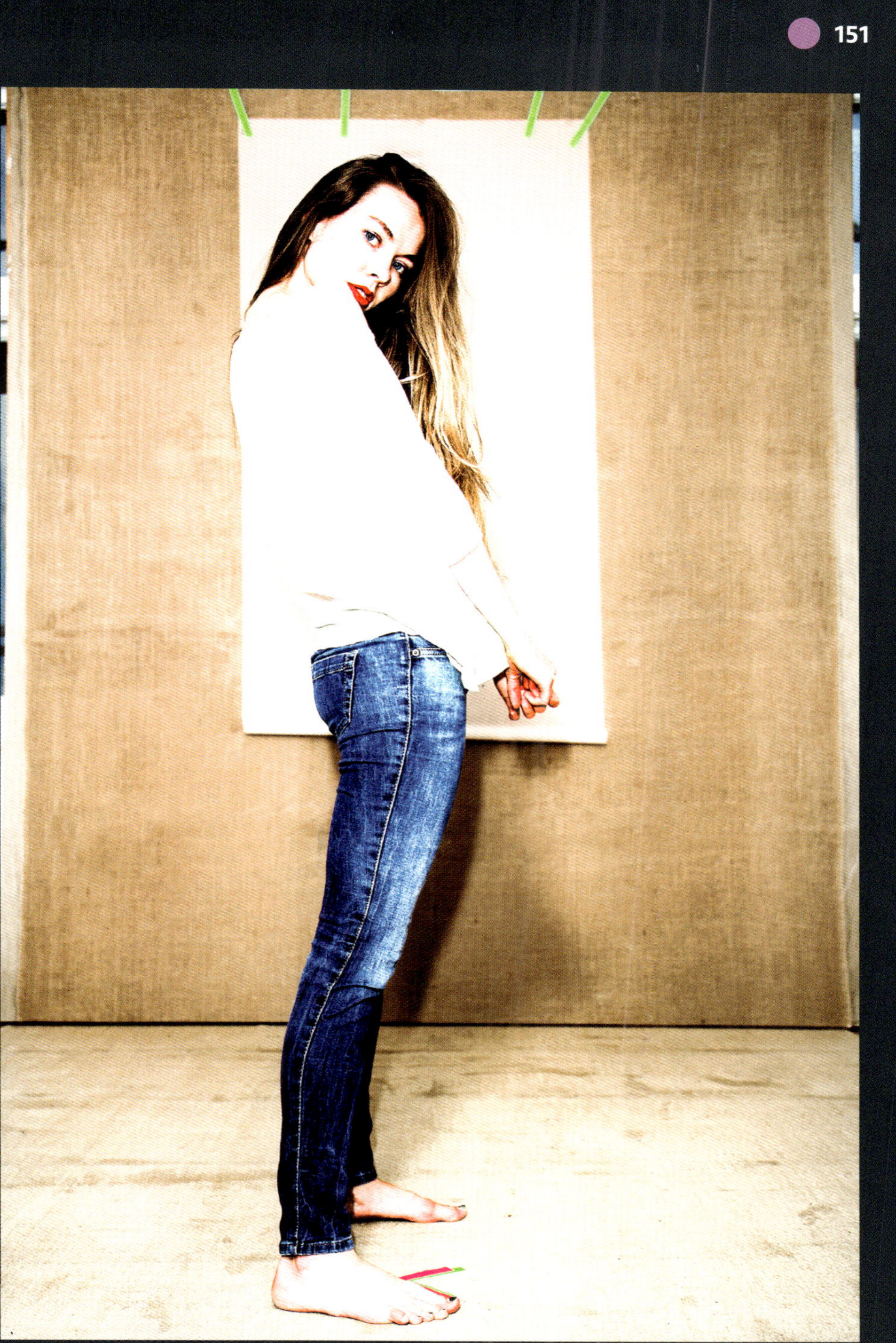

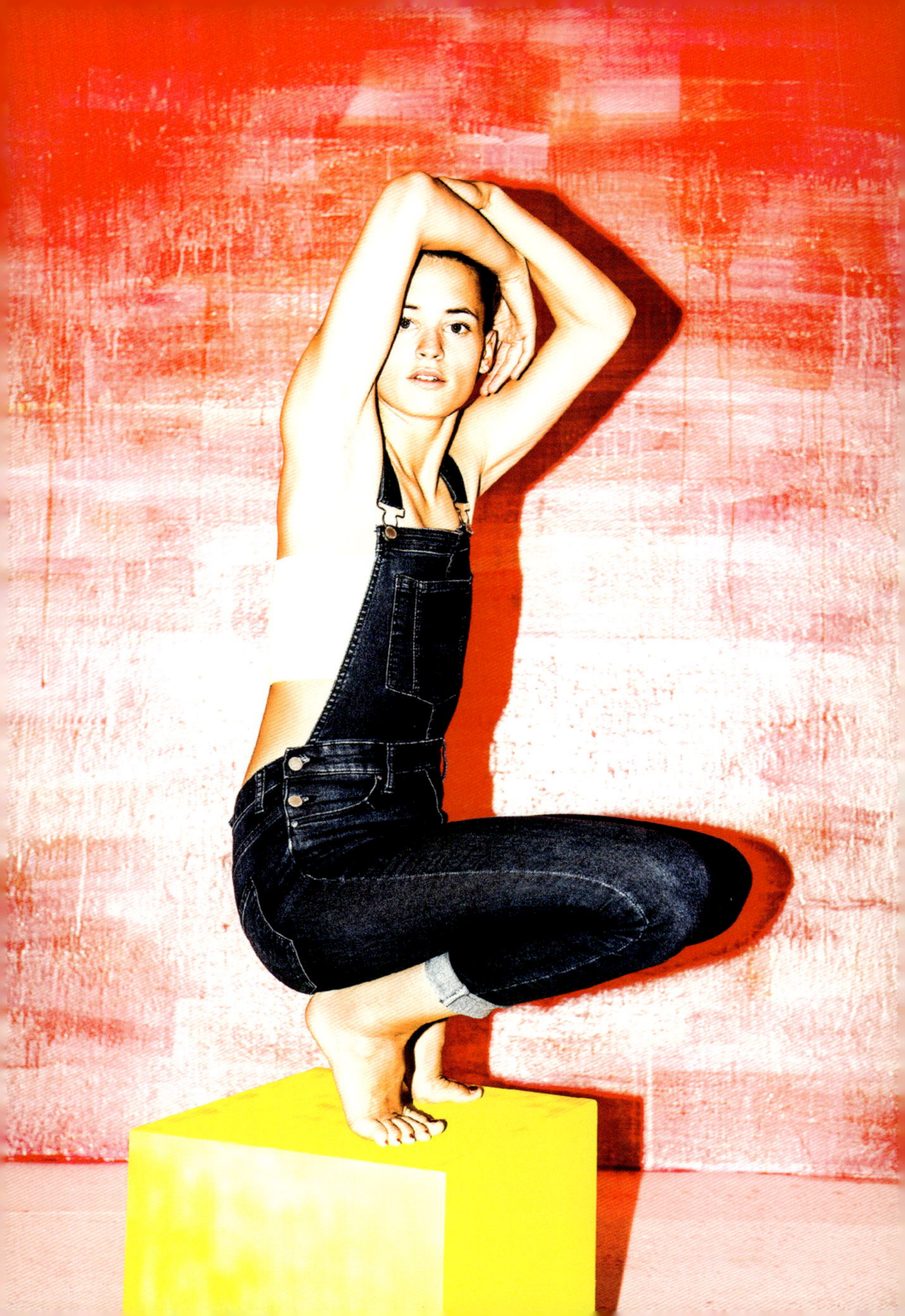

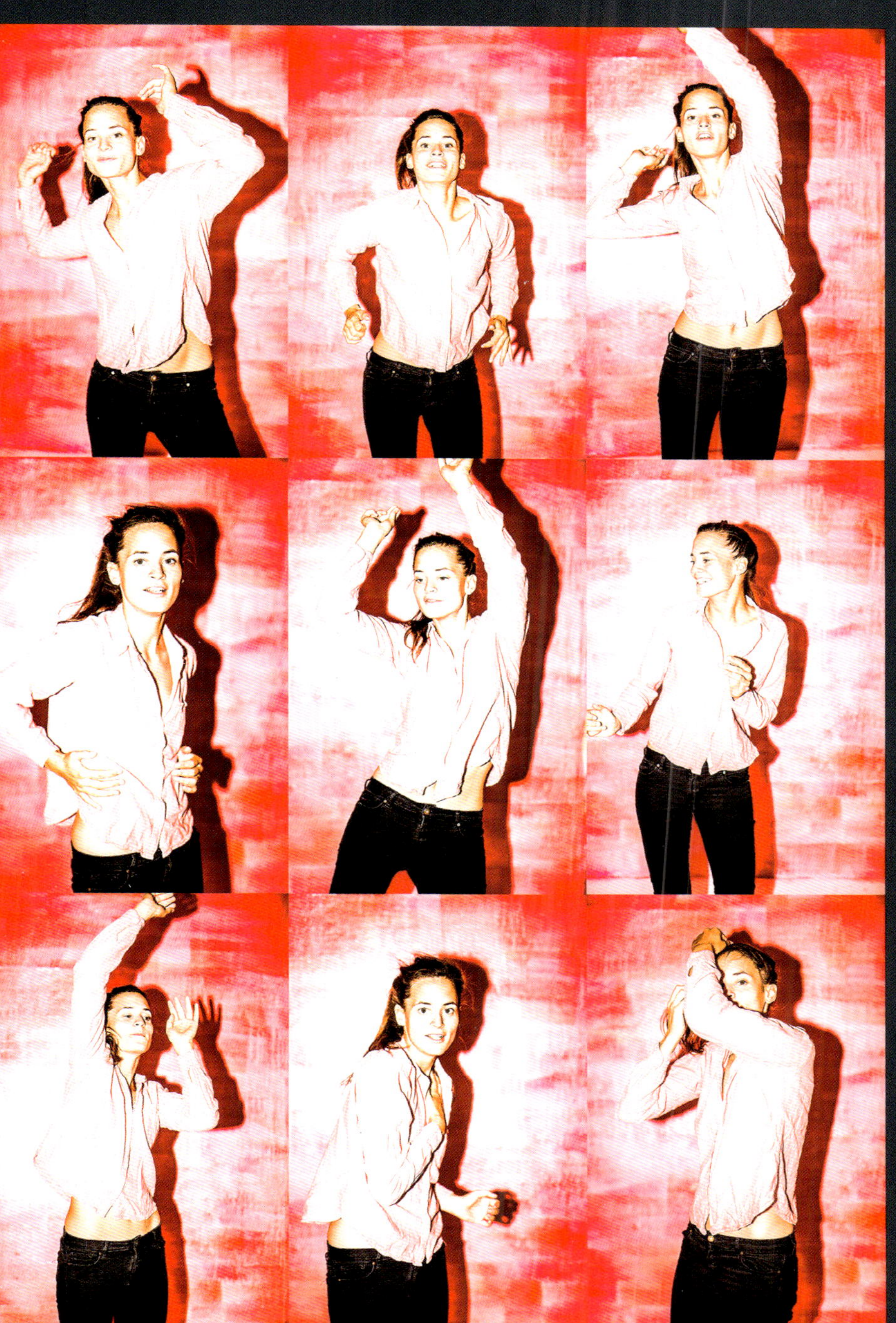

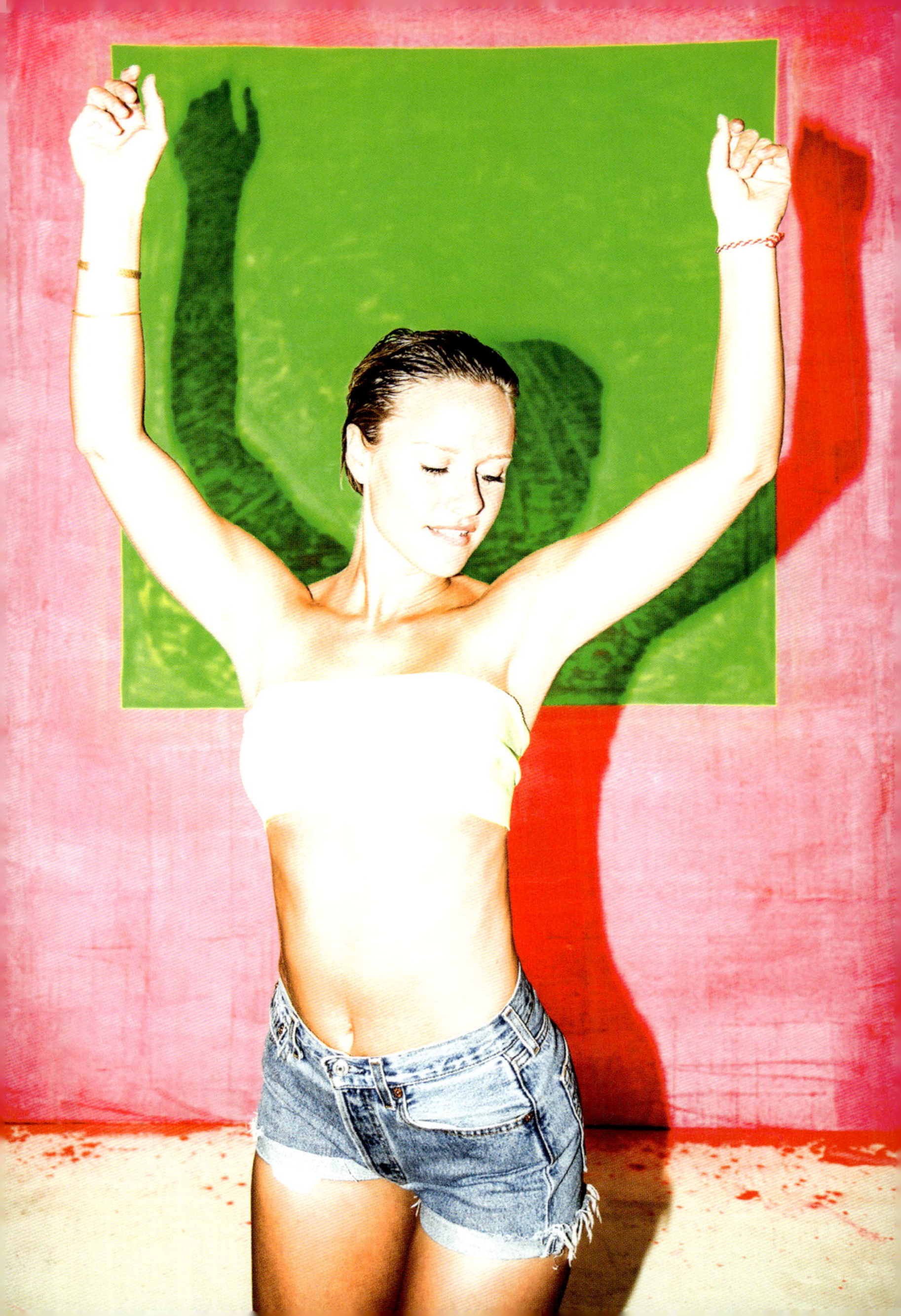

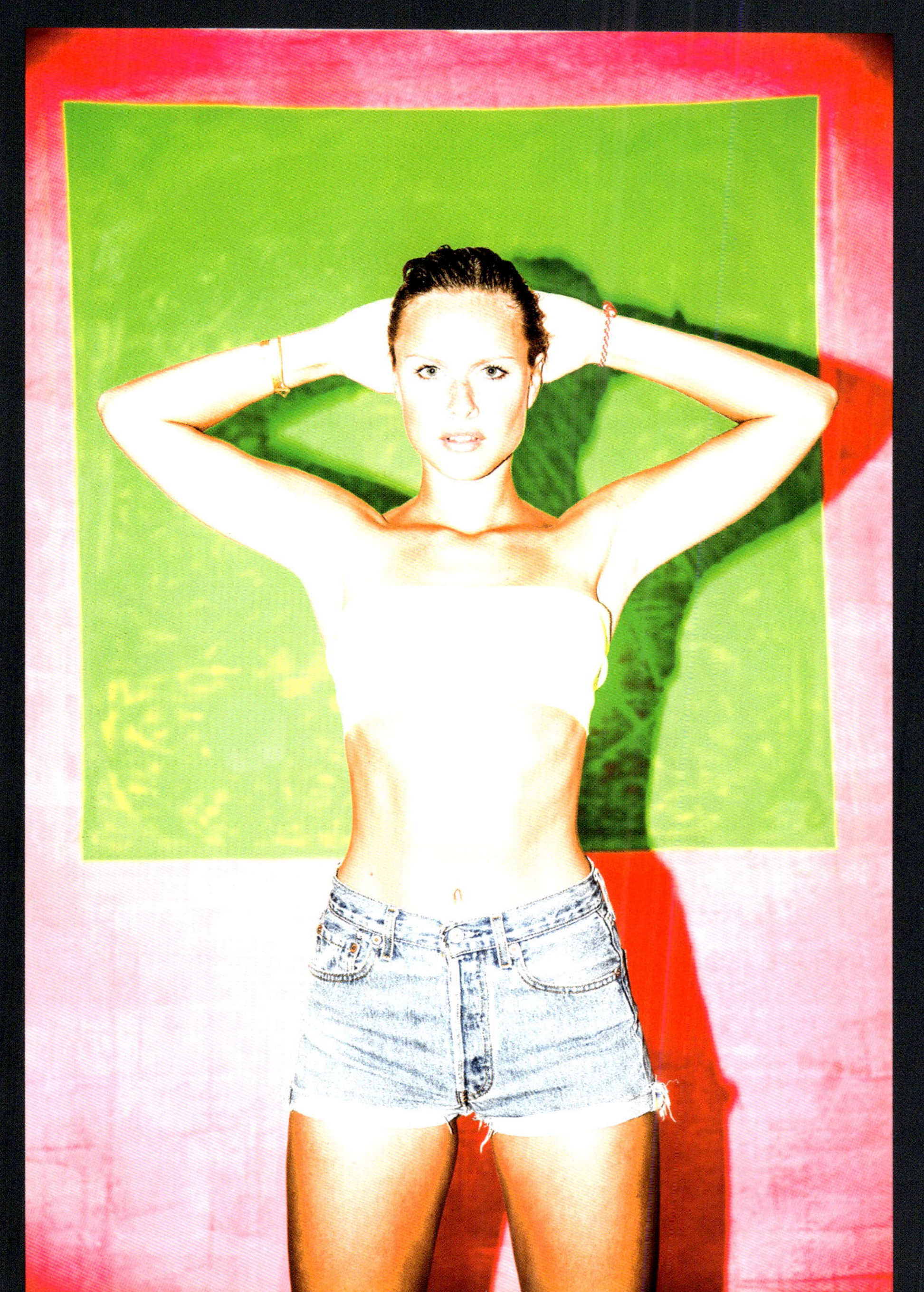

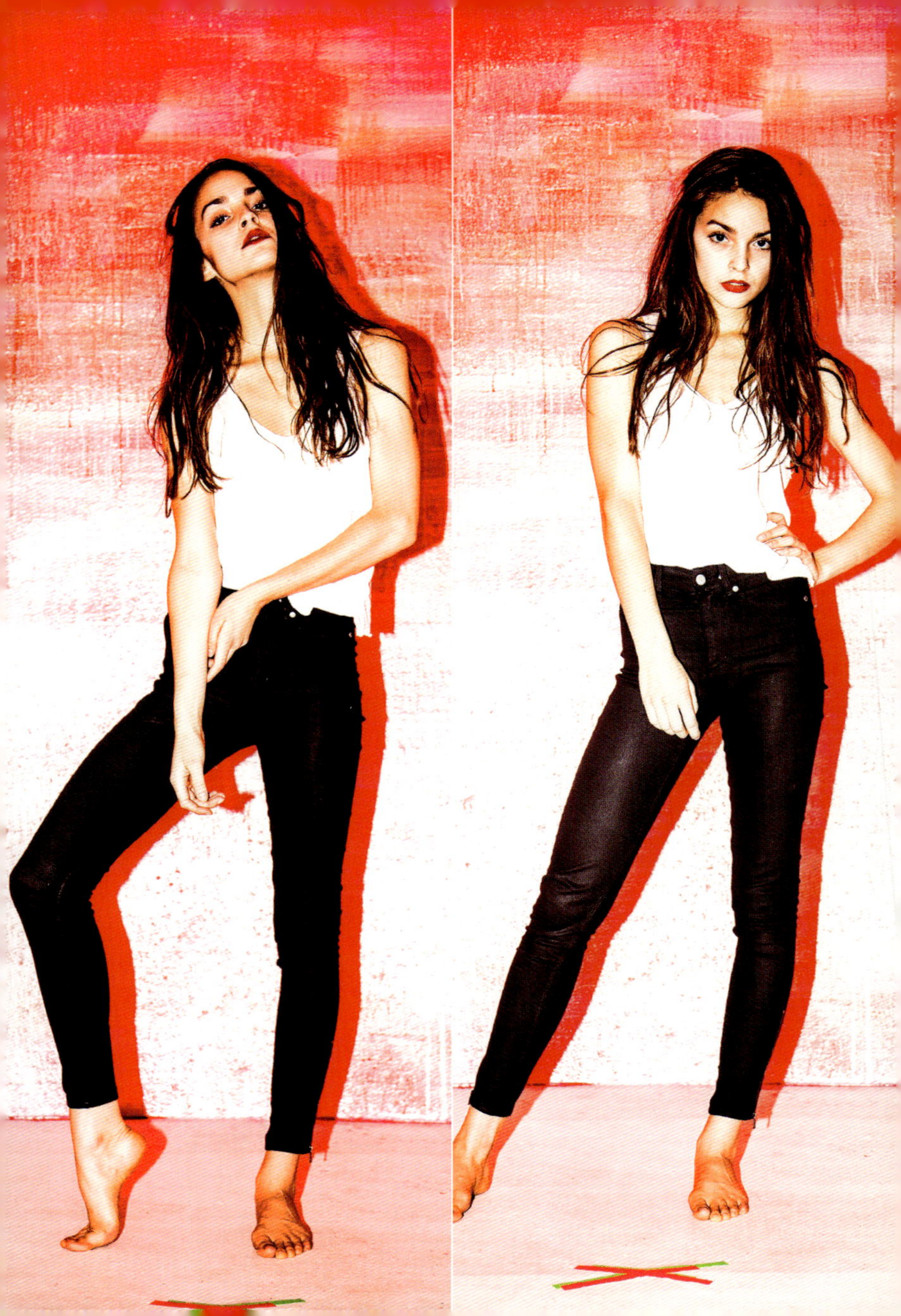

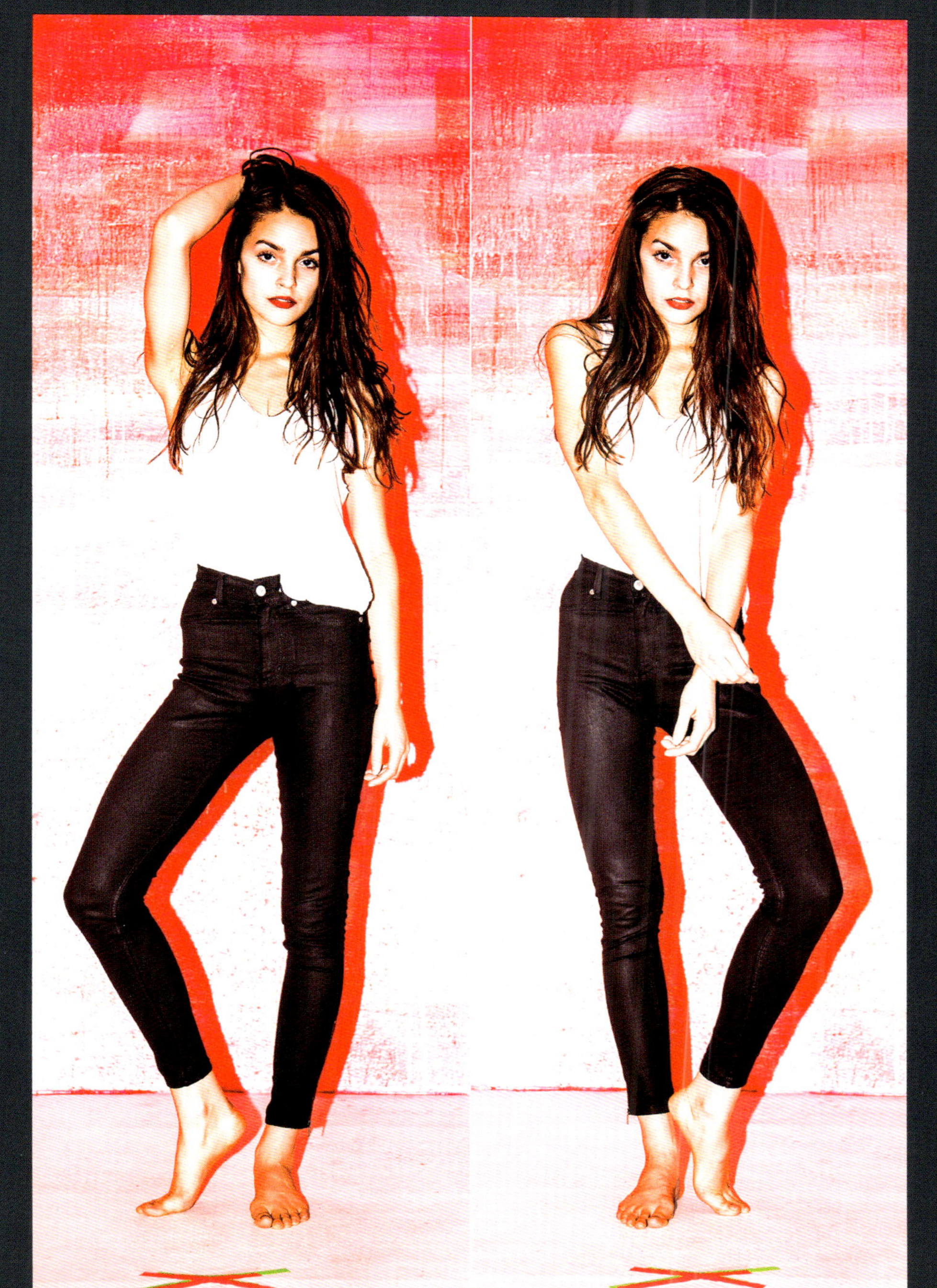

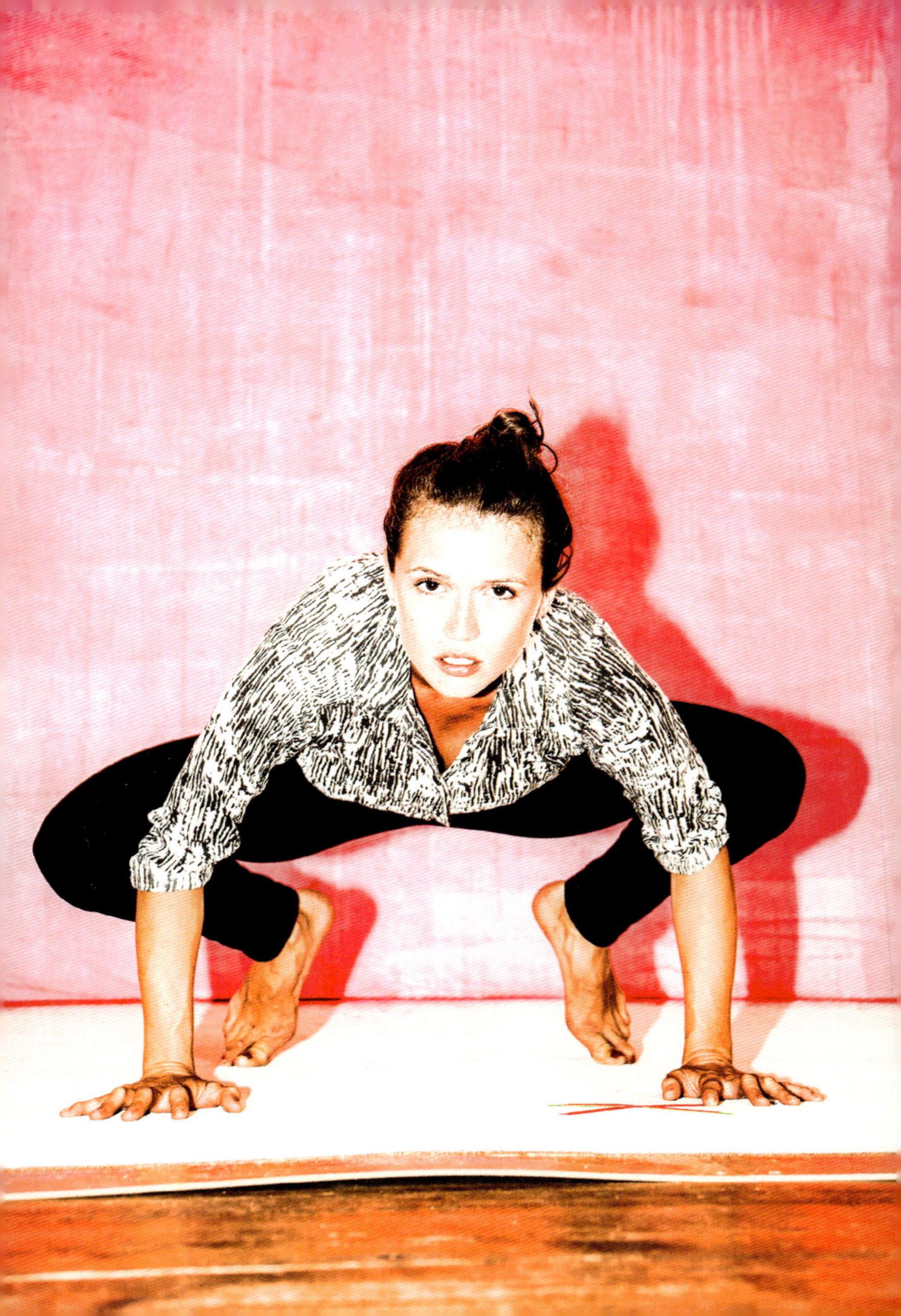

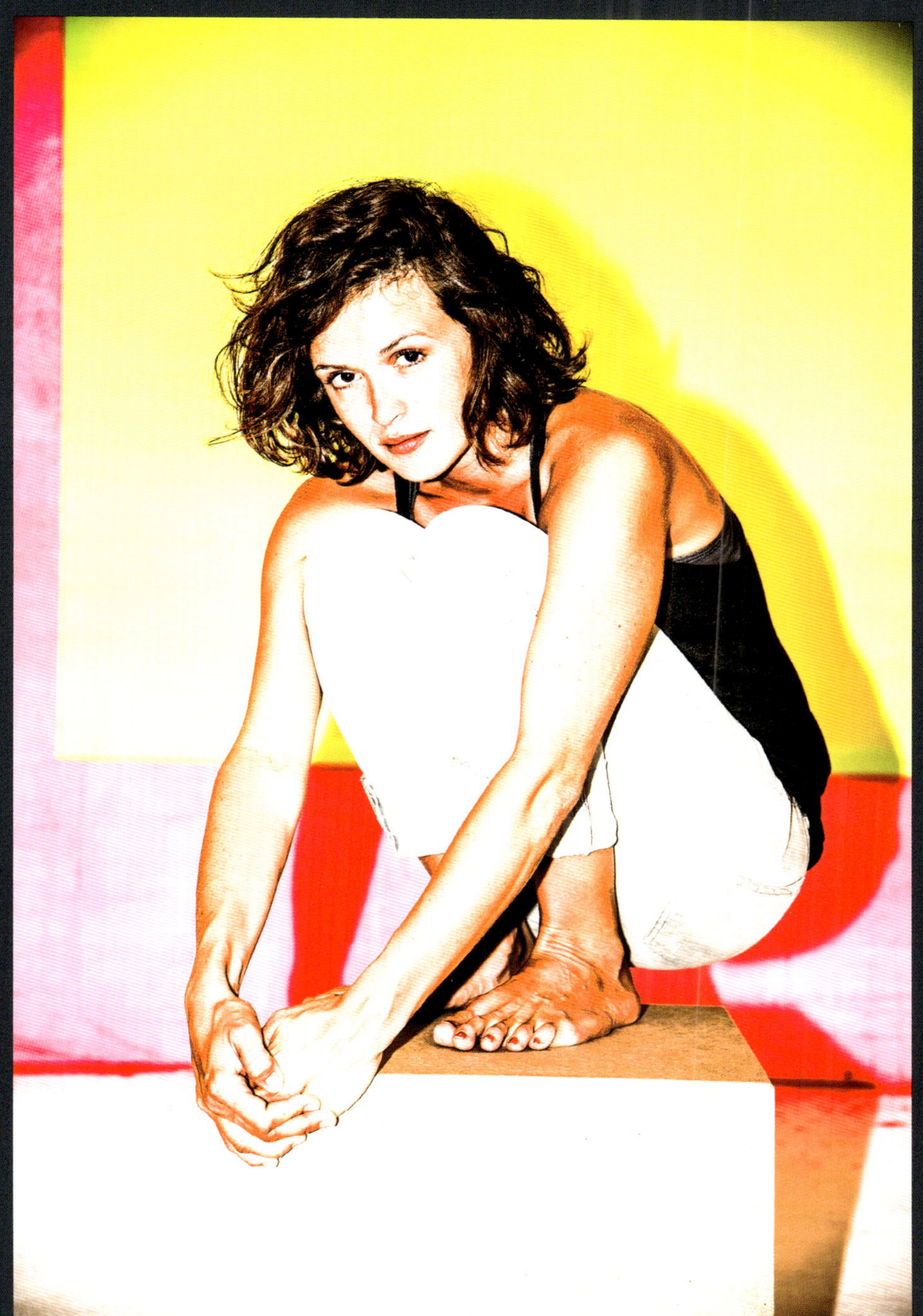

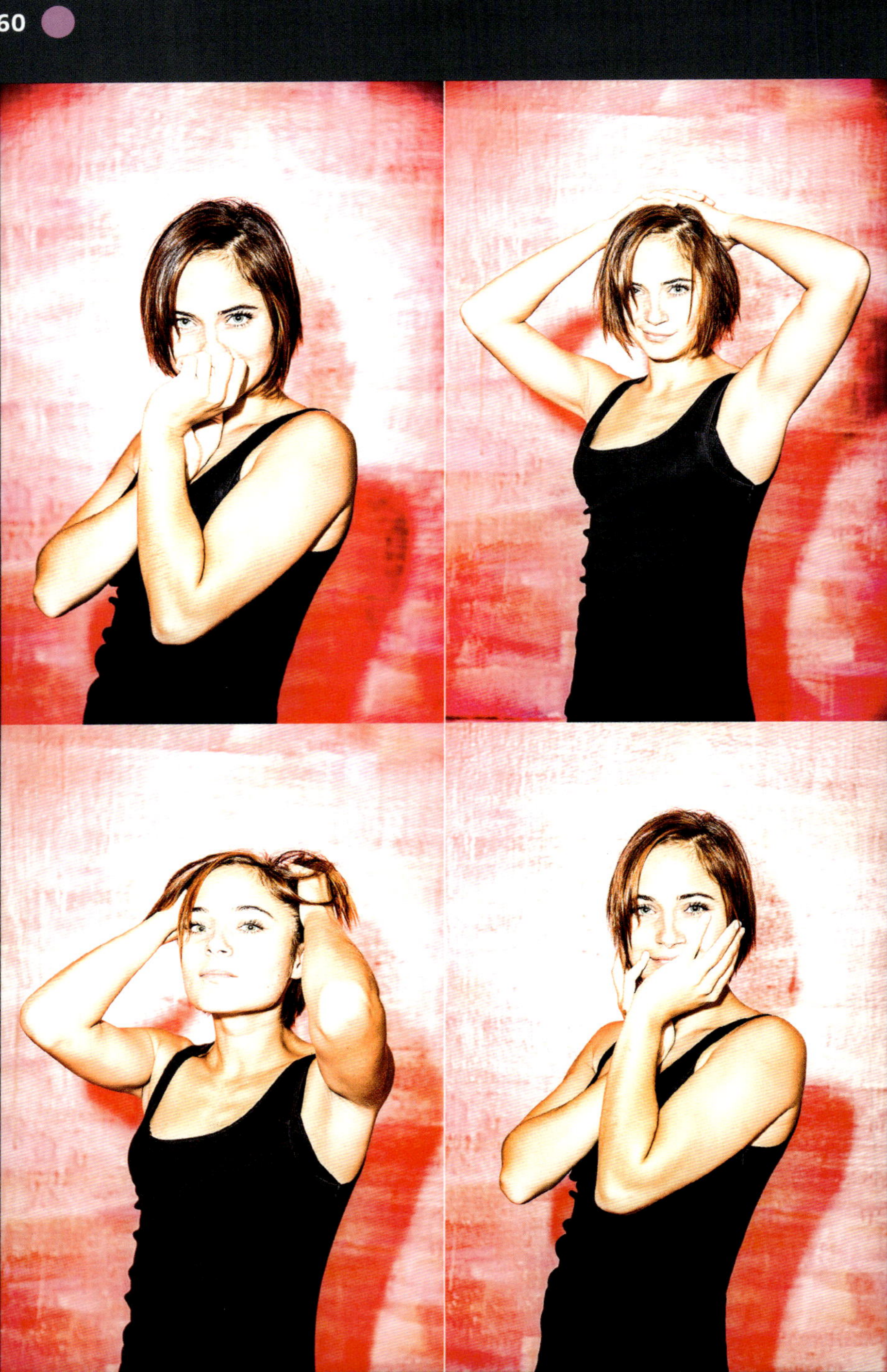

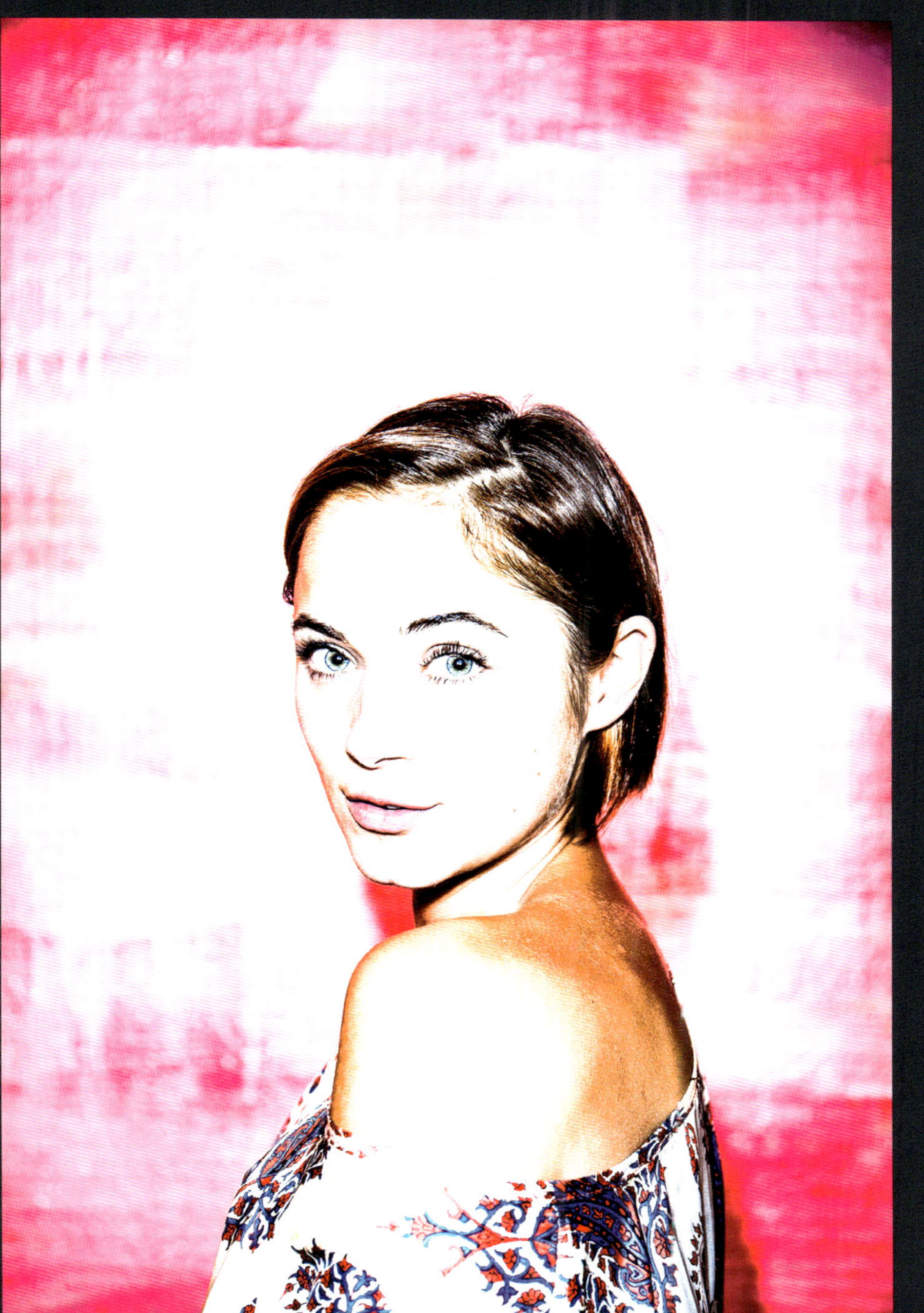

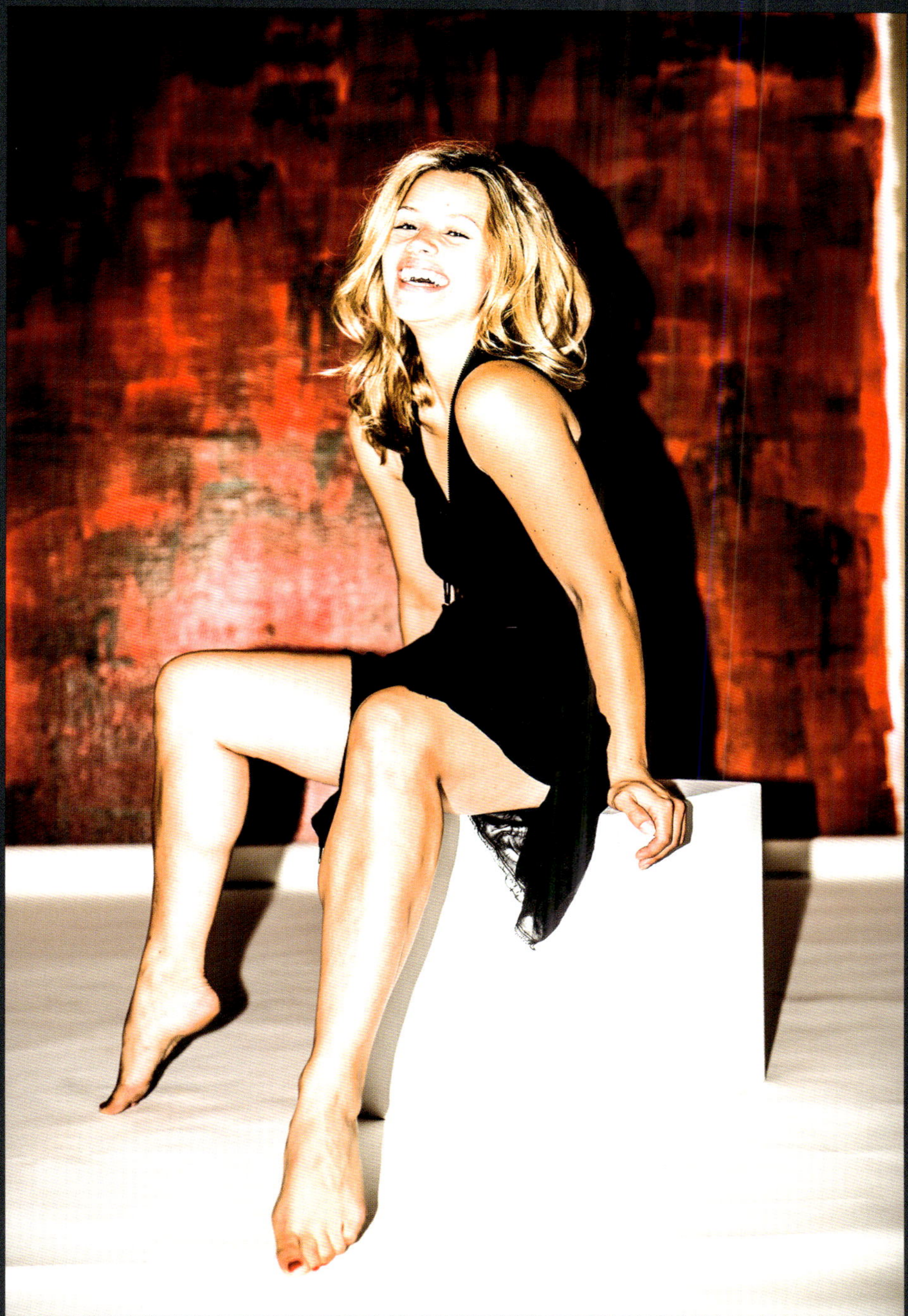

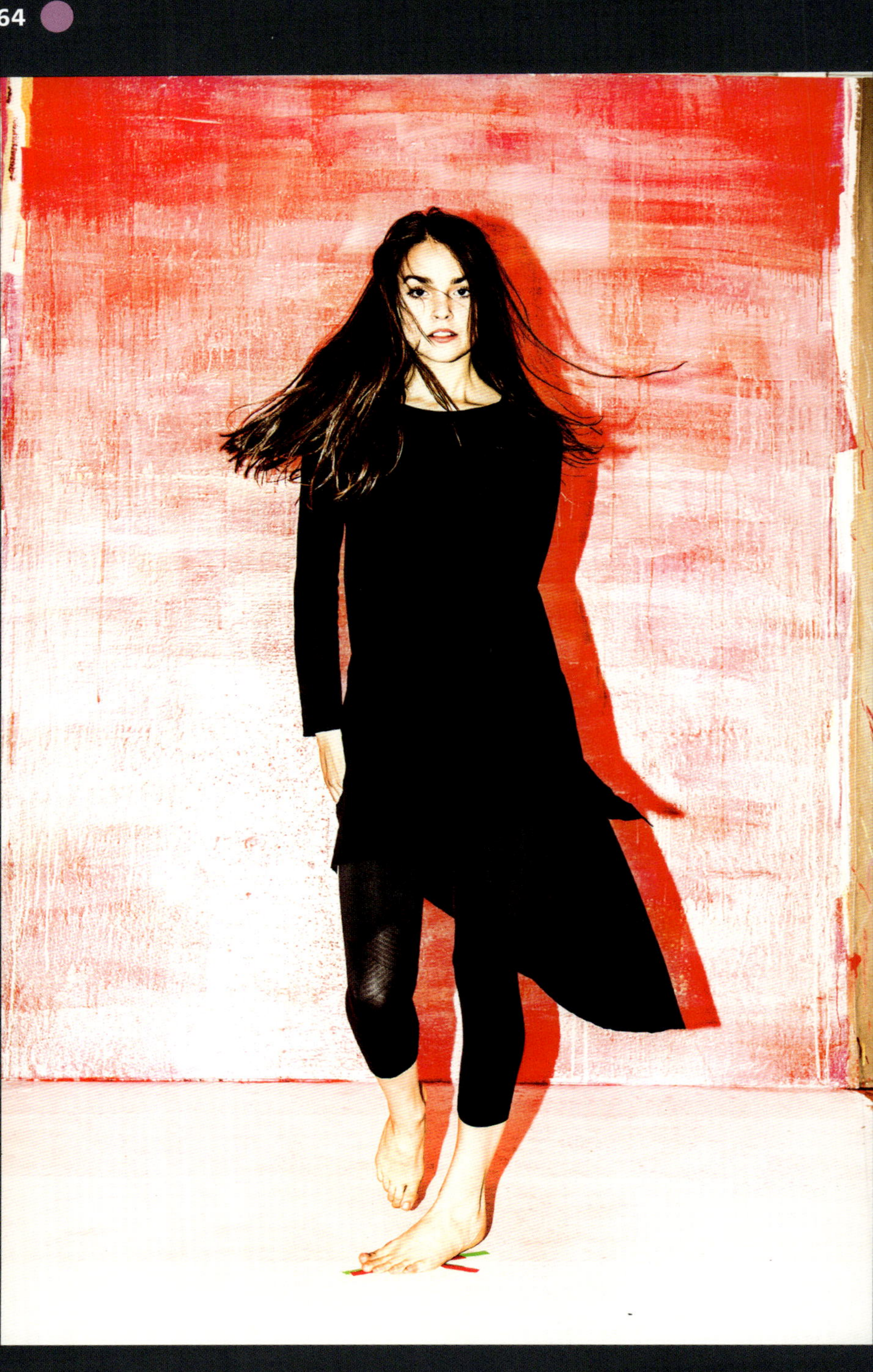

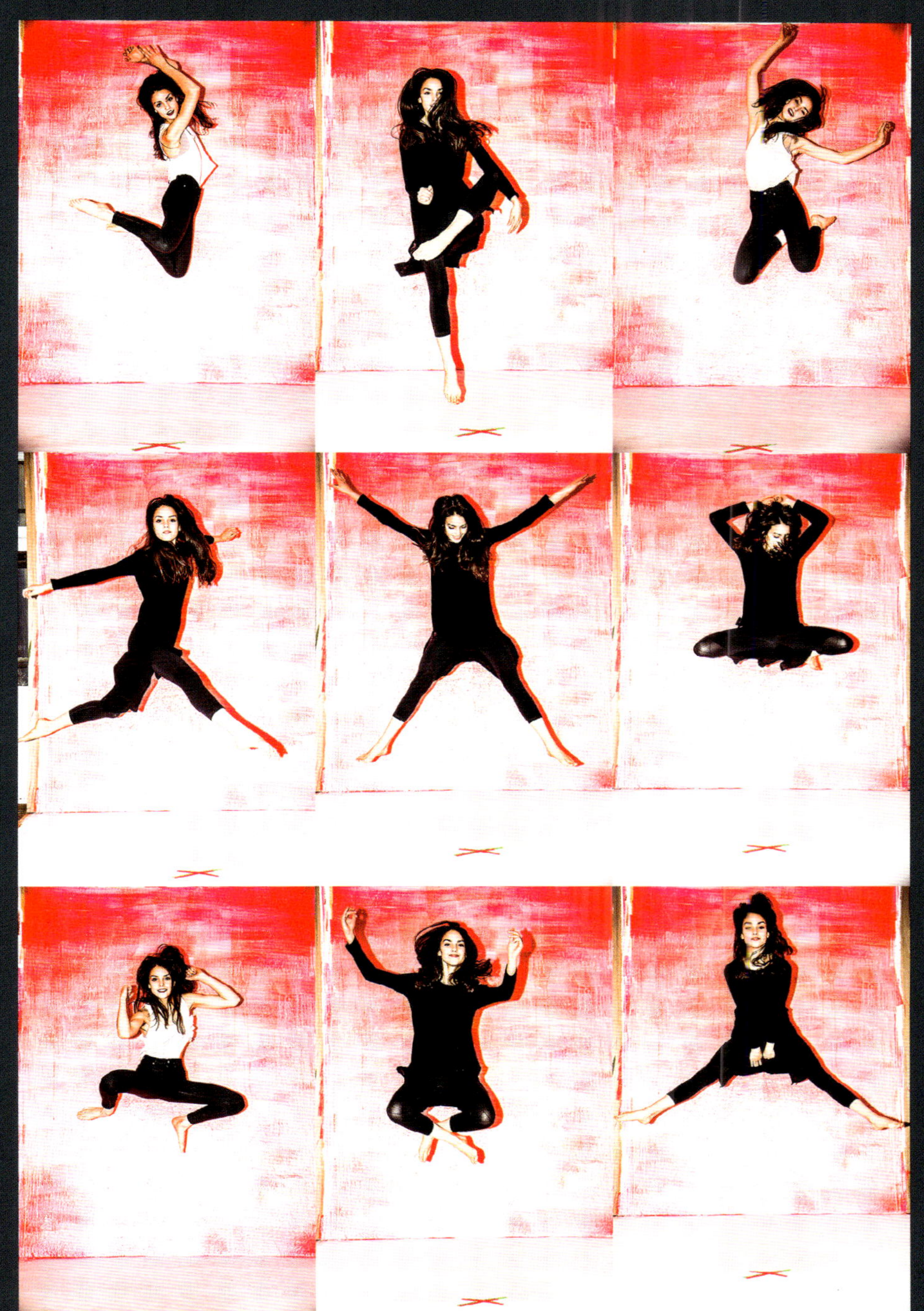

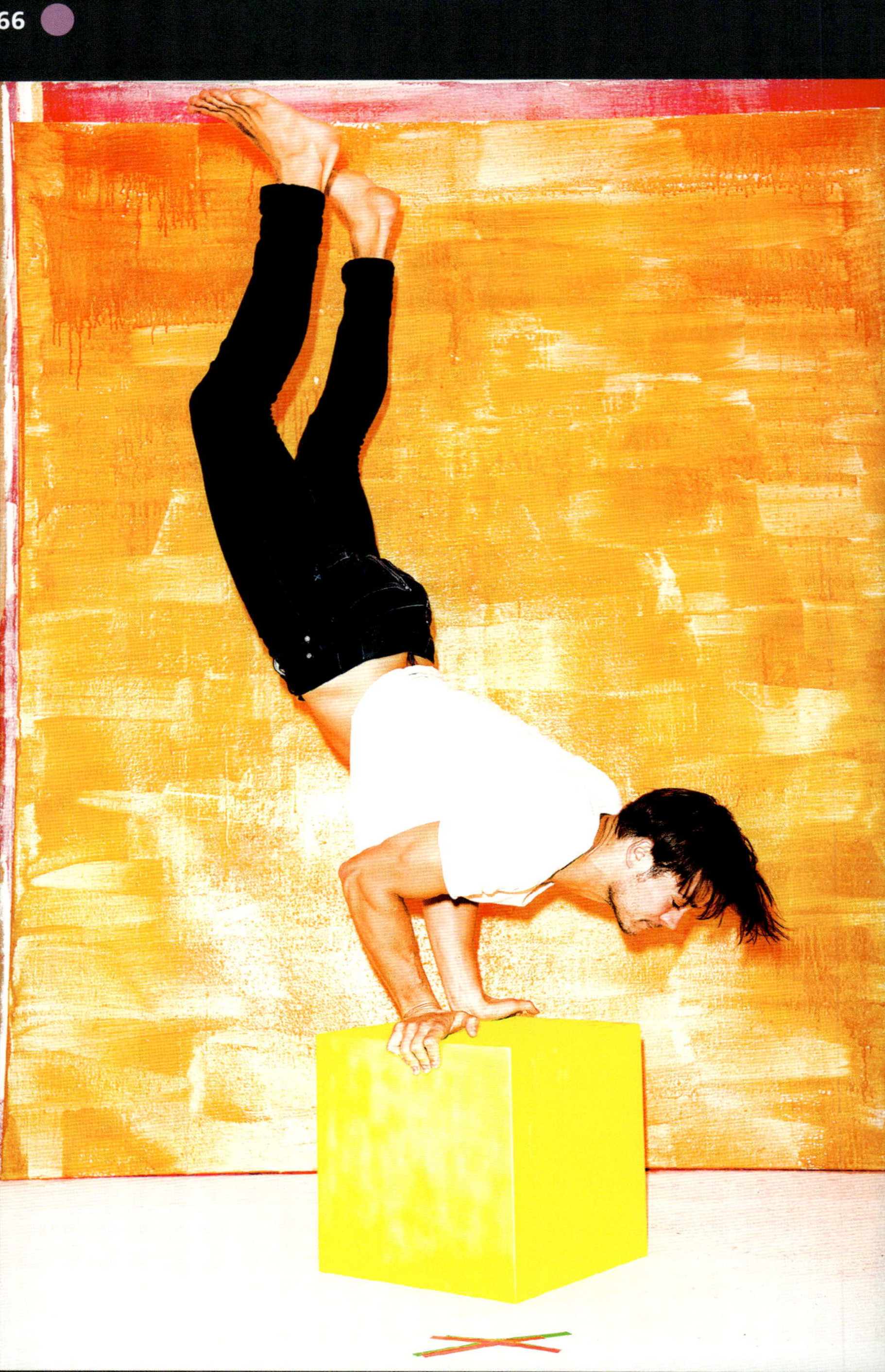

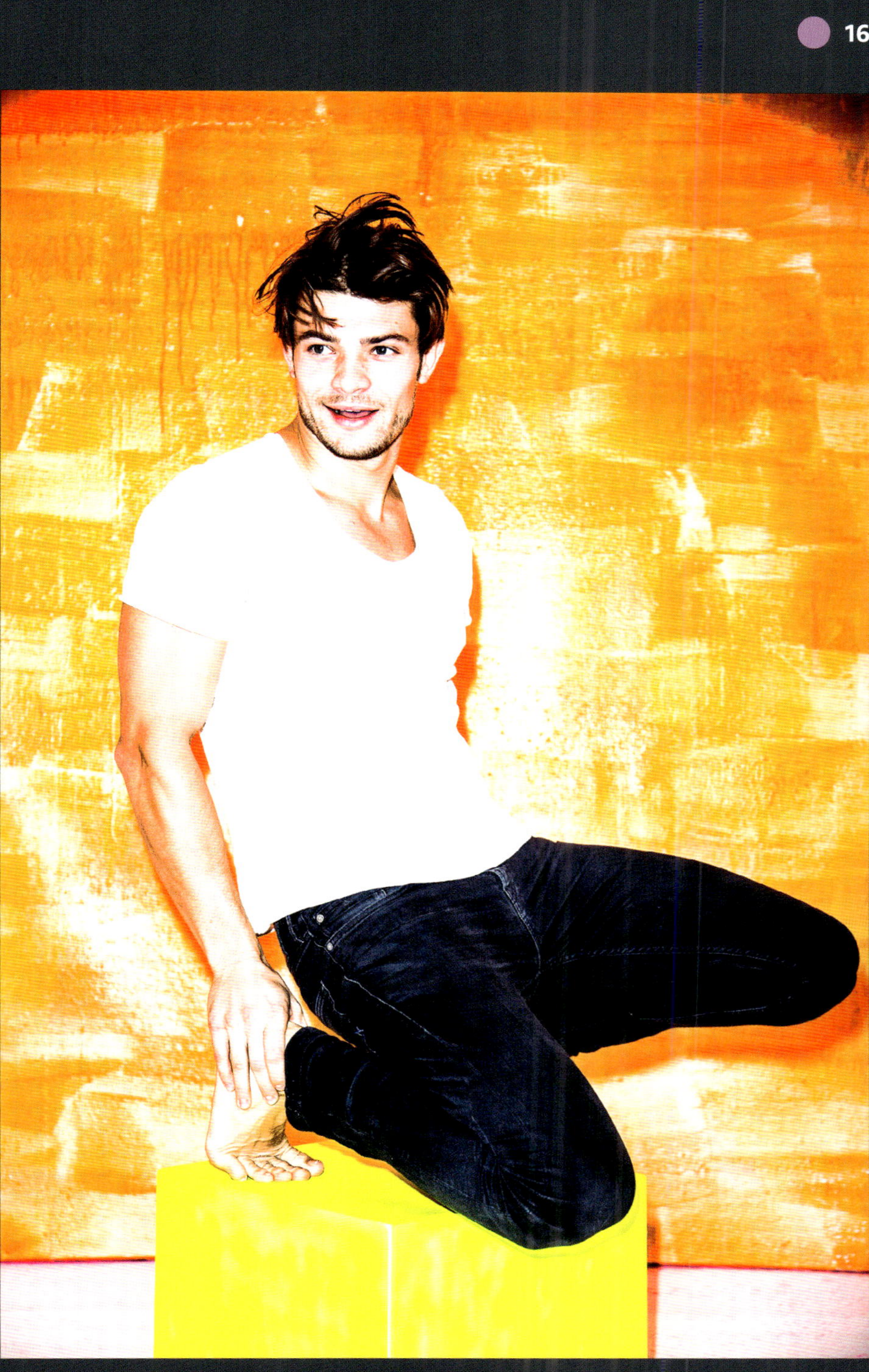

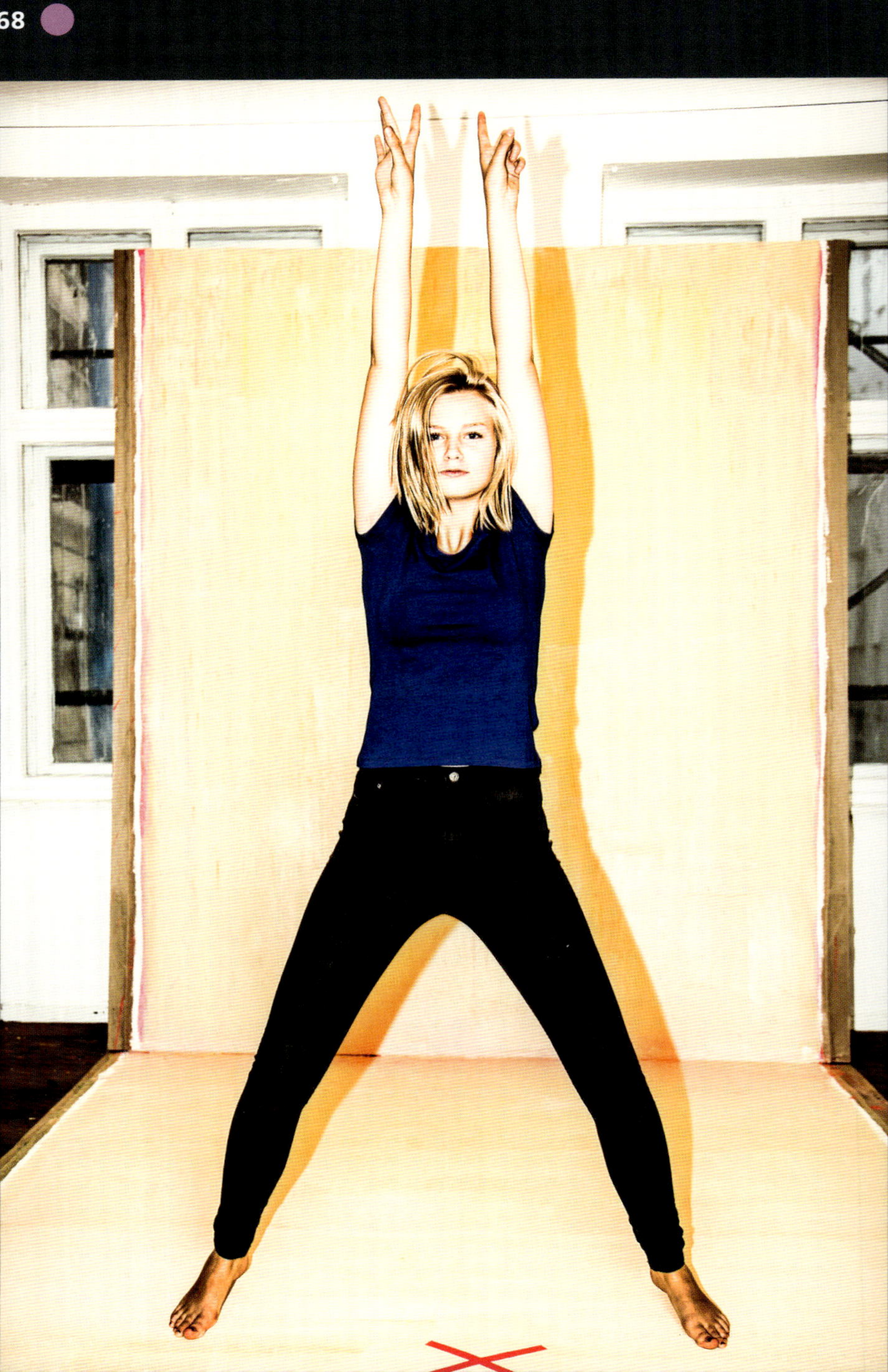

NACHWORT

Alles, was ich in diesem Buch geschrieben habe, verstehe ich als Inspiration und nicht als dogmatische Regel. Du kannst meine Ideen und Vorschläge aufgreifen, nachmachen, verändern und weiterentwickeln. Das Buch soll dir deinen Einstieg im Umgang mit Posen erleichtern und dir die Scheu vor einer zu großen Erwartungshaltung nehmen. Letzten Endes geht es um nichts anderes, als Spaß zu haben und seinem Spieltrieb einen Platz im Leben zu geben.

Ich rufe dir wie immer an dieser Stelle ein herzliches: „Augen auf und los geht's!“ zu und verabschiede mich bis zum nächsten Shooting oder Workshop bei dir.

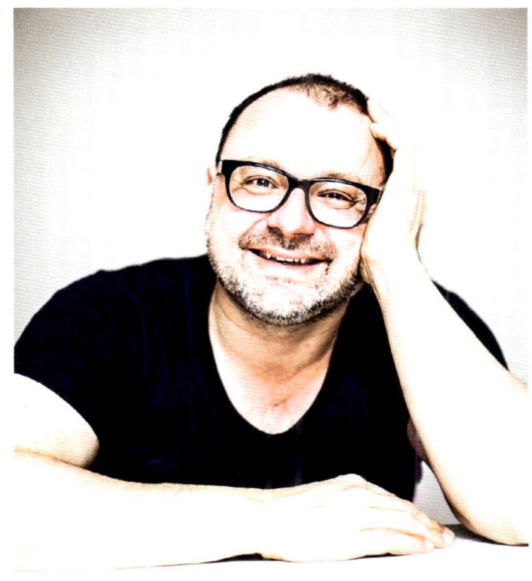

Bibliografische Information der Deutschen Nationalbibliothek
Die Deutsche Nationalbibliothek verzeichnet diese Publikation in der Deutschen Nationalbibliografie; detaillierte bibliografische Daten sind im Internet über http://dnb.ddb.de abrufbar.

ISBN 978-3-86910-220-7 (Print)
ISBN 978-3-86910-231-3 (PDF)
ISBN 978-3-86910-232-0 (EPUB)

Der Autor: Henrik Pfeifer fotografiert seit mehr als 17 Jahren ausschließlich Menschen. Der Berliner Fotograf ist für viele Models und Schauspieler erste Wahl, wenn es darum geht, Persönlichkeit gekonnt in Szene zu setzen. Seit über zehn Jahren gibt er beliebte Workshops für Hobby- und Profifotografen, die lernen möchten, wie man Menschen fotografiert, ohne dass es gestellt aussieht. Für diesen Ratgeber verrät er leicht verständlich, wie jeder professionelle Posen finden kann – sei es als Fotograf oder Model.

Originalausgabe

Eine Marke der Schlüterschen Verlagsgesellschaft mbh & Co. KG,
Hans-Böckler-Allee 7, 30173 Hannover
www.schluetersche.de
www.humboldt.de

Lektorat: Dateiwerk GmbH, Nathalie Röseler, Pliening
Covergestaltung: Kerker + Baum Büro für Gestaltung, Hannover
Fotos: Henrik Pfeifer
Layout: Sehfeld, Hamburg
Satz: PER Medien & Marketing GmbH, Braunschweig
Druck und Bindung: Westermann Druck GmbH, Zwickau